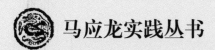

马应龙实践丛书

# 人力资源经营系统

陈平◎主编

武汉大学出版社

**图书在版编目(CIP)数据**

人力资源经营系统/陈平主编.—武汉：武汉大学出版社,2021.12
马应龙实践丛书
 ISBN 978-7-307-22657-9

Ⅰ.人… Ⅱ.陈… Ⅲ.企业管理—人力资源管理 Ⅳ.F272.92

中国版本图书馆 CIP 数据核字(2021)第 214794 号

责任编辑:沈继侠　　　　责任校对:汪欣怡　　　　版式设计:马　佳

出版发行：**武汉大学出版社**　（430072　武昌　珞珈山）
（电子邮箱：cbs22@whu.edu.cn　网址：www.wdp.com.cn）
印刷:武汉市金港彩印有限公司
开本:787×1092　1/16　印张:21.5　字数:317 千字　插页:2
版次:2021 年 12 月第 1 版　　2021 年 12 月第 1 次印刷
ISBN 978-7-307-22657-9　　定价:96.00 元

# 序　言

## 我们靠什么赢得未来？

回顾过去的六七年，我们共同经历了空前的行业清理整顿，接受了挑战，经受了考验。在为取得骄人的业绩而欣喜、庆祝、欢呼时，我们仍要保持清醒的头脑，居安思危。成绩已成为过去，摆在我们面前的仍然是纷繁复杂的市场环境和激烈的竞争。企业两极分化明显加快，集中度提高，企业数量减少。一部分企业将通过并购整合而合并，部分企业将被淘汰退出市场。历史的责任和使命，不断地提醒我们要将拥有400多年历史的马应龙带向何方？我们靠什么赢得未来，实现基业长青，成就千年马应龙的梦想。正所谓"人无远虑、必有近忧"，"我们靠什么赢得未来"，这是我们每个人都必须考虑和回答的问题。

要回答这个问题，先从企业性质分析入手。企业从本质上讲是资源转换器，将股东投入的资源，经过员工经营活动转换成客户需要的资源，并实现价值增值。企业是对接投资者和消费者的平台，产品则是完成资源转换的载体，其转换过程是通过员工经营活动来实现的。因此从表面上看产品是企业经营的对象，而实质上是通过产品来经营投资者、消费者及员工的关系。所以企业的未来要从客户、股东和员工上下工夫、找出路。从策略上说，通过为客户创造价值而获得客户的忠诚；通过为股东创造财富而获得股东的信赖；通过为员工创造机会而获得员工的敬业。也就是说，客户忠诚、股东信赖、员工敬业是马应龙赢得未来、实现可持续发展的关键要素。我们的经营对象不是企业或产品本身，而是经营客户、股东和员工，目标则是要获得他们的忠诚、信赖和敬业。

## 一、如何获得客户的忠诚？

首先，从战略上重视客户资源的开发，将客户视为马应龙生存与发展的基础，经营的起点与归宿。具体地说，企业和每个员工要知道自己的客户是谁，将其视为上帝，也就是"天"。美丽的蓝天为我们提供了想象的空间任你翱翔，能够飞多高、多远就看你的本事和能耐。企业就是在不断满足客户需求的过程中实现发展、成就理想的。

其次，全面实施品牌经营战略，以客户为中心配置资源，打造市场细分中差异化优势形象，占据目标客户内心世界的有利位置，成为消费者的首要选择。在信息泛滥、商品充斥的年代，消费者很难从性能、质量上评估商品的好坏优劣，主要是依据内心的品牌地位作出消费选择。品牌已成为企业通向消费者内心世界的通道和打开客户心扉的敲门砖。品牌是企业和产品在消费者内心的综合反映，是企业竞争的焦点；我们的战场就是消费者的内心世界。企业和每一个员工要为打造和维护品牌而努力。马应龙本部要巩固治疗下消化道疾病药品全国第一的品牌地位：一是打造系列化产品结构，提供高附加值的产品、服务；二是利用品牌优势向医疗诊断领域延伸，扩大产业规模，形成竞争屏障。马应龙大药房要打造成为华中地区第一品牌，要形成产品结构优势、门店优势、经营功能优势、信誉服务优势。太极药业要成为国内妇科一线品牌，大佛药业要成为国内一线耳鼻喉科品牌。

最后，要强化客户体验和市场调研，在客户体验中提升服务质量，通过产品创新来丰富品牌内涵。品牌文化是我们赢得客户芳心的法宝，人是有感情的，"情"是我们与客户根深蒂固的关系纽带，有了感情就不再是单纯的消费者，更多的是扮演拥护者、传播者的角色。

## 二、如何获得股东的信赖？

首先，要强化股东权益意识。股东是"地"，没有股东的投资，企业将不存在，只有站在厚实的大地上，我们才会感到实在而有保障。

其次，要完善公司的治理结构，加强经营的透明度，明确职责职权，要让股东知道我们在干什么，干得怎么样，要按规矩做事，不能侵犯股东权益。

最后，努力为股东创造财富，实现资本增值。资本是趋利的，只要企业能赚钱，资金就会围绕在我们身边，股东也就不会离开我们。

### 三、如何促成员工敬业？

人是企业活动的主体，敬业是衡量员工素质的首要标准。敬业就是热爱职业、忠于岗位，有强烈的责任感、使命感。只有敬业才能全力以赴、尽心尽力、执著追求、永不放弃。员工专心于自己的工作，才能成为行家里手。要使员工敬业，需做好以下三方面工作。

首先，培养员工的职业精神，热爱职业、忠于岗位。对于职业价值及重要性要有充分的了解，如药品生产人员要知道药品直接关系到生命安全，熟练掌握岗位职责，不畏压力，切实履行职责。

其次，加强考核与引导，给予员工压力、动力和活力。当前要通过完善绩效考核来强化员工压力系统；通过强化员工激励机制，优化动力系统；通过加强选拔及淘汰来完善活力系统。杜绝小富即安、得过且过的现象发生，让员工始终保持旺盛的工作热情。

最后，建立共享机制，使员工与企业为了共同的利益而努力。积极推行骨干持股计划、企业与员工项目合作制、设立员工创业基金、增量贡献提成激励等政策措施，调动员工积极性、创造性。

追求客户忠诚、股东信赖、员工敬业的过程，就是追求天、地、人和谐统一的过程。相信只要我们始终坚持为顾客创造价值、为股东创造财富、为员工创造机会、为社会创造效益的经营宗旨，"以真修心、以勤修为"，也就是真诚实在做人、勤劳踏实做事，奉行龙马精神，将龙的远大理想与马的脚踏实地相结合，并持之以恒地追求，就一定能够赢得客户的忠诚、股东的信赖、员工的敬业，最终拥有一个美好的未来。

（本文系根据董事长陈平先生在 2007 年度总结表彰大会上的讲话整理成文）

# 前　言

"人是宇宙的精华，万物的灵长。"莎士比亚的这句话让越来越多的处在全面市场竞争中的企业家有深刻领会。

中国经济过去 40 余年经历了改革、开放、转型的变革，马应龙为顺应外部市场环境的变化，满足企业发展战略需求，其人力资源管理与经营经历了三个阶段。20 世纪 90 年代初以前的计划经济时期，整体而言属于人事管理阶段，作为生产要素的"人"与其他要素一样，属于被动管理对象，强调组织领导，服从组织分配，人力资源管理主要是对于员工的事务性管理。20 世纪 90 年代中后期，随着计划经济向市场经济的转化，企业开始重视人才，人力资源管理进入人力资源开发阶段，注重"人"的主动性、创造性和可塑造性，通过完善激励机制，强化员工培训来提高人员素质，挖掘人力资源价值。在知识经济时代，人力资源已超越物质资源成为决定企业发展的核心资源，成为企业这个"资源转换器"的最重要的组成部分。特别是在社会人力资源市场逐步建立、健全和完善的背景下，人力资源管理的目标从单纯追求人力资源价值的提升，转移到追求人力资源效能和人力资源投入产出水平的提高。

马应龙于 2001 年正式提出人力资源经营理念，并以此为依据，建立岗位价值评估及任职资格体系，调整组织结构及岗位设计，完善薪酬业绩考核体系，特别是全面引入宝安集团的"三力系统"作为马应龙人力资源经营体系的核心系统，不仅丰富了人力资源经营的理论体系，还完善了其整体架构。经过几年来在实践中的总结和完善，马应龙逐步形成现在的人力资源经营"4321"模式。"4"指"四定"工程，通过实施定事、定岗、定人、定薪奠定人力资源经营基础；"3"指三力系统，包括压力系

1

统、动力系统和活力系统，其核心为目标产生压力，激励提供动力，竞争制造活力；"2"指两条人才经营通道，通过人才引进和人才培养实行人力资源的分类经营和结构优化；"1"指一个核心理念，通过人力资源价值创造，实现人才发展。

无论从理论，还是现实意义上讲，人力资源经营的实质已延伸为将人力资源视为一种"资本"进行运营。马应龙人力资源经营系统的重点已由对人的管理与控制向人力资本的开发与经营转变，实现人力资本投入产出的最大化。其运营方式包括两个方面：一是搭建科学完善的人力资源经营平台，促使人力资源结构的优化、协调和匹配，实现真正意义上的"合适的人做合适的事"；二是实现人力资源运营机制所带来的价值增值，提高组织绩效，强调持续提高人力资源的效能，最大限度地用好人力资源，避免人力资源浪费。

本系统分为六个部分，第一部分为人力资源经营概述，主要论述人力资源价值与管理，以及人力资源经营系统的主要内容、架构和组织运营流程。第二部分、第三部分、第四部分和第五部分主要介绍人力资源经营系统的"4321"模式，分别为"四定"工程、三力系统、两条通道和人才发展，各部分具体介绍了经营目标、原则、流程和效果评估。第六部分为人力资源经营的绩效管理，主要介绍人力资源价值评价、绩效评估和结果应用等内容。

此次将人力资源经营系统整理编印成册，旨在通过总结和提炼，使其理论体系科学化、系统化，运营方式标准化、流程化，同时可以引导和促进非人力资源管理部门的人力资源管理与经营，帮助参、控股企业的人力资源经营体系的构建和优化。

由于环境的不断变化、企业发展战略的特殊性和需求的多样化，这套系统仍然需要在实践中优化和完善，希望各企业或部门，以及广大员工在运营中多提建议和意见，人力资源管理部门将定期总结完善，使之真正成为促进企业、员工协调发展，赢得美好未来的有效管理工具。

陈 平

2021 年 6 月 6 日于武汉南湖

# 目　录

# 1 人力资源经营系统概述

人力资源因其具有的生物性、社会性、能动性、两重性、时限性、连续性和再生性等特性，使之成为一切资源中最宝贵的资源，是第一资源。企业从本质上讲就是"资源转换器"，将股东投入的资源，经过员工（即人力资源）的生产经营活动转换成客户需要的资源，由此实现资源价值增值，人力资源在资源转换器中发挥着连接股东和客户的纽带作用，并对"资源转化器"的高效运转发挥着决定性作用，因此，企业越来越重视对人力资源的管理和开发。随着经济模式的不断发展，面对变化更加迅速、竞争更加剧烈的全球化竞争时代和更加个性化的顾客需求，人力资源的重要地位日益凸显，人力资源管理与开发已不能满足对人力资源价值深度挖掘的需求，更加系统而细致的人力资源经营模式应运而生。

## 1.1 人力资源的价值

### 1.1.1 什么是人力资源

经济学中将为了创造物质财富而投入生产活动中的一切要素通称为资源，包括人力资源、物力资源、财力资源、信息资源、时间资源等，其中，人力资源是一切资源中最宝贵的资源，是第一资源。

人力资源是指一定时期内组织中的人所拥有的能够被组织所用，且对价值创造起贡献作用的教育、能力、技能、经验、体力等的总称。

这个定义包括几个要点：人力资源的本质是人所具有的脑力和体力的总和，可以统称为劳动能力；这一能力要能够对财富的创造起贡献作用，

1

成为社会财富的源泉；这一能力还要能够被组织所利用，这里的"组织"可以大到一个国家或地区，也可以小到一个企业或作坊。

人力资源是一种特殊而又重要的资源，是各种生产力要素中最具有活力和弹性的部分，它具有以下基本特征。

### 1. 生物性

人首先是一种生物。人力资源存在于人体之中，是有生命的"活"资源，与人的自然生理特征相联系。在企业管理中，首先要了解人的自然属性，根据人的自然属性与生理特征进行符合人性的管理，才能发挥人最大的能动作用。人力资源属于人类自身所特有的资源，因此具有不可剥夺性，这是人力资源最根本的特性。

### 2. 社会性

人处在一定的社会之中，人力资源的形成、配置、利用、开发是通过社会分工来完成的，是以社会的存在为前提条件的。在现代社会中，在高度社会化大生产的条件下，个体要通过一定的群体来发挥作用，合理的群体组织结构有助于个体的成长及高效地发挥作用，不合理的群体组织结构则会对个体构成压抑。群体组织结构在很大程度上又取决于社会环境，社会环境构成了人力资源的大背景，它通过群体组织直接或间接地影响人力资源开发，这就给人力资源管理与开发提出了要求：既要注重人与人、人与团体、人与社会的关系协调，又要注重组织中团队的建设。

### 3. 能动性

人力资源的能动性是指人力资源是体力与智力的结合，具有主观能动性，具有不断开发的潜力。其他资源在被开发的过程中，完全处于被动的地位，而人力资源在被开发的过程中，有思维与情感，能对自身行为作出抉择，能够主动学习与自主地选择职业，更为重要的是人力资源能够发挥主观能动性，有目的、有意识地利用其他资源进行生产，推动社会和经济的发展。同时，人力资源具有创造性思维的潜能，能够在人类活动中发挥创造性的作用，既能创新观念、革新思想，又能创造新的生产工具、发明新的技术。

### 4. 两重性

两重性（又称双重性）是指人力资源既具有生产性，又具有消费性。人力资源既是投资的结果，又能创造财富；或者说，他（她）既是生产者，又是消费者，具有两重性角色。人力资源的投资来源于个人和社会两个方面，包括教育培训、卫生健康等。人力资源质量的高低，完全取决于投资的程度。人力资源投资是一种消费行为，并且这种消费行为是必需的、先于人力资本的收益。研究证明，人力资源的投资具有高增值性，无论从社会还是个人角度看，都远远大于对其他资源投资所产生的收益。

### 5. 时限性

时限性是指人力资源的形成与作用效率要受其生命周期的限制。作为生物有机体的个人，其生命是有周期的，每个人都要经历幼年期、少年期、青年期、中年期和老年期，其中具有劳动能力的时间是生命周期中的一部分，各个时期资源的可利用程度也不相同。无论哪类人，都有其才能发挥的最佳期、最佳年龄段。如果其才能未能在这一时期被充分地利用开发，就会导致人力资源的浪费。因此，人力资源的开发与管理必须尊重人力资源的时限性特点，做到适时开发、及时利用、讲究时效，最大限度地保证人力资源的产出，延长其发挥作用的时间。

### 6. 连续性

人力资源开发的连续性（又称持续性）是指，人力资源是可以不断开发的资源，不仅人力资源的使用过程是开发的过程，培训、积累、创造过程也是开发的过程。人力资源不仅具有再生性的特点，而且其再生过程也是一种增值的过程。人力资源在开发和使用过程中，一方面可以创造财富；另一方面通过知识经验的积累、更新，提升自身的价值，从而使组织实现价值增值。

7. 再生性

经济资源分为可再生性资源和非再生性资源两大类。非再生性资源最典型的是矿藏，如煤矿、金矿、铁矿、石油等，每开发和使用一批，其总量就减少一批，决不能凭借自身的机制加以恢复；另一些资源，如森林，在开发和使用过后，只要保持必要的条件，就可以再生，以保持资源总体的数量。人力资源也具有再生性，它基于人口的再生产和劳动力的再生产，通过人口总体内个体的不断更替和"劳动力耗费—劳动力生产—劳动力再次耗费—劳动力再次生产"的过程得以实现。同时，人的知识与技能陈旧、老化也可以通过培训和再学习等手段得到更新。从这个意义上来说，人力资源可以实现自我补偿、自我更新、持续开发，前提是要求人力资源的开发与管理注重终身教育，加强后期的培训与开发。

人是万物之灵，正是因为人力资源具有的以上显著特征，特别是"人"才具有的主观能动性，使之区别其他物质资源，成为人类所拥有的一切资源中最为首要的资源。对于企业来说，人力资源是一切经营与管理的根本，人力资源综合素质水平的高低将决定企业未来发展的可持续性。

## 1.1.2 人力资源对于企业的重要作用

知识经济时代已全面到来，知识经济时代一个最直观和最基本的特征即是知识作为生产要素地位的空前提高，知识不再是资本生产的附庸，而是代替资本的地位，成为生产过程中的关键要素。在这一背景下，对知识的需求成为人类实现其他一切预期目标的前提，知识生产本身成为社会经济生活的中心。

知识蕴含着力量，但是，知识成为力量有个转换的过程。人力资源作为知识的拥有者，要善于不断积累知识，深化知识，更要善于把知识转化为力量。

同时，随着世界经济的发展，不可再生的物质资源日益减少，只有通过更新人的观念、开发人的智力和技能，才能使正日益减少的不可再生资源得到合理利用，提高其使用效率，使经济与社会得以持续发展。此外，在信息社会里，信息（知识、技术）是企业生产经营和发展的重要资源，而信息这一资源只能通过人去获得和使用。从这个意义上说，人力资源已经成为比资本、不可再生资源更为重要的特殊资源。

现代管理大师彼得·德鲁克曾经说过："企业只有一项真正的资源：人。"现代企业的生存是一种竞争性生存，为了成功，企业组织必须获取并维持其对竞争对手的优势。这种竞争优势可以用两个途径达到：一是成本优势，二是产品差别，人力资源对企业成本优势和产品差别优势意义重大。

### 1. 人力资源是企业获取并保持成本优势的控制因素

具体表现在：高素质员工需要较少的职业培训，从而减少教育培训成本支出；高素质员工有更高的劳动生产率，可以大大降低生产成本支出；高素质员工更能动脑筋，寻求节约方法，提出合理化建议，减少浪费，从而降低能耗和原材料消耗，降低成本；高素质员工表现为能力强，自觉性高，无须严密监控管理，可以大大降低管理成本，等等。各种成本的降低会使企业在市场竞争中处于价格优势地位。

### 2. 人力资源是企业获取和保持产品差别优势的决定性因素

企业产品差别优势主要表现于创造比竞争对手质量更好的产品服务，提供竞争者提供不出的创新性产品或服务。显然，对于前者，高素质的员工，包括能力、工作态度、合作精神对创造高质量的一流产品和服务具有决定性作用。对于后者，高素质的员工，尤其是具有创造能力、创新精神的研究开发人员更能设计出创新性产品或服务。二者结合起来就能使企业持续地获取和保持相对竞争对手的产品差别优势，使企业在市场竞争中始终处于主动地位。

企业从本质上讲就是"资源转换器"，它将股东投入的资源，经过员工（即人力资源）的生产经营活动转换成客户所需要的资源，由此实现资源价值增值。企业是对接投资者和消费者的平台，产品则是完成资源转换的载体，其转换过程是通过员工的生产经营活动来实现的。由此可见，人力资源是企业这个"资源转换器"发挥作用的重要环节，其作用主要体现在以下两个方面。

（1）启动作用。企业作为"资源转换器"，输入的是股东投入的资源（包括人、财、物等资源），产出的是客户所需要的资源。人力资源的经营活动是"资源转换器"输入和产出之间的纽带，是加工过程和关键环节，缺少人力资源的参与，"资源转换器"将无法启动和运转，资源的转换将无法完成，正如企业的"企"字，去掉上面的"人"之后将变成一个"止"字。

（2）提效作用。企业作为"资源转换器"，在资源投入一定的前提下，为了实现资源产出的最佳结果，就必须保持自身高效的运转，而要实现更为高效的运转，关键取决于员工（人力资源）生产经营活动所创造的价值。因此，人力资源不但是构成"资源转换器"的重要部分，也是提升"资源转换器"运转效率，实现资源投入产出最大化目标的决定性因素。

很多学者表示，21世纪企业之间竞争的第一场遭遇战不是产品，也不是市场，而是人力资源和人力资本的争夺。人力资源作为企业这个"资源转换器"的重要组成部分，对其运行过程发挥着重要的作用，决定了"转换器"的运转效率。因此，越来越多的企业开始重视如何充分发挥人力资源的潜力，使之创造更大的价值。

## 1.2　人力资源价值管理

基于人力资源对于企业的重要作用，越来越多的企业开始重视人力资源的管理与开发，以期获得更高的资源价值增值水平，企业人力资源管理也成为一个重要的学科而产生并得到快速发展。人力资源管理的本质是对人力资源这一特殊资源的组织与管理，是应人力资源对于组织的生存和发展所具有的重要作用而产生。

人力资源管理是企业对组织中人力资源的取得、开发、保持和利用等方面所进行的计划、组织、指挥和控制的活动。现代人力资源管理要求组织依据发展战略，通过各种政策、制度和管理实践，进行人与人关系的调整、人与事的配合，以充分利用和开发人力资源，激发员工的积极性和创造性，充分发挥员工潜能，进而提高组织生产率和竞争力，提高员工的工作生活质量和满意度。

20世纪80年代，基于人力资源管理的前瞻性、系统性和匹配性，企业通常自觉地将人力资源管理与组织的发展战略结合起来，把人力资源管理的各项工作整合成为一个有机的系统，支持和帮助组织总体战略的实现。在这种观念下，人力资源管理者更着眼于未来，关注内外环境变化对组织发展的影响，并分析如何应对变化，以保证组织战略目标的实现。人力资源管理更注重从人力资源的角度帮助组织培养核心竞争力，为组织的持续、稳健发展提供人力资源支持。随着企业外部环境的变化，人力资源管理不断扩展到对企业人力资源的管理开发、职业生涯开发、组织开发以及绩效改进与提升等活动。最终目标是达到人事相宜、人尽其才、才尽其用。

人力资源管理、开发和人力资源经营具有明显不同的侧重点：人力资源管理的重点在于建立人力资源的工作流程和秩序，并确保各项人力资源工作有序进行；人力资源开发的重点在于挖掘人力资源的潜力，属于对人力资源个体单线的开发，以充分发挥人力资源个体的价值；人力资源经营的重点在于挖掘资源、制造价值，整合价值、发现价值、创造资源，通过对人力资源的经营提升人力资源的效能，实现人力资源的增值。人力资源经营考虑的重点是在注重公司投入产出经营状况的同时，还要注重人均产能、人均绩效，并且甄别不同产能群体的特征，辨识投资于公司人力资源各个环节的产出状况，例如投资在招聘、培训、福利、薪资等不同方面的财务资源所带来的人力资源质量的变化，这种变化对公司价值增值的影响，也就是人力资源投入所带来相应的产出的变化。

### 1.2.1 围绕价值展开人力资源管理

在"商品二因素"理论中，商品固有的使用价值和价值两种属性由劳动二重性决定：具体劳动创造使用价值，抽象劳动形成价值。作为商品，必须具有使用价值，即能用以满足人们的某种需要，同时，又有人的劳动凝结在其中，形成价值。各种商品的使用价值以及创造它们的具体劳动性质不同，无法比较。只有撇开劳动的具体特点，化为抽象的、无差别的人类劳动，形成价值，从而进行比较。未经劳动加工的东西（如空气）和用以满足自己需要、不当作商品出卖的产品都不具有价值。

人既然是一种"资源"，就同其他资源一样具有两种属性：社会属性和自然属性。自然属性是人与生产力相联系的属性，即人具备劳动能力，而且经过培养和发展，其劳动能力存在高低强弱的差异；社会属性是人与生产关系相联系的属性，即人在自己生活的社会生产中发生一定的、必然的、不以他们的意志为转移的关系，这些生产关系的总和构成社会的经济结构。企业是社会经济结构的主要形式，企业价值表现为企业实现的获利能力和未来潜在的获利能力的体现。如果用更朴素易懂的标准来衡量企业的价值，那就是看企业能不能在经营的过程中，实现资源有效地转换，并在转换中形成可持续创造的价值。

企业在经营过程中将股东投入的资源，经过员工经营活动转换成客户需要的资源，并实现价值增值，企业成为对接投资者和消费者的平台，然而商品则是完成资源转换的载体，其转换过程是通过员工经营活动来实现的。因此从表面上看商品是企业的经营对象，而实质上是员工通过商品产生价值，来经营投资者及消费者的关系。所以企业根据其发展战略、提高绩效而提高员工的知识、技能、生产力和满意度，开展一系列人力资源管理活动，以提高团队和企业的组织发展能力。

人力资源管理伴随着社会与经济的发展而不断完善，而从 20 世纪 90 年代开始，全球经济出现非常规增长，企业面临更加剧烈的市场竞争，大量的企业越来越重视发挥员工的作用，人力资源管理与开发也逐渐向人力资源经营理念转变，从单方面注重人力资源个体价值的发挥到注重人力资源整体效能的提升，强调人力资源的价值创造，强调价值创造体系的高效运转。

### 1.2.2 人力资源的价值创造

#### 1. 内涵

价值创造是企业以满足目标客户的需求为出发点，综合运用发现、制造和整合能力，吸纳资源、转换资源和输出资源，最终实现资源不断增值的过程。

价值创造以满足目标客户的需求为出发点。广义上说，价值创造的主体可以是个人，也可以是组织。经营客户，最终是经营人，需要站在经营和战略角度去思考人力资源的问题。从经济学视角看，组织拥有良好的人力资源，这是人力资源经营转化的基础。但是，人力资源转化是一个复杂的过程，是持续提高人力资源价值的过程，这个过程对经济增长是必要的。人力资源经营转化需要两个条件：一是教育的发展。教育让劳动力获得专业知识和技能，从而为实现人力资源经营转化提供重要条件。二是人力资源经营环境的充分竞争。劳动力市场提供让劳动力充分参与竞争的机会，为人力资源发挥作用和实现价值提供根本性保障。

价值创造不是某个部门或单位的职责，而是生产经营的各个环节相互合作的结果，需要企业内部所有部门或单位直接、间接发挥其发现、制造和整合能力。人力资源的价值创造贯穿于企业生产经营的全过程，涉及企业内部所有部门或单位，涉及企业内部每个岗位上的人员。一般来说，企业的生产经营是由内部各个部门或单位合作完成的，因此，价值创造就要求价值从无到有、从少到多、从小到大。对于企业来说，其吸纳的任何资源都是有原始价值的，价值创造要求企业在吸纳资源后，充分发挥资源转换器的功能，实现资源的原始价值从少到多、从小到大，从而达到资源不断增值的结果。

#### 2. 类别

人力资源的价值从广义视角进行分析，将经济价值和社会价值都考虑在内。最直观的是，人力资源是经济活动的基本构成要素，也是经济目标得以实现的基础条件。通俗来说，经济活动中的分配所得，即人员工资就是人力资源价值的直接体现。具体来说，这些综合价值由如下价值类型构成。

（1）基本活动经济价值。这是指企业中人力资源维持存量经营所进行的各类活动的经济价值，通过人力资源效率来衡量，企业要生存，需要持续提高人均劳动生产率，提高人力资本单位产出量。

（2）创造性活动经济价值。这是企业中人力资源不仅实现了存量经济价值，而且有利于长远增量经济价值的产生，是人力资源价值创造能力的体现，对其价值计量需要结合企业长期战略发展等因素合并评估。创造性活动经济价值具有显著带动性作用，在一定时期内能够显著促进企业的经济增长。企业要发展，需要提升人力资源价值创造能力与人力资本增加值，即人力资本回报与贡献率。

3. 价值创造体系

在企业的日常生产经营过程中，价值创造体系是作为一个不可分割的整体而存在的，企业内部所有的部门或单位都有发现价值、制造价值和整合价值的职能。具体到人力资源管理专业职能上，就是要通过人力资源效能的提升为客户创造价值，融入企业整体价值创造体系，为企业创造价值。

人的能力提升与发展是企业价值创造不竭的动力源，是人力资源效能提升的基石。现今商业环境竞争条件下，越发强调企业价值创造的有效性，随着社会经济发展，企业规模不断扩大，对各方面人才专业化程度的要求不断加强，建立全面的人才发展体系，促进各类员工专业能力持续提升并实现职业成长，使之与企业在利益共同体的基础上形成事业共同体，成为人才发展的主题和人才效能提升的核心。要提升人力资源效能首先要提高人力发展系统的运行效能，从而保证组织源源不断地内生出战略所需的领导力和专业能力，使得人力资源系统真正成为组织能力的提供者。

跟企业其他资源对比，比如生产资料、厂房、技术、资金等可见资源，人力资源是一种以人为载体的特殊的生产要素。由于其他资源要在人力资源的推动下，才能在生产经营活动中运行起来，而且人力资源在推动其他资源运行的过程中，不仅转移自身的价值，还能创造出比自身价值更大的价值。因此，企业的价值创造活动体现为人力资源为社会创造的财富和价值，即人力资源的内在价值在企业活动中施展出来，创造出一定价值量的价值。

## 1.3 人力资源经营系统的主要内容

人力资源经营系统通过由对人的管理与控制向人力资本的开发与经营转变，实现人力资本投入产出的最大化。人力资源经营系统形成了"4321"的人才发展模型，它将员工（即人力资源）视为最基本的经营对象，坚持"具备'三识三力三观'的优秀人才是公司价值创造之源"，以实施"四定"工程为基础，以"三力"系统为内部营运机制，实施各项人力资源经营活动，通过让外部优才汇聚、内部英才辈出，建设一支精干高效、结构合理、匹配业务、专业精深、富有创造活力的人才队伍，实现人力资源经营的效能提升，实现人才发展。

### 1.3.1 人力资源经营系统综述

1. 人力资源经营系统核心内容

马应龙人力资源经营系统是总结公司多年人力资源管理实践而形成的一套经营体系，是贯彻公司人力资源经营理念的具体运营系统，该系统核心内容包括"四定"工程、"三力"系统、"两条"策略和一个核心，它又被称为"4321"的人才发展模型。"4"即"四定"工程，通过实施定事、定岗、定人、定薪来奠定人力资源经营基础；"3"即"三力"系统，包括压力系统、动力系统和活力系统，其核心为目标产生压力，激励提供动力，竞争制造活力；"2"即"两条"人才经营策略，指通过人才引进和人才培养，来实行人力资源的分类经营；"1"即一个核心理念，通过人力资源价值创造，实现人才发展。如图1-1所示。

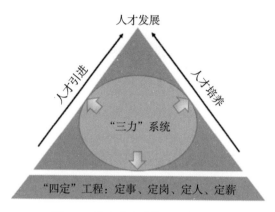

图 1-1　马应龙人力资源经营系统

（1）经营对象。人力资源经营系统经营的对象是"人"，即全体员工。针对不同的"人"进行不同程度、不同方法的经营，是人力资源经营系统运行的基础。因此，人力资源经营系统的首要任务是按照人力资源的价值区分经营对象，实现人力资源的分类经营以创造价值。经营对象分类的主要措施是通过两个通路不断优化人力资源结构，以工作分析与岗位评价体系、岗位任职资格管理体系区分企业对不同人员的需求，识别不同类别的经营对象，让人力资源经营政策和措施更具针对性，从而让一批有学识、有见识、有胆识、有思想力、有行动力、有创造力、有道德观、有职业观、有工作观的"三识三力三观"人才通过多渠道引进和多层次培养实现自我增值，提高工作效率、效果和效益，并由此不断提升人力资源投入产出水平，通过人力资源价值创造，最终形成经营成果，促进人才发展。

（2）经营策略。人力资源经营的内涵已延伸为将人力资源视为一种"资本"进行经营，追求"人"的发展，实现人力资本投入产出的最大化。企业获得人才的途径包括外部获取和内部培养，如何让这两个途径源源不断地形成链式供给，做到及时获取所需要的人才，其经营策略包括两个方面：一是向外开源做人才引进，吸引和猎取关键人才，即在企业人力资源规划的指导下，通过搭建平台以识别和吸引潜在人才加入企业；二是整合资源，向内发现和培养核心人才，全面构建人才库，即在经营环境快速变化的时代背景中，针对性地安排人才培训，并根据未来可能发生变化的外部环境调整人才培养计划。

（3）经营机制。人力资源经营系统的经营机制是通过"三力"系统驱动。如图 1-1 三角形内部箭头所示，"三力"系统对三角形三条边起着关键的支持作用，表示"三力"系统是马应龙人力资源经营系统运行的核心支撑，其主要目标是通过"三力"系统营造具有压力、动力和活力的人力资源经营环境，给"人"一个外在的作用力，员工因教育、培训、激励、实践经验、绩效管理等人力资源经营措施而获得知识和技能的积累，并努力创造增量贡献，实现人力资源增量价值，促进自身人力资本的增值。引导"人"在引进通道和培养通道流动，向同一个方向（人才发展）前行。

（4）经营基础。"四定"工程是基于战略的人力资源优化配置的奠基工程，对战略落地实施和人力资源经营体系有效运行具有十分重要的影响作用，它在一定程度上决定了公司的整体绩效和产出水平。通过"四定"工程的开展，能帮助公司明晰职责流程、科学设置岗位、优化资源配置、完善薪酬体系、提高人员效能，促使公司实现"事、岗、人、薪"四者之间的合理匹配。"四定"的核心，是为了提高岗位价值和岗位效率；"四定"的目的是为了优化工作事项、优化岗位设置、优化人力配置和优化薪酬设计，是为了帮助公司、部门和岗位寻找正确的事，再利用人力资源系统的方法把正确的事做得有效率；"四定"的目标是以"三低一高"作为薪酬控制指标，把有限的薪酬费用资源用到"刀刃"上，提高薪酬使用效率。

2. 人力资源经营与人效提升

人效提升的核心在于人才发展和价值创造。首先，要全面提高员工岗位履职能力。完善职业教育体系，弥补普教系统存在的不足，如："重知识、轻技能，重理论、轻实践，重灌输、轻启发"等；要求员工充分理解所从事岗位的自然属性、技术属性和社会属性，延展价值创造空间，提升岗位嫁接能力。其次，要建立战略引领和市场导向的双重制导机制，促进组织变革，提升创造价值和提高人效的能力。最后，强调利用信息化、数字化、智能化，带动企业运营全面转型升级以及内部组织方式的相应变革，提升营运系统的针对性、精准性、有效性和协调性，全面提高绩效指标水平。

对于马应龙而言，人力资源经营逻辑主线是价值创造，核心理念是人才发展，因此，通过人力资源经营体系的有效运行，最终必定会带来人员效率的持续提升。

（1）"四定"工程与人效提升。从价值创造来看，"四定"工程是价值创造体系的核心贯彻机制，各阶段工作均是以价值创造为导向，不断提高事、岗、人、薪与价值创造规模、效率、能力等的匹配程度，其中：定事核心就是要做有价值的事，定岗、定人、定薪的核心则是围绕如何将事情做得有效率；从人才发展来看，"四定"通过构建价值创造体系、实施组织变革、建立人才选配机制、优化薪酬设计等系列工作的牵引，为员工个人发展创造机会。因此，"四定"工程是人效提升的重要手段。

（2）"三力"系统与人效提升。压力系统主要是通过绩效管理来明确公司价值创造的要求，借助考核工具促进提升个人绩效产出；动力系统主要是建立与价值创造相匹配的激励机制，激发员工的潜能，驱动产生高绩效；活力系统主要是引入竞争机制来激发员工的竞争意识，引进高绩效、高价值的人才，将低效率、低价值人员予以改造或淘汰，提高组织运行效率。因此，"三力"系统为人效提升提供了机制保障。

（3）"两条"策略与人效提升。在人才引进方面，转变用人理念，将人才视为资本而非成本，通过引进有能力的人为公司创造价值，并对现有人员施加影响；在人才培养方面，长期人才培养反哺带来知识溢出效应，知识、技能在公司内部的集聚和扩散，不仅促进了人才情感、态度、价值观与企业达成共识，也有助于促进提升个人价值创造水平。因此，"两条"策略实施成果的直接体现就是人效提升。

（4）人才发展与人效提升。首先，人才发展是人力资源经营核心理念和最终目标，它的内在表现为人员能力素质提升，外在表现为人员效能提升；其次，人才发展的核心内涵是为员工创造机会，员工在个人得到成长和发展的同时，也在源源不断为企业创造价值。同时，建立全面的人才发展体系，也是人员效能提升的关键。

### 1.3.2 人力资源经营系统的组织体系

人力资源经营系统的搭建和运营需要系统思考和顶层设计，本质上它是围绕人来进行的，确定了企业价值创造的要素，主线是围绕人的价值创造和价值评价体系进行。过去，人力资源管理是基于专业化、职能化，所以有其局限性，不能真正上升到经营层面、业务成长层面、企业成长层面来思考人的问题。如今，人力资源管理真正上升到经营层面，其组织体系就发生了变化。人力资源管理的责任体系不再是人力资源部门的事情，而是上升到企业领导层及所有管理者的责任。

#### 1. 高层领导

公司高层领导是人力资源经营理念贯彻落实的最终责任人。负责审议、批准各项人力资源经营政策、制度、方法、计划等；负责监督、评估各业务单元人力资源经营效率，并对其提出改善意见；负责根据各业务单位人力资源经营效果提出相应奖惩措施。

#### 2. 人力资源部门

人力资源部门是公司人力资源经营政策、制度、方法、流程、工具的具体制定者，是人力资源经营活动的推动者、统筹者和协调者。负责具体跟踪落实各项人力资源经营活动，并对经营效果进行跟踪评估，提出改进措施；负责对各级管理人员进行相关指导，协助各级主管人员提高人力资源经营水平。

#### 3. 各级管理者

公司各层级主管人员是人力资源经营的直接负责人，对于人力资源经营效率具有最直接的影响。负责具体落实各项人力资源经营计划和措施；负责提升所属人员的人力资源投入产出水平。

# 2 "四定"工程

"四定"工程是基于战略的人力资源优化配置的奠基工程,对战略落地实施和人力资源经营体系的有效运行具有十分重要的影响作用,它在一定程度上决定了公司的整体绩效和产出水平。通过"四定"项目的开展,能帮助我们明晰职责流程、科学设置岗位、优化资源配置、完善薪酬体系、提高人员效能,促使公司实现"事、岗、人、薪"四者之间的合理匹配,提高岗位价值和岗位效率。

"四定"工程涉及事、岗、人、薪的研究,其中定事是基础和前提,包括公司定事、部门定事和岗位定事。公司定事是基于组织使命和价值创造,确定公司战略,明确战略目标和举措,属于战略管理的研究范畴;部门定事是将公司战略落实到组织体系,提炼各部门价值点,优化部门职能和事项,提高组织运营效率,属于运营管理的研究范畴;岗位定事则是将公司战略最终落实到岗位层面,理清岗位应该承担的工作任务和拟达成目标(效果),促进提升岗位绩效,属于人力资源管理的研究范畴。因此,公司"四定"的整个研究过程是以"事"为切入点,促进战略管理、运营管理和人力资源管理的结合。

## 2.1 定事

定事是以价值创造为导向,基于公司使命来确定战略目标,建立市场导向和战略引领双重制导的运行机制,设计与战略、商业模式以及外部市场环境变化相适应的组织功能,按照业务运作流程和分工,将公司价值点转换为工作事项并建立相应的考核机制,形成公司、部门、岗位三位一体的价值创造体系。

为实现定事工作的有效推行，提高定事效率和有效性，我们认为企业定事应从三个层面出发，第一是公司定事，第二是部门定事，第三是岗位定事，其中：公司定事是前提，部门定事依据公司定事展开，而岗位定事则依据部门定事展开。

首先是公司定事。基于外部市场环境变化和公司远景使命，以价值创造为指引，寻找公司价值创造活动，确定公司中长期战略目标，研究制定相应战略行动举措，明确公司具体要做哪些事。

然后是部门定事。依据公司价值创造活动确定组织体系，提炼各部门价值点，细化分解形成职能、主要工作事项及评价指标，建立各系统价值创造体系。

最后是岗位定事。组织架构确定后，将各部门的业务工作事项落实到各岗位，分解拟定岗位工作事项及实施步骤，明确每一步应承担的具体工作；根据岗位的功能定位，分类汇总岗位工作事项，提炼形成岗位工作职责。

## 2.1.1　公司定事

公司定事的本质是寻找价值创造活动的过程。组织使命明确了企业所扮演的角色和从事的事业，是企业制定战略目标的前提；市场和战略是公司定事的双重引擎，指导公司寻找价值创造活动，要求公司所做的事情必须符合市场需求和战略要求，为公司定事提供了方向；组织功能则是将战略落到组织各系统的体现，通过组织体系和价值点设计，明确公司价值创造的关键成功因素，指明为了应对市场结构变化，公司应该做哪些有价值的事。

### 1. 组织使命

企业在进行生产经营活动和制定战略时，首先应明确企业在社会活动中所扮演的角色，企业的性质等，应从事什么样的事业，即弄清企业的远景使命。使命的确定过程，会从总体上引起企业发展方向、发展道路的改变，使企业发生战略性的变化。确定企业使命是制定企业战略目标的前提，是战略方案制订和选择的依据，是企业分配企业资源的基础。在确定企业使命时，必须充分、全面考虑到与企业有利害关系的各方要求和期望，包括企业内部的要求者，即股东和员工，以及企业外部的要求者，他们虽然不属于企业内部人员，但是将受到企业作为产品生产者和销售者所开展的一些活动的影响。

就马应龙来说，公司一直重视并倡导秉承优良传统，不断丰富企业文化内涵，以实现马应龙的企业文化与市场经济的融合，形成有自身特色的系统文化，以文化凝聚力打造出富有责任感和使命感的团队，打造出 1+3+4 的企业文化体系。如图 2-1 所示。

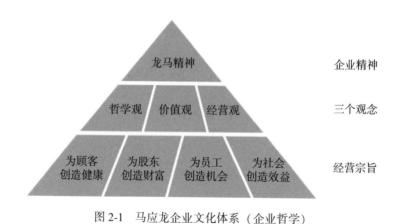

图 2-1　马应龙企业文化体系（企业哲学）

马应龙的企业精神是"龙马精神"，这是对马应龙 400 余年持续经营的高度概括。在马应龙，龙寓示着远大的理想，坚定的信念，执著的追求，发现规律进而驾驭规律，与时俱进，处理好人与自然、人与社会的关系。马寓示着脚踏实地，从容的胸怀，厚积德行，着重规律同时顺应规律，真诚实在做人，勤劳踏实做事。应，即龙与马的呼应，寓示着包容、虔诚的品德与踏实、奋发向上的精神相结合，远大理想与脚踏实地相结合。马应龙倡导"龙马精神"，就是要企业追求马的德范与龙的精神相呼应，追求行为与理念、务实与务虚的相统一，追求人与自然之间"天人合一"的和谐，追求人与社会之间"人人为我我为人人"的和谐。

"哲学观、价值观和经营观"是马应龙经营管理的"三个观念"。

"以真修心、以勤修为"的哲学观是企业员工的精神凝聚力，是马应龙人400多年处世哲学的延伸，是历史文化沉淀的结晶。马应龙提出"以真修心、以勤修为"，就是希望以此作为员工为人处世、工作生活的行为准则，倡导真诚实在做人，勤劳踏实做事，以此来延续马应龙400多年来旺盛的生命力和坚韧的适应力，实现企业的永续经营。

"资源增值"的价值观是现代企业经营活动本质内涵的提炼，是基于企业发展目标的精练概况。企业的生存离不开发展，发展就要创造、创新、贡献、进步，马应龙将此打造为衡量企业价值和个人价值的主要标准，要求企业发展和个人努力要以价值增值为目标，从根本上转变企业员工的发展观念，促进企业实现有效经营。

"稳健经营、协调发展"的经营观是对历史发展脉络的总结，也是对未来发展导向的指引和概括。树立科学发展观，追求可持续发展是企业在当前市场经济环境下的必然发展路径。马应龙始终要求企业发展要坚持各利益主体之间关系的协调，注重经营要素与经营能力的协调，注重长期利益与短期利益的协调。稳重，踏实，平衡各方面关系，着力解决短板、瓶颈问题，才能实现企业的可持续发展。

"为顾客创造健康，为股东创造财富，为员工创造机会，为社会创造效益"是马应龙的经营宗旨。"四个创造"的经营宗旨，表示马应龙立足于构建多方利益主体的均衡发展。马应龙多年来的管理经验证明了企业发展的基础在于稳定。公司多元化的股权结构以及以市场为导向的经营机制，决定了公司必须倡导多方利益主体的均衡发展，力求通过马应龙的经营活动，使各种利益主体获得可持续的、公平的、最大化利益，构建稳固的利益关系平台。经营宗旨的延伸意义为：利益主体多元化；利益追求长远化；分配原则公平化；投入回报最大化。我们认为，只有实现顾客、企业、员工、社会的均衡发展，才能确保马应龙的持续、健康、稳定。

### 2. 市场导向

市场导向即以客户为中心的价值导向。在人们有充裕选择机会的市场环境下，大众市场实际上被分割为许多微观市场，每个市场都有自己的需求、偏好、感受和购买标准。选择客户价值就是了解顾客的需求，确定如何提供响应每一细分顾客群独特偏好的产品与服务。客户价值选择包括三个要素：一是价值主张，是指企业将对潜在的有利可图的顾客提供什么，解决的是传递何种价值观念的问题；二是客户选择，是指企业的产品或者服务的针对对象，它要解决的是为谁创造价值的问题；三是价值内容，是指企业将通过何种产品和服务为顾客创造价值，要解决的问题是企业准备向目标顾客传递何种形式的价值。

就马应龙来说，公司主体经营始终围绕以客户为中心进行，满足客户的个性化需求，努力为客户创造价值。构建以客户为中心的价值驱动机制，并将之贯穿于马应龙客户经营系统的规划与执行过程中，建立从发现客户需求到满足客户需求的循环运营机制和流程。以客户为中心的价值驱动机制主要包括：树立以客户为中心的经营理念、建立以客户为中心的价值创造体系、优化以客户为中心的运营和管理机制。

（1）以客户为中心的经营理念。马应龙对于以客户为中心的经营理念基于三个层次的认同：第一，对于客户需求要从被动响应，到主动把握客户深层次需求。第二，"市场至上"不等于"客户至上"，企业不应跟着潮流走，更不应一味地迎合市场的短暂机会，必须坚守"以客户为中心"的理念，不但要满足客户眼前的需求，更是要基于对客户潜在需求的深刻理解，从而为客户提供最好的产品和服务。以客户为中心，不能简单地取悦客户，而应该从客户的立场出发，不断提高产品和服务质量，提升市场竞争力，对客户最终满意度负责。第三，满足客户需求，为客户创造价值是我们经营的核心目标，要让以客户为中心的经营理念体现在我们的战略导向和企业文化中，并在公司上下各层面贯彻，融入日常经营管理的体制机制中，固化到我们的经营行为中。

（2）以客户为中心的价值创造系统。客户决定了企业资源流动方向，客户需求导向贯穿于市场、研发、销售、制造、服务等公司的价值创造全流程。价值创造不是某个部门或单位的职责，而是生产经营的各个环节合作的结果，需要企业内部所有部门或单位直接、间接发挥其发现、制造和整合能力。

马应龙的价值创造体系划分为发现价值、制造价值和整合价值三大组成部分，以便综合衡量价值创造的过程和结果。其中，制造价值是发现价值和整合价值的支撑和保证；发现价值是整合价值和制造价值的前提和基础；整合价值是发现价值和制造价值的扩展和延伸。

① 制造价值。当员工把资源（人员工作、设备、技术、产品设计、品牌、信息、能源和资金）转移到具有更高价值的产品和服务中去时，企业就创造了价值。他们完成这些转移时所进行的工作就是制造价值的工作。制造价值体现了产品生产价值链上的各个生产单位的经济利益和经济责任，通过组织协调，激发要素价值，形成竞争优势，以尽可能少的资源投入来最大化地实现组织目标，使企业整体获得"市场溢价"。通过对马应龙制造价值创造活动的系统梳理，可将马应龙的制造价值创造活动划分为业务运营、职能管理、专业支持和行政服务四大类。运营系统是与制造价值增值直接相关的活动，包括解决方案系统、交付系统、客服销售系统和资产运营系统，职能管理、专业支持和行政服务是支持性和间接性工作，促进制造价值增值活动顺利完成。

② 整合价值。整合价值就是通过资源整合、重组再造、模式创新、资源吸纳等手段提高效能，从而达到整体价值最优，实现公司价值创造。其中，整合是手段，整合的目的是创造价值。资源整合是指把公司内部既互相相关却又互相独立的资源，以及公司外部既具有业务往来又具有独立经济利益的协作伙伴整合成一个为客户服务的体系，取得 1+1>2 的效果；重组再造是指对公司的资金、资产、劳动力、技术、管理等要素进行重新配置，构建新的生产经营模式，使公司在变化中保持竞争优势的过程；模式创新是指将新的商业模式引入公司的价值体系，并为客户和自身创造价值。

③ 发现价值。发现价值，是指企业内外部均存在潜在的、有价值的

机会,只需要去寻找发现,就可以实现增值。发现价值主要是通过对经济政策、行业发展、消费趋势、市场动态以及内部经营管理现状相关的信息科学洞察分析,聚焦于发现投资机会点、市场机会点和内部提升机会点,最终实现增值。①

(3)以客户为中心的运营体系。马应龙的价值创造体系是以客户为中心驱动的,客户的诉求是在预期的时间和地点,以合理的价格购买优质的产品,我们必须工作得更快、更省、更好,才能有效地满足客户需求并创造价值(获取利润)。

围绕客户需求,构建形成包括解决方案、产品交付、客服销售三大功能系统,并进一步完善支撑体系建设。

解决方案系统负责产品和解决方案,从解决方案角度来帮助客户实现目标或满足需求,对客户群解决方案的业务目标负责。通过客户沟通,挖掘机会点,形成相应的产品和服务,促进市场突破;理解和管理客户需求,制订客户化解决方案,提供相应产品或服务;组织制订客户化的解决方案并推广,保障解决方案的竞争力;在与客户对话中,提供技术层面支持,创造客户价值,获得客户信任。

产品交付系统负责产品的交付服务,对产品或服务的前期销售工作提供支持,对交付服务客户满意度负责,对交付服务的经营指标负责,负责搭建交付侧客户关系平台,确保各项经营业务的落地。作为交付管理客户满意度的责任人,为客户提供及时、准确、优质、低成本的交付,对产品/服务的交付满意度承担第一责任;作为交付经营目标的责任人,对项目交付经营目标(成本、效率、质量等)负责;作为交付项目管理者,对交付产品的使用监控以及客户使用满意度负责;作为交付资源管理者,负责产品交付资源管理,承担业务量预测和交付资源需求预测、规划、调配等交付资源的日常管理业务。

客服销售系统负责直接面向客户,沟通、传递并满足客户需求。它是业务系统的核心,也是价值驱动机制的领导者,是流程运作的责任主体,

---

① 参见王海波编:《价值创造体系》,内部资料。

对客户的经营结果（规模、增长、盈利、现金流）负责；作为客户群规划的制定和执行者，负责市场洞察、目标和策略制定、规划执行和调整、品牌建设等工作；作为销售工作的领导者，组建营销团队、目标和策略制定、监控和执行；作为全流程交易质量的责任者，需要负责市场机会识别、客户群风险识别、合同签订质量把关、合同履行质量监控、收入和回款等工作；作为客户关系平台的建立和管理者，需要负责客户关系规划、客户关系拓展、客户关系管理等工作。

（4）以客户为中心的管理机制。以客户为中心的管理机制要求开展匹配业务目标的组织建设、员工评价和资源配置，是督导、辅助运营实施的重要环节。

① 持续完善组织架构及顶层设计，符合战略导向和文化价值取向的需求，满足客户经营系统的需要。

② 针对性调整资源配置和绩效管理，导向明晰，建立以责任结果和贡献导向的价值评价以及价值分配机制。

③ 客户经营评价的重要导向在于是否为客户创造价值。具体说，不能为客户、股东或者员工创造任何价值的部门、流程和人，就是多余的部门、流程和人。

④ 人力资源经营满足组织发展需求。放宽机制限制，鼓励整合内外部资源，加大激励力度，通过压力、动力和活力建设，提升人员产出成效。

⑤ 合理授权和内部控制的平衡。授权是解决经营效率问题，内控是解决风险控制问题，打通运营流程不等于没有内控环节，这是企业的根本。

⑥ 资金资本的匹配支持。

⑦ 文化建设配套。实现从理念到行为习惯的贯彻。①

3. 战略引领

战略引领即一切经营活动要服从战略指导，符合战略要求。战略是实

---

① 参见刘俊舟等人编：《客户经营系统》，内部资料。

现企业远景和使命的具体化路径，决定了企业在既定的战略经营领域开展经营活动所要达到的长远性和全局性目标，是企业发展的总任务、总要求和根本方向。企业战略的侧重点在于两个方面：一是确定战略目标。从全局出发，在既定的战略经营领域内，依据对外部环境、客户需求和内部条件的综合考虑，明确目标方向；通过对现有能力与手段等诸种条件的全面衡量，对沿着战略方向展开的活动所要达到的水平或取得的成果提出期望。二是制定战略举措。围绕战略定位及目标，选择战略路径，明确战略实施方法和手段，以实现企业整体的战略意图，这也是战略实施的关键内容。

为适应内外部环境变化，强化客户需求导向，发掘市场潜力，马应龙提出"打造肛肠健康方案提供商"的战略目标。依托肛肠领域的品牌影响力、产品产业的结构优势以及肛肠领域市场资源的掌控能力，推动马应龙在肛肠健康领域的横向拓展和纵向延伸，实施向肛肠健康方案提供商的转型升级。

（1）外部环境分析。

① 肛肠疾病是常见病和多发病，细分领域市场需求巨大。据全国肛肠疾病流行病学调查结果显示，肛肠疾病患病率高达50.1%，显著高于一般常见疾病。但是，78%的居民没有接触到肛肠健康科普知识，65%的患者发病后没有采取任何治疗措施，仅28%的患者采取医院就诊，7.7%的患者采取自我医疗。据流行病学专家估算，肛肠健康领域的市场规模（含药物、器械、医疗、康复、预防等）经有效教育引导，有望达到1000亿元。

② 肛肠产品市场供给不能满足客户需求，产业拓展空间较大。肛肠疾病呈现发病率高、就诊率低、认知率低，即"一高两低"的现状。究其原因，一是缺乏肛肠疾病科普教育，多数肛肠疾病患者对疾病认知不够，导致未采取任何治疗措施；二是肛肠疾病诊疗方式单一，由于肛肠疾病患于隐处，传统医疗方式导致多数女性或年龄较小的患者不去就诊；三是肛肠专科隶属于中医领域，很多综合医院没有设立独立的肛肠科室，尤其在基层医院，肛肠疾病患者看病难的问题尤为突出。此外，中国肛肠健

康产业多年来处于无序竞争状态，药品经营、肛肠专科医院、肛肠保健等产业发展均相对落后，科学性和系统性健康管理缺乏，民营肛肠专科医院和肛肠保健产业因各方认知不足等原因，其提供的产品和服务很难得到消费者的信任和认同。马应龙作为肛肠领域的领导品牌，品牌优势和产品产业资源优势明显，应把握市场机遇，充分发挥优势，加速产品产业布局，构建肛肠产业生态链。

③ 政策利好为公司转型升级带来发展机遇。近年来国家层面频频出台相关政策，《医药工业发展规划指南》将大力推进供给侧结构改革，有利于推动医药工业转型升级向中高端水平迈进；《"健康中国2030"规划纲要》《中医药发展战略规划纲要》明确提出向全生命周期、全方位健康保障的定位转变，相关政策必然逐步放开，医疗产业、医药产业、保健品产业、健康管理服务产业、健康养老产业等五大基本产业群将长足发展，互联网+、大数据和智能可穿戴设备等新的健康业态必将陆续涌现；"十三五"时期全面推进"互联网+健康医疗"服务，推动大数据、物联网、移动互联网等信息技术与健康服务的深度融合。

（2）内部环境分析。

① 公司结构性矛盾突出、突破发展存在瓶颈。经过多年来的快速发展，马应龙已确立肛肠领域领导品牌地位，但因快速发展累积的各方矛盾也越发突出，产业运营效能不平衡、投融资能力不匹配、管理与经营能力的不平衡、资产产出效率降低、创新能力欠缺等，导致规模和利润滞涨态势逐步呈现。马应龙急需转型升级，寻求再次突破发展的有效途径。

② 肛肠领域竞争优势明显，多元化延伸势在必行。马应龙坚持以肛肠及下消化道领域为核心定位，根据"目标客户一元化、服务功能多元化"的发展思路，向肛肠诊疗产业延伸产业链，大力发展互联网医疗，并围绕大健康领域积极寻求发展机会，形成了药品经营、诊疗技术、医疗服务的全产业链。经过多年来的深耕细作，公司已在肛肠领域形成了品牌、品质、价格、服务等多方面的竞争优势，在痔疮药品零售市场销售量市场占有率稳居第一，成为肛肠治痔领域领导品牌。

（3）公司战略转型。基于公司面临的外部环境以及在肛肠领域的核心竞争优势，公司提出"打造肛肠健康方案提供商"战略目标，即定位于肛肠健康领域，以全病程的客户需求为导向，强化核心竞争优势，发挥资源整合能力，致力于为客户提供专业化、个性化、多样化的肛肠健康管理方案，将马应龙打造成为国内最大肛肠药品制造商和全球最大肛肠专科医疗服务机构，肛肠技术水平达到国内顶尖、国际一流，是细分领域服务功能最齐全、规模最大、最具影响力的肛肠健康方案提供商。

公司健康方案提供商的战略定位要求经营导向从企业主导向客户主导的转变，从产品导向向服务导向的转变，最终形成以客户的需求为出发点，以肛肠疾病、健康保健需求解决方案为切入点，集合产业链资源，提供全病程的产品和服务配备，精准满足个性化客户需求，从而实现从发现需求到满足需求的持续运行的客户经营闭环流程。与原药品经营模式相比，其应做到三个方面的转变。

① 从疾病诊疗向健康管理的拓展。健康方案提供商必须是基于人口结构变化和政策发展趋势，把握大健康领域的投资和发展机会；以满足客户需求为导向，以追求客户感知价值为目标，关注客户个性体验，延伸产品和服务范畴，为客户提供基于健康期、亚健康期、初病期、中病期、重病期、康复期的全病程服务；以品牌经营为核心，打通线上和线下资源，强化与健康供应商的联营合作。

② 从单一产品服务到立体化服务体系的拓宽。健康方案提供商必须是实现以客户为中心的企业经营业态的延伸，以客户需求为出发点，进一步拓宽产品产业范畴，完善药品经营、诊疗技术、医疗服务的产业链，布局大健康产业，积极应对市场变化，以"马应龙"品牌和核心资源为基础，向特定消费者提供从健康预防、保健、治疗到康复的全流程健康解决方案的产业集群。不仅为肛肠患者提供药品治疗和医院诊疗服务，更致力于为客户提供专业化、个性化、多样化的健康管理方案；把握核心领域的疾病谱发展趋势，寻求新医药、新医疗、新技术的发展机遇，强化资源整合，升级产品，拓展服务范畴。

③ 从经营产品到经营平台价值的转型。健康方案提供商必须改变以

产品为中心的传统产业经营模式，向以平台为基础、品牌为纽带的整合式经营模式转型，强化核心优势环节，整合肛肠健康管理全产业链资源，打造经营联合体，实现共享共赢；向上组织供应链，积极构建经营联盟，向下链接客户端，以满足客户需求为导向，构建强有力的产品运营通路，发挥平台价值效应；借力互联网平台的资源聚集能力，加快产业变革和转型，促进全产业链的参与互动，构建商业生态链。①

### 4. 组织功能设计

组织功能设计是基于市场导向和战略需求，并结合外部环境变化，搭建组织体系，识别公司价值创造活动的关键成功因素，明确各系统价值点。

（1）设计原则。一般而言，组织功能设计需要遵循三个原则。

首先，组织功能必须与战略相契合，必须坚持组织功能设计的战略导向，包括企业文化、战略目标和战略路径等。组织功能必须有助于战略的实现，能够保障战略的有效实施。马应龙是依托于三维三力体系，通过绩效管理与战略管理的运作，来促进战略目标的实现。因此，就马应龙的组织功能设计来看，以战略为基础，突出客户、股东、员工的三维导向，以绩效管理和预算管理为内在效率导向，是我们的主要方法。

其次，组织功能必须与商业模式相匹配，要求组织功能设计必须遵循商业模式的要求，商业模式决定了一个企业的运营方式，是企业经营思路的直接反映，组织功能必须与商业模式的运行保持一致性。

最后，组织功能必须与外部环境变化相适应。一般外部环境包括的因素有社会文化、经济、政治、法律、技术、资源等。外部环境的这些因素，对组织的影响是间接的、长远的。当外部环境发生剧烈变化时，会导致组织发展的重大变革。任何组织要实现自身生存与发展的目的，都需要从外部环境取得必要的能量、资源、信息，组织与外部环境间的关系表现为两个方面：其一，是社会环境对组织的作用；其二，是组织对外部环境

---

① 参见《打造马应龙肛肠健康方案提供商行动纲要》，内部资料。

的适应。因此，组织功能设计必须考量外部环境因素，根据外部环境的变化情况，因地制宜进行组织功能的调整优化，从而促进战略的实施和商业模式的有效运作。

（2）组织体系设计。按照企业经营方式的维度，可以将价值创造活动划分为产业经营下的价值创造和资本经营下的价值创造。产业经营的价值创造是以产品价值为经营对象、从实物形态去运作企业资源，包括物资采购、产品生产、商品定价、市场营销等价值链环节；而资本经营的价值创造则从以资本价值为对象、从价值形态去运作企业资源，包括资本筹措、资源配置、资产重组、营运杠杆等价值环节。产业经营的价值创造和资本经营的价值创造是价值创造过程的两个阶段，产业经营的价值创造是资本经营的价值创造的物质基础和前提条件，资本经营的价值创造是产业经营的价值创造的深化延伸和必需手段。

通过对马应龙价值创造活动的系统梳理，可将马应龙的价值创造活动划分为运营系统和管理系统两大类。运营系统是与价值增值直接相关的活动，管理系统是支持性和间接性工作，促进价值增值活动顺利完成。

① 强调战略引领，构建运营系统。以打造健康方案提供商、大力发展大健康产业为战略目标，强化全病程客户需求导向，构建发现需求、满足需要的客户价值创造体系。由此形成以解决方案系统、产品交付系统、客服销售系统、资产营运系统为核心的运营系统，拓宽产品和服务范畴，延伸营销网络，赋予品牌新的内涵。同时推动产业经营和资本经营相结合，进一步优化升级资产营运系统职能。

② 强调职能管理对运营系统的服务和引导作用。基于全产业链的战略布局，打破产业间的管理职能壁垒，发挥本部战略、人力、财务管理职能共享作用，促进运营有效性和管理效率的提升；推动战略、人力、财务的职能拓展，加强与运营实际的结合，逐步完善战略研究平台、人力经营平台和业财融合平台，发挥职能管理对业务运营的指导作用。

③ 强调专业管理职能，控制经营风险。基于战略布局和品牌运营需要，应对外部监管形势越发严峻的内在需求，搭建以风控、质量、合规、

法律为核心的专业管理能力平台，专项跟进外部市场和监管形式变化，提升内部风险防控能力。

④ 强调外部政策环境应对，提升内部保障能力，搭建行政服务体系。

（3）价值点设计。价值点是实现价值创造的关键成功因素，是确保公司成功所需的要素或活动，它提出了所有工作的核心问题：为了实现客户需求，我们需要做什么？

① 客户定位。对于企业而言，客户即利益相关者，不仅限于各项业务流程的内部客户，还包括股东、员工、顾客、供应商、政府等，与企业关系最为密切的利益相关方有顾客、股东、员工、合作伙伴（包含供应商）。企业利益相关方在逻辑上也应有先后顺序，首先我们应该关注的是外部客户，然后才是合作伙伴、员工、股东，从而体现了以客户为中心的管理原则。

② 价值体现。对于外部客户而言，价值主要体现在创造高的客户满意度与良好的客户体验，客户的价值诉求点主要包括：产品质量、产品功能、价格、时间或速度、服务、品牌、体验、客户关系等；对于股东而言，价值主要体现在提高企业盈利能力，比如控制风险、减少损失、控制成本与费用、提高利润、控制库存、提升周转等；对于合作伙伴而言，价值主要体现在与合作伙伴建立互利的合作关系，实现共赢，比如货款、服务费用的及时支付，降低合作伙伴资金成本与风险等；对于员工而言，价值主要体现在提高员工满意度，员工的价值诉求点主要包括：个人成长、良好的薪酬回报、舒适的工作环境、对企业文化认同感等。

③ 价值点提炼。基于主导业务流程和客户价值诉求，识别价值创造活动的关键成功要素，提炼形成价值点。价值点提炼可以考虑以下方面：一是业务，主要涉及收入、利润增长，用户增长，附加值增加，质量提升，效率提升，人均产出提高等；二是用户，主要涉及体验、满意度提升，黏性增加，品牌增值等；三是管理，主要涉及战略贡献，核心能力增强，风险管控等。一般而言，直接和间接作出贡献的，都是有价值的。

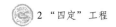 

以公司客服销售系统为例，其主导业务流程为从线索到回款的流程，即满足客户真实购买需求，从接受到销售线索开始到将产品或服务交付给客户，让客户满意并完成货款回收为止。通过流程的整体分析，寻找其能直接或间接带来价值的关键成功要素，比如：产品丰富度、产品配送效率、客户增长、品牌体验、客户满意、产品价格、购买便利、回款及时等，整合提炼形成客服销售系统的价值点，即客户经营、产品经营、网络延伸、品牌管理。

客户经营：包括客户开发、客户维护、客户反馈。

产品经营：包括产品承接、产品配送、结款。

网络延伸：包括营销网络的广度、深度和速度。

品牌管理：包括品牌推广、品牌宣传、品牌延伸。

按照以上价值点提炼逻辑，对公司四大运营系统和三大管理系统的价值创造活动进行分析，提炼形成各自的价值点。如图2-2所示。

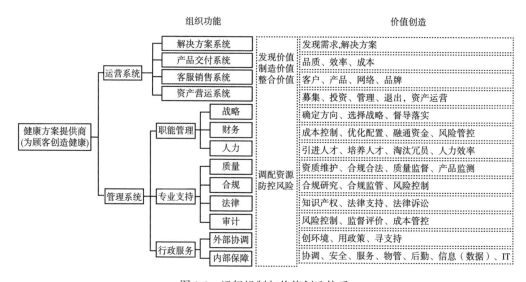

图2-2 运行机制与价值创造体系

## 2.1.2 部门定事

部门定事是以支撑公司价值实现为目的，按照业务流程和分工，将公司价值创造活动落实到部门，设计和优化各部门价值点、职能、工作事项以及评价指标，构建价值创造体系。

1. 定事原则

（1）战略性原则。定事的目标不仅仅是满足组织的短期发展需求，而是着眼于未来，更加关注影响组织长期发展的战略性因素，注重从定事角度构建组织的核心竞争力，确保组织持续、稳健的发展。因此，定事工作应坚持战略导向原则，必须与组织的经营战略与战略型需求相匹配。定事必须是基于分析组织变革和发展需求来开展的，且有利于支持战略实施，或可以主动影响战略形成，协助组织获得竞争优势，完成组织目标的一项基础性工作。

（2）重要性原则。定事工作的开展必须是有明显侧重点和关注点的。对组织来说，定事是个非常复杂且繁琐的过程，涉及企业所有的岗位、部门的工作流程，而我们的时间是有限的，必须分清主次、重点和非重点、有条不紊地推行定事工作。总体而言，分析与战略、商业模式相关程度有助于我们区分不同工作的重要性。

（3）目的性原则。一切工作事项应服从于、服务于公司目标和使命，一切工作流程都应围绕公司目标开展，为实现公司使命而服务，这也是定事的主要指导原则。为了实现公司的使命和目标，我们应该有明确的公司战略，以及清晰的商业模式作为定事工作的根本指导，也就是说，所确定的工作事项必须是符合战略要求或商业模式需要的，且有利于实现公司使命和目标。

（4）功能性原则。定事必须以部门及岗位的功能定位为前提，紧密围绕工作任务和事项展开。组织的定事设计要求以战略和商业模式为基础，来规范组织所做的事情，而具体到各部门、岗位的工作则需要定位明确，职责范围清晰，责权分明，并坚持分工合作，发挥各自的组织功能，来促进组织目标的达成。

（5）系统性原则。即强调系统内各要素之间的协调和配合，追求系统整体功能的最优。既要求定事决策的系统性，各部门、各岗位之间的工作协同，更强调人力资源体系内的全局思想和整体观念，将定事与人力资源各项工作紧密结合，推动定事的有效落实。

（6）效率性原则。工作事项的设计和确认有助于提高资源产出成效。企业的经营实质就是一个资源转换器，通过吸纳和投入各项资源，包括资金、资产、人员、土地等所有人财物资源，运营转换为承载着客户价值的产品和服务。只有创造出具备客户感知价值的企业才是有效运作的企业，而企业的盈利能力则取决于产出和投入之间的差额，也就是我们所追求的效率，效率越高，则盈利能力越强。因此，企业的定事设计必须关注投入和产出流程中的效率问题。

### 2. 部门功能

部门功能是组织功能的进一步细化，是为保障公司战略目标的实现，部门应具有的功能或发挥的作用。部门定事工作要落到实处，首要就要从公司发展战略中寻找各部门的功能定位。在设计部门功能目标时，要以市场和客户需求为导向，深入理解实施战略手段的最终目的，然后回顾各部门在公司发展历程中所承担的职责和发挥的功能，对照公司组织功能要求，分析存在的功能缺失，对部门功能目标进行重新设计和明确。如表 2-1 所示。

表 2-1　　　　　　　　　　　各部门功能定位

| 系统 | 部门 | 功能 |
|---|---|---|
| 运营系统 | 健康研究院 | 产品引进开发、老产品升级、新工艺/新技术/新材料研究、学术推广、研发平台建设 |
| | 生产中心 | 产能建设、产品需求保障、成本管控、风险管控 |
| | 线上营销总部 | 线上渠道建设及拓展、线上渠道销售规模增长 |
| | 线下营销总部 | 线下渠道建设及拓展、线下渠道销售规模增长 |
| | 业务支持部 | 强化中台建设、助力业务发展 |
| | 品牌经营部 | 品牌战略、品牌建设、品牌传播、品牌维护 |
| | 资产营运中心 | 投融资、资产运营、资产管控 |

| 系统 | 部门 | 功　　能 |
|------|------|---------|
| 职能管理系统 | 董事会秘书处 | 公司治理、战略管理、证券事务、股权融资 |
| | 人力资源中心 | 人才发展、劳动风险防范 |
| | 财务管理中心 | 成本管理、资金管理、资源配置、财务风险管控 |
| 专业支持系统 | 质量保证部 | 品质保障、资质维护、质量危机应对 |
| | 合规管理部 | 合规风险防控 |
| | 法律事务部 | 法律风险防范、法律事务处理 |
| | 审计监察部 | 内部审计、内部监察、风控管理 |
| 行政服务系统 | 总经理办公室 | 关系维护、组织协调、行政管理 |
| | 行政服务中心 | 安全管理、基建管理、物业服务 |
| | 信息中心 | IT 建设、信息（数据）管理、信息（数据）安全 |

3. 部门价值点

部门价值点是核心工作事项的价值体现，指导部门业务工作开展。与公司价值点相比，更为具体和细化。部门价值点的提炼包括两个来源，一是公司价值点自上而下的分解，一是新增价值点的挖掘。

（1）公司价值点分解。采取自上而下的方式，结合各部门功能定位，承接公司价值点。以生产中心为例，作为公司产品生产的核心承担部门，其主要功能包括产能建设、需求保障、成本管控、风险管控，相应承接公司产品交付系统的"品质、效率、成本"等价值点。其他部门按照同样的逻辑进行梳理。

（2）新增价值点梳理。除由组织体系自上而下承接的价值点外，还应通过部门功能优化和业务流程梳理来发掘新的价值点。部门价值点的提炼方法主要包括资料分析、调研访谈和流程诊断。

首先，通过公司战略目标及行动纲要、部门绩效责任书、部门业务发展规划等资料分析，结合定事工作现场调研访谈结果，依据组织功能来优化调整部门功能定位，相应增加新的价值创造活动；其次，分析部门所涉及的关键业务流程，基于流程运行效率提升来提出能产生价值的业务活

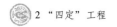 

动；最后，要对部门现有工作进行全面盘点分析，找出有明显价值但未在公司价值体系中得到直接体现的事项，提炼形成新的价值点。如表 2-2 所示。

表 2-2 各部门价值点

| 序号 | 部门 | 价 值 点 |
|---|---|---|
| 1 | 健康研究院 | ① 发现客户需求。搭建需求发现渠道，统筹客户需求信息获取；系统化、常态化开展客户需求调研及分析，发现具有市场价值的客户需求信息<br>② 提供解决方案。基于客户需求，开拓新产品/服务资源；开展老产品工艺技术升级改进，提高产品品质；开展产品学术推广，提供医学专业支持；推动新型诊疗技术的落地 |
| 2 | 生产中心 | ① 提升效率。通过先进技术的开发、引进、储备、转化、应用，实现工艺技术的革新、智能制造的升级、产品服务的迭代升级，形成技术壁垒和优势，提高效率效能；挖掘外部客户资源，通过承接 CMO、CDMO 业务，创造业务增量；挖掘外部生产资源，通过外部生产园区产能的调度满足客户需求，提高交付效率<br>② 控制成本。建立成本管控机制，实现成本最小化、效益最大化，提高产品竞争优势；建立与供应商之间良好的商誉和合作信任关系，实现双方各种资源及市场信息与技术信息的高度共享，降低采购成本<br>③ 提高品质。健全质量管理体系，完善品质管控组织，提高产品品质；建立生产系统风险管控机制，确保生产经营活动的合法、安全、有序进行 |
| 3 | 线上营销总部 | ① 经营成果。达成线上渠道销售回笼和销售利润目标；提高资源投入产出效能<br>② 客户经营。持续开发新客户并培育客户忠诚度；开展客户关系管理，洞察客户需求，持续为客户提供优质服务<br>③ 产品经营。反馈市场需求信息，提出产品引进、研发和改良建议；整合产品资源，协调匹配对应渠道；开展供应链管理，保证线上经营品种的供应；协同制定产品价格和产品政策<br>④ 渠道经营。通过对市场新流量和新渠道的分析，拓展现有成熟业务的销售渠道；根据现有成熟业务和孵化新业务的规模，适时裂变渠道或新增渠道<br>⑤ 业务督导。督导各渠道落实任务指标、重点专项，执行营销方案、销售政策；强化线上业务运营管控，规避经营风险 |

续表

| 序号 | 部门 | 价　值　点 |
|---|---|---|
| 4 | 线下营销总部 | ① 经营成果。达成线下渠道整体销售回笼目标、重点渠道销售回笼目标、重点产品销售回笼目标；提高资源投入产出效能<br><br>② 客户经营。持续开发新客户并培育客户忠诚度；开展客户关系管理，洞察客户需求，持续为客户提供优质服务<br><br>③ 产品经营。反馈政策环境变化、竞品动态以及市场需求信息，提出产品引进、研发和改良建议；整合产品资源，协调匹配对应渠道；协同制定产品价格和产品政策；争取及优化产品资质；统筹产品招投标运作<br><br>④ 渠道经营。根据产品销售特性布局营销网络，持续拓展营销网络的覆盖广度和深度；以现有规模、发展战略和未来预期为主要衡量标准，裂变或新增渠道<br><br>⑤ 业务督导。督导各渠道落实任务指标、重点专项，执行营销方案、销售政策；强化线下业务运营管控，规避经营风险 |
| 5 | 业务支持部 | ① 经营成果。线上线下营销总部整体年度销售回笼目标<br><br>② 客户经营。客户管理；客情维护；客服咨询及投诉应对<br><br>③ 产品经营。整合仓储物流资源，构建智能仓储体系；承运商选择及管理；线上新品流程跟单和生产跟单；产品交付跟踪，协同保障产品供应；线上经营产品、店铺设计<br><br>④ 营销支持。提供客户及业务数据统计、分析报表；开展业务数据分析，提供决策支持；调整信息系统逻辑以适应业务需求；提供绩效考核数据支持；开展市场规范性检查 |
| 6 | 品牌经营部 | ① 品牌定位。明确公司品牌定位，丰富品牌内涵，争取品牌资质，累积品牌资产，开展品牌调研<br><br>② 品牌强化。贯彻品牌经营战略，开展战略宣传，进一步强化肛肠健康方案提供商的核心定位<br><br>③ 品牌延伸。制订"马应龙+"品牌延伸策略，积极拓展大健康领域；制定品牌监管制度，为品牌延伸保驾护航<br><br>④ 品牌经营。完善品牌授权流程，规范贴牌业务拓展；开展整合品牌传播，积极拓展新零售，赋能助推业务增长，提升品牌价值 |

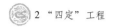

续表

| 序号 | 部门 | 价 值 点 |
|---|---|---|
| 7 | 资产营运中心 | ① 募集资金。发起设立产业基金，利用基金运营平台，扩大医药健康领域优质企业布局，分担公司投资成本和风险，扩大资金收益，规范管理<br>② 投资并购。收集、筛选符合公司战略的投资标的并实施产业投资，增强产业优势、拓展产业链；开展证券投资，提升资本价值<br>③ 投后管理。强化所属公司产权管理，履行出资人代表职能，对重大事项发表前置专业意见；强化项目投资风险控制，保障公司资本营运活动安全与收益<br>④ 项目退出。根据资产运营效率评价结果，推进无效、低效资产处置，优化资产结构<br>⑤ 资源整合。统筹业务板块整合，提升产业经营效能；强化产品资源整合，有效配置产品结构 |
| 8 | 董事会秘书处 | ① 确定方向：发掘战略机会和投资价值方向，深度研究战略实施路径，确认可拓展方向和实施方式，推动健康方案提供商的深化落地<br>② 选择战略。对公司战略定位及实现路径发表意见；明确公司中长期战略规划<br>③ 督导落实。分解战略目标，跟踪、反馈目标实施进度，总结和优化战略 |
| 9 | 财务管理中心 | ① 成本控制。开展全价值链的战略成本管控，引导成本优化<br>② 优化配置。持续构建全面预算管理，从财务视角对企业各层级、各业务进行持续衡量、分析和评价，提高资源配置能力<br>③ 融通资金。持续构建集团投融资体系，拓展新的融资渠道，加强集团资金集中管理、提高资金资源配置效率和效益<br>④ 风险控制。强化风险管控，通过全业务流程的参与及梳理，查缺补漏规范业务过程，减少风险降低损失 |
| 10 | 人力资源中心 | ① 引进人才。基于公司战略转型需要，预测未来人才需求，落实人才引进计划，促进公司战略目标的达成<br>② 培养人才。基于人才盘点及评鉴，找出优势和差距，落实人才培养计划，提升整体能力素质水平<br>③ 淘汰冗员。持续实施"四定""四岗"工程，持续优化组织结构和岗位要求，对冗员及时予以淘汰，实现人力资源更迭<br>④ 人力效率。科学设定绩效目标并向下逐层分解到位，通过多元的激励要素以及全面的薪酬体系，激发员工潜能，提高人力资源投入产出效能<br>⑤ 员工关系。开展人文关爱，营造积极进取、健康向上的和谐氛围 |

续表

| 序号 | 部门 | 价　值　点 |
|---|---|---|
| 11 | 质量保证部 | ① 资质维护。维护公司药品、医疗器械、化妆品、消毒产品、食品等生产资质、产品资质，定期审核，确保生产资质合规、产品资质有效<br>② 质量保证。持续完善质量保证体系建设，确保符合法律法规要求；组织对所有产品研发、生产全过程各环节的监督和控制，指导公司生产经营行为的规范运作<br>③ 合法合规。健全全产业链质量管控体系，强调系统保障和过程控制；对各营运单元和所属公司进行质量审计，防范质量风险<br>④ 产品监测。持续收集客户反馈的不良反应、使用感受、改进等信息；对客户信息进行汇总，并落实关联部门开展可行性评估 |
| 12 | 合规管理部 | ① 合规研究。负责合规政策整理、合规风险识别与评估、合规研究，定期收集集团全业务流程相关政策法规，形成适用清单及风险清单，开展合规专题研究，为相关业务和经营行为提供合规性支持<br>② 合规监管。对公司新产品及新业务等经营管理活动开展合规审查；对合规性审查事项开展过程监督、定期跟踪；协同开展合规风险事件的应急处理<br>③ 合规审评。审评各部门及所属公司对法律法规及制度的遵从情况，开展合规专项检查以及合规运行评价，开展反垄断、反舞弊、反商业贿赂等合规热点实务工作；督促整改公司内部违法违规事项、行为或合规风险隐患 |
| 13 | 法律事务部 | ① 风险防控。建立和完善法律风险防控体系，有效保护公司权益，提高全员的风险防控意识，消除法律风险隐患<br>② 法律支持。为公司各经营环节服务，强化合同审核、投资并购、技术项目引进等重大经营活动中的法律风险服务与管控<br>③ 法律诉讼。妥善处理公司各项法律诉讼及纠纷，应对突发法律危机事件，有效保护公司权益，减少损失<br>④ 知识产权。深挖专利、商标资源，加大保护力度，保护公司无形资产安全，在集团体系内部进行资源的流转与共享，盘活资源 |
| 14 | 审计监察部 | ① 风险控制。开展内控建设及评价，督促内控整改；建立与完善风险管理流程和运行机制，揭示本部及子公司风险信息<br>② 监督评价。多维度开展内部审计工作，负责集团及子公司财务审计工作、专项审计工作、离任经济责任审计工作；深入开展市场监控检查及调查，评估营销现状。开展采购及销售领域的专项监察，维护公司利益<br>③ 成本管控。开展招标、采购、工程项目领域的战略成本管控，监督评价各部门对战略成本管理工作的推进效果 |

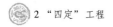 

续表

| 序号 | 部门 | 价 值 点 |
|------|------|----------|
| 15 | 总经理办公室 | ① 公关外联。搭建和维护政府和协会的公共关系平台，完成各类奖项或资质申报的必要性评估和申报工作，统筹公司级的参观接待工作，培养宣传队伍，完善宣传资料，提升企业品牌影响力<br><br>② 综合协调。协调内外部资源，充分发挥绩效调度会的职能，支持和督促各部门落实各项会议、指示和批示的重点工作，提升经营绩效<br><br>③ 行政文秘。统筹公司制度建设、会务与行政公文管理工作，确保公司各类总结和材料的准确和规范，规范档案管理和印章使用，防范档案和印章丢失风险 |
| 16 | 行政服务中心 | ① 客户服务。建立以需求收集和信息反馈为导向的客户评价机制，提供满足内外部客户需求的服务或解决方案，提升内外部客户满意度<br><br>② 安全管理。建立与优化安全管理体系，督导各园区和所属公司落实安全管理措施；创新安全管理模式，有效防范和遏制各类事故的发生<br><br>③ 资源管理。推行全面 6S 管理，建立各类办公资源使用规定，有效盘活或开发、规划闲置资源；掌握各类资源的市场动向，促进资源保值或增值<br><br>④ 成本管控。建立和完善业务成本理念，确定各业务单元盈亏平衡点，保障半固定+半经营的运营模式的顺利推进 |
| 17 | 信息中心 | ① IT 支撑。通过对 IT 统一的管控和规划，为集团本部司各经营环节提供快捷畅通的信息服务，对各分子公司提供技术指导、专项支持和人员培养；基于信息技术提升公司内部协调运作效率<br><br>② 数字化治理。建立、运行、优化与公司战略相匹配的数字化治理机制和应用架构方案，推动并完善主数据体系建设和流程升级，在人、财、物与数据、技术、流程等多个方面，推动资源要素和活动的统筹协调、协同创新、持续改进<br><br>③ 信息安全。管理集团本部及统筹各园区信息安全建设工作，采取必要措施，防范对网络的攻击、侵入、干扰、破坏和非法使用以及意外事故，保障网络稳定可靠运行，保障网络数据的完整性、保密性、可用性<br><br>④ 数据安全。管理集团本部及协助各园区数据安全工作，采取必要措施，保障公司数据被合法、合规、合理使用，防范数据非正常使用导致的经营风险<br><br>⑤ 综合技术。统筹推进新型基础设施建设，打造标准规范、协同高效、安全可靠的现代化基础设施体系 |

4. 部门职能

部门在进行价值创造时所进行的互动、协调、交流和决策的模式就是工作职能，包括开发、制造产品的方式、进行采购、市场调研、预算、员工发展、报酬分配及资源配置的方法等。部门定事过程中，需要基于价值创造导向来进行部门职能的重新设计，包括：核心职能梳理、新增职能设计、职能优化、职能精简。

（1）核心职能。组织各部门依据部门功能定位，结合价值点梳理结果，识别能体现部门核心价值的职能。以生产中心为例，功能定位为：产能建设、产品需求保障、成本管控、风险管控，对照"提升效率、控制成本、提高品质、供应链管理"三个价值点，对现有职能进行价值梳理，找出现有核心职能，具体如表2-3所示。

表2-3　　　　　　　　　　　　生产中心现有核心职能

| 序号 | 核 心 职 能 | 对应价值点 |
|---|---|---|
| 1 | 生产战略规划：根据公司经营战略制定生产经营中长期战略，开展产能分析，客观评估内外部影响因素，提出产能发展策略及实施方案，确保产品力及核心产品竞争优势 | 提升效率 |
| 2 | 交付实现：根据公司年度经营纲要制定生产经营目标并落实。统筹安排、有效利用内外部生产资源，保障销售需求。加强生产组织与计划管理，以更加灵活、多样化、高效的生产运作模式，提高对市场的反应速度，保障需求 | 提升效率 |
| 3 | 生产技术管理：通过先进装备技术的开发、引进、储备、转化、应用，实现工艺技术的革新、生产效率的提高、产品品质的升级，更好地满足用户需求，形成技术壁垒和优势 | 提升效率 |

续表

| 序号 | 核 心 职 能 | 对应价值点 |
|---|---|---|
| 4 | 生产成本管控：建立生产成本管控机制，按事项配置资源，实施预算管理，定期开展成本统计、成本分析与成本结构优化工作，挖掘降低成本的潜力，实现效益最大化，提高产品竞争优势 | 控制成本 |
| 5 | 供应商及采购管理：强化供应商管理、招标管理，"客情"维护，保障采购物资质量，降低采购风险；制定采购管理工作流程，提高生产保障力度，落实采购战略成本举措，合理控制采购成本 | 控制成本 提高品质 |
| 6 | 风险管控：建立生产系统风险管控机制，定期开展生产、质量、安全、环保、职业健康风险危险源辨识，制定有效风险监控与防范措施，针对各类风险建立应急预案并开展演练，确保生产经营活动的合法、安全、有序进行，杜绝质量、安全事故发生 | 提高品质 |
| 7 | 质量管理：严格执行偏差控制、变更管理，开展各类验证及质量回顾性分析，确保生产经营规范运作，开展质量风险识别，加强质量抽查及现场监控，确保产品安全、有效、稳定 | 提高品质 |

（2）职能新增。首先，采取自上而下的方式，调研收集公司高层对部门职能新增方面的意见；其次，组织各部门基于外部市场结构变化和公司战略转型升级需要，梳理部门应该新增加的职能，要求新增职能履行能明显提升部门价值；最后，调研了解外部企业同类部门的职能设计，结合对公司高层及各部门负责人调研访谈，提出各部门新增职能建议。以生产中心为例，建议新增职能如表 2-4 所示。

表 2-4　　　　　　　　生产中心拟新增职能

| 序号 | 拟新增职能 | 对应价值点 |
|---|---|---|
| 1 | 客户经营：坚持客户经营，强化服务意识，完善运营机制，持续推动生产运营转型升级，建设平台化交付体系，开发外部客户，对外整合资源 | 提升效率 |

续表

| 序号 | 拟新增职能 | 对应价值点 |
|---|---|---|
| 2 | 生产智能制造：以精益生产的思维开展新产品商业化生产流程改善和工艺技术改进，增加智能化设备，缩短进出库运输路线，推动制药设备、IT设备的物联结合，整合打通生产制造自动化、数字化、智能化平台，搭建工业智能制造体系 | 提升效率 |
| 3 | 上游供应链延伸：全面推动生产战略向上及对外的延伸和落地，构建稳定、优质、高效的生产供应链网络 | 控制成本 |

（3）职能优化。在原核心职能的基础上，结合当前公司的发展战略、部门价值点，对部门原有核心职能进行深入挖掘，使之更能体现部门价值。以生产中心为例，具体如表2-5所示。

表2-5　　　　　　　　　　　　生产中心拟优化职能

| 序号 | 职能优化 | 对应价值点 |
|---|---|---|
| 1 | 加强外部资源整合：整合内外部交付系统，统一协调资源配置，提升资源整合能力，优化产能结构；持续扩充外部产能，通过非核心产品委外加工、贴牌生产缓解资金和产能压力。而将本部产能聚焦于核心产品。可结合业务部门的信息预判市场需求，实现产品快速交付 | 提升效率 |
| 2 | 强化交付。坚持公司战略和市场需求的双重制导，评估交付系统组织运行有效性，根据战略和业务运营实际，优化调整组织机构，合并内外部交付系统，提升交付效率 | 提升效率 |
| 3 | 延伸生产成本管控。一方面通过精益生产，找出生产过程中可以优化流程、提高生产效率的节点，提高生产设备饱和度、流程流畅度；另一方面，在精益生产的基础上，持续拓展成本分析的广度和深度，例如通过成本分析，减少成本占比较大的物材平均库存时间，实现销售快速衔接，减少库存成本 | 控制成本 |
| 4 | 优化供应商管理。细化供应商管理的流程规范，扩大供应商筛选范围，拓展供应商合作的范围，利用供应商其他闲置资源进行合作 | 提升效率 |
| 5 | 强化信息分析。优化生产的大数据信息化系统，加强对生产数据的分析。采购方面，配套引进并结合业务持续优化采购信息系统，通过智能系统自动生成采购计划，以灵活配合生产安排 | 提升效率 |

续表

| 序号 | 职 能 优 化 | 对应价值点 |
|---|---|---|
| 6 | 强化质量管理。持续优化质量管理流程,严格执行生产现场管理,确保生产经营规范运作,堵住管理漏洞,避免不达标产品流向外部市场 | 提高品质 |
| 7 | 优化生产技术管理。在原有生产设备技术管理的基础上,统筹实施新产品由研发向商业化生产阶段的技术衔接和转移,以精益生产的思维开展新产品商业化生产,促进流程改善和工艺技术改进,持续提升制造过程的品质和效率 | 提升效率<br>提高品质 |

（4）职能精简。在各部门原有定事基础上,结合当前公司发展战略、部门价值点以及实际运行效率,对部门原有职能进行评估和精简设计。原职能精简应有明确依据,主要包括:近三年部门绩效结果、部门工作饱和度、部门原有工作与公司战略相关性等。首先,由专家组汇总并分析各部门近3年部门职能运行、部门绩效状况和各岗位工作饱和度与绩效等数据,初步拟定各职能部门职能运行薄弱环节,提出拟精简职能。然后,由项目组通过现场访谈方式,要求各职能部门负责人、岗位任职者对部门职能、岗位职责进行梳理,充分听取当事部门意见,提出职能精简建议。

（5）调整后职能。基于以上职能诊断分析及优化结果,围绕部门价值创造来进行部门职能的重新设计。由人力资源中心组织当事部门、业务链上下游部门以及相关部门,对职能诊断分析以及职能新增、优化、精简等进行现场沟通讨论,充分征求意见后,修改完善形成定稿。调整后的各部门主要职能如下。

① 解决方案系统。涉及部门:健康研究院。具体如表2-6所示。

表2-6　　　　　　　　　　　　健康研究院主要职能

| 序号 | 价值点 | 职　　　能 |
|---|---|---|
| 1 | 发现客户需求 | ① 搭建需求发现渠道。在客户多样化背景下,统筹建立并完善客户需求信息的获取渠道<br>② 开展需求调研分析。规范信息类型要求,进行消费者调研,提炼市场需求热点及潜在发展趋势,明确具有现实价值或符合未来价值转移趋势的产品/服务开发领域 |

| 序号 | 价值点 | 职　能 |
|---|---|---|
| 2 | 提供解决方案 | ① 产品引进、开发计划。关注行业政策变化，根据公司发展战略，合理指出新产品研发实施的方向、目标、重点领域、重大项目及资源需求，制定药品、大健康产品、新型诊疗技术引进和开发规划<br><br>② 药品引进、开发。基于客户信息收集调研、分析评价结果，提出解决方案，开展药品项目评估、立项与引进工作；根据国家药品研发指导原则，负责药品、医院制剂药品领域新产品制剂、质量、临床研究及其注册申报工作，包括上市后药品的改良升级研究，加强实施过程控制，确保项目研发高质量向前推进；推进创新药研发，高度关注行业政策变化，适时调整产品线规划，减少委托研发，提高自主研发比例，形成具有战略纵深的药品研发管线，逐渐向改良型、创新药转变，通过多种方式引进开发具有临床价值的创新药项目<br><br>③ 大健康产品引进、开发。基于大健康市场调研的结果，开展大健康产品引进与开发工作，负责大健康产品资源引进的技术评估工作及大健康产品研发技术平台建设，采取委托研发、自主研发等整合式研发方式，快速引入大健康产品资源，丰富公司产品线；与产品交付系统对接，统筹开展包材的选型<br><br>④ 产品工艺技术升级。已上市产品的二次开发、技术改进，采取新技术和新工艺，提升已上市产品质量和品质；持续开展供应商变更研究<br><br>⑤ 质量研究。根据国家药品法规和指导原则，负责药品、医院制剂药品领域新产品质量研究工作，包括上市后药品的改良升级研究；完善检测等薄弱环节，形成检测专利，及时研究相关法律法规，保证原料安全性，保证产品质量达标，提高检测能力<br><br>⑥ 产品评估与功效评价。构建有效的产品评估体系，搭建产品功效评价平台，并打造权威评价机构。对药品进行上市后四期临床研究和临床价值再评价，收集产品真实数据和循证医学证据，进行产品功效的数据分析，提升产品的学术价值；对于非药品要建立系统化、标准化专业评价指标；做强做大功效评价平台，创造价值<br><br>⑦ 产品注册及专利。负责药品、大健康产品的注册申报、补充申请及相关工作；优化专利布局，挖掘专利项目（检索海外信息中心项目，维护知识产权），为之后的专利产业布局打下基础<br><br>⑧诊疗技术研究。引进肛肠新技术，为共建、连锁医院提供技术支持，提升品牌力；开展临床研究，承接临床研究项目<br><br>⑨医学事务管理。组织开展肛肠医学调研，关注肛肠行业发展动态，围绕目标市场、专家实施系列学术项目，确保公司肛肠处方专业营销处于领先地位<br><br>⑩博士后工作站及平台建设。负责博士后工作站、科协的日常建设及管理工作，协助完成政府事务工作 |

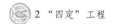 

② 产品交付系统。涉及部门：生产中心。具体如表 2-7 所示。

表 2-7 生产中心主要职能

| 序号 | 价值点 | 职　　能 |
|---|---|---|
| 1 | 提升效率 | ① 生产战略规划。根据公司经营战略制定生产经营中长期战略，开展产能分析，客观评估内外部影响因素，提出产能发展策略及实施方案，确保产品力及核心产品竞争优势<br><br>② 交付实现。根据公司年度经营纲要制定生产经营目标并落实，统筹安排、有效利用内外部生产资源，保障销售需求；加强生产组织与计划管理，以更加灵活、多样化、高效的生产运作模式，提高对市场的反应速度，保障需求；持续跟进销售需求，降低产品断货频次，提升交付效率<br><br>③ 客户经营。坚持客户经营，强化服务意识，完善运营机制，持续推动生产运营转型升级，提升运营效率和效能；建设平台化交付体系，开发外部客户，双向开展 CMO/CDMO 等经营业务，对外整合资源，创造新的价值增长点<br><br>④ 生产技术管理。通过先进装备技术的开发、引进、储备、转化、应用，实现工艺技术的革新、生产效率的提高、产品品质的升级，更好地满足用户需求，形成技术壁垒和优势；对接解决方案系统，开展新产品的技术衔接<br><br>⑤ 生产智能制造。以精益生产的思维开展新产品商业化生产流程改善和工艺技术改进；推动制药设备、IT 设备的物联结合，整合打通生产制造自动化、数字化、智能化平台，提升智能装备与集成水平，建设 MESS 系统、能源管理系统、追溯系统，搭建工业智能制造体系，提高核心产品竞争优势<br><br>⑥ 外部资源整合。优化产能结构，加强资源整合能力，持续扩充外部产能，通过非核心产品委外加工、贴牌生产缓解资金和产能压力，而将本部产能聚焦于核心产品，实现快速交付<br><br>⑦ 仓储保障。建立存货管理制度及工作流程，严格收发存管理，保障物料供给；落实多园区仓储规划，系统调配内部物流资源，确保仓储、物流资源高效利用<br><br>⑧ 动力供应保障。围绕生产交付及时保障各生产车间水、电、汽、气、冷（热）动力供应，布局动力设施的生产运行维护，提供及时、高效、优质的动力保障<br><br>⑨ 信息化保障。优化生产的大数据信息化系统，加强对生产数据的分析。采购方面，配套引进并结合业务持续优化采购信息系统，通过智能系统自动生成采购计划，以灵活配合生产安排 |

| 序号 | 价值点 | 职 能 |
|---|---|---|
| 2 | 控制成本 | ① 生产成本管控。建立生产成本管控机制，按事项配置资源，实施预算管理，定期开展成本统计、成本分析与成本结构优化工作，挖掘降低成本的潜力，实现效益最大化，提高产品竞争优势；协助开展新产品研发成本评估，制定目标成本、标准成本<br><br>② 上游供应链延伸。全面推动生产战略向上（上游供应链）及对外（多园区）的延伸和落地，通过文化渗透、资源共享、协同战略等措施开展多元化合作，构建稳定、优质、高效的生产供应链网络<br><br>③ 供应商及采购管理。强化供应商管理、招标管理，"客情"维护，保障采购物资质量，降低采购风险；优化采购管理工作流程，提高生产保障力度，落实采购战略成本举措，合理控制采购成本；细化供应商管理的流程规范，扩大供应商筛选范围，拓展供应商合作的范围，除原料价格管理外，可利用供应商其他闲置资源进行合作，包括但不限于供应商的闲置仓储资源、闲置产能资源等<br><br>④ 精益生产。通过精益管理，持续挖掘生产过程中可以优化流程、提高生产效率的节点，提高生产设备饱和度、流程流畅度<br><br>⑤ 成本分析。持续拓展成本分析的广度和深度，及时运用成本分析结果。在仓储环节，通过成本分析，减少成本占比较大的物材平均库存时间，实现销售快速衔接，减少库存成本；在采购环节，基于成本分析对各原材料进行多方面对比，考虑机会成本；在生产环节，准确测算人工成本 |
| 3 | 提高品质 | ① 风险管控。建立生产系统风险管控机制，定期开展生产、质量、安全、环保、职业健康风险危险源辨识，制定有效风险监控与防范措施，针对各类风险建立应急预案并开展演练，确保生产经营活动的合法、安全、有序进行，杜绝质量、安全事故发生；加强生产数据的整理与分析，对接精益管理和信息化系统，保证数据分析的系统化、可视化、及时性、精准性<br><br>② 质量管理。严格执行偏差控制、变更管理，开展各类验证及质量回顾性分析，开展质量风险识别，加强质量抽查及现场监控，确保产品安全、有效、稳定；持续优化质量管理流程，严格执行生产现场管理，确保生产经营规范运作，堵住管理漏洞，避免不达标产品流向外部市场 |

③ 客服销售系统。涉及部门：线上营销总部、线下营销总部、业务支持部、品牌经营部、互联网医疗事业部。具体如表 2-8 至表 2-11 所示。

表 2-8　　　　　　　　　　　　线上营销总部主要职能

| 序号 | 价值点 | 职能 |
|---|---|---|
| 1 | 经营成果 | ① 经营目标达成。引导各渠道按照公司战略完成线上闭环经营，保质保量达成线上渠道经营目标<br>② 经营效能提升。优化渠道资源配置，持续提升经营投入产出比 |
| 2 | 客户经营 | ① 客户开发及维护。根据产品布局组织实施客户开发及维护，构建公司产品在各渠道的销售通路；建立客户信息库，细分客户群体，对客户资料实行标签化分级管理；妥善处理和解决各种售后问题，提高客户购物体验<br>② 客户需求发现与满足。发掘和分析客户需求，并协调整合资源，创造条件满足需求，实现互利共赢 |
| 3 | 产品经营 | ① 市场需求反馈。搭建客户需求收集渠道，收集并分析市场需求动向及竞品情况，整理后向研发部门提出产品引进、开发和改良建议<br>② 产品选配。根据各渠道特点，协同产品经理选配符合渠道属性的产品；关注市场产品信息，推动产品引进，构建垂直品类产品矩阵；挖掘品种资源，获取经销品种的经营优势，保障品种供应<br>③ 产品价格及政策。协同产品经理制定线上渠道产品价格和产品政策<br>④ 仓储物流。负责线上业务各品类的仓储管理和退换货处理 |
| 4 | 渠道经营 | ① 渠道规划。开展渠道整体规划，优化渠道运营要素，以精细化运营维护渠道高效运行<br>② 渠道营销。组织各渠道制订营销方案和销售政策；筹划渠道营销活动，全渠道布局品牌及产品推广，创新推动内容营销，扩大渠道流量来源；构建渠道营销策略，合理运用推广工具，强化运营分析，提升渠道整体转化，提高渠道产出效益<br>③ 渠道拓展。在现有成熟业务领域，拓展新型、增长较快的销售渠道，促进销售上量<br>④ 渠道建设。通过人货场重组裂变出新的渠道，包括特殊客户、集结产品、集结业务或设立的专门渠道，实现线上全渠道布局，分品类侧重 |

续表

| 序号 | 价值点 | 职　　能 |
|---|---|---|
| 5 | 业务督导 | ① 任务分解落实。分解线上经营目标，引导线上业务优化资源配置，督导落实营销方案、销售政策，促进任务目标达成；统计分析店铺运营指标，开展运营分析，提升经营能力<br>② 机制流程优化。完善线上营运体系和运行机制，优化业务流程，评估业务成效，推动线上业务专业化发展<br>③ 资质管理与维护。负责电商经营涉及的资质证照的管理和维持；负责产品运营投诉、质量投诉和质量事故调查、处理以及行政监管应对处理<br>④ 风险防范。开展质量管理、内控建设、合规管理和风险管理，防范业务经营风险；监控部门风险信息，建立风险预警机制，处理经营过程中突发重大风险事件 |

表 2-9　　　　　　　　　　　　线下营销总部主要职能

| 序号 | 价值点 | 职　　能 |
|---|---|---|
| 1 | 经营成果 | ① 经营目标达成。负责公司平台产品在线下各渠道的销售工作，保质保量达成线下各类营销渠道及重点品种的销售目标<br>② 经营效能提升。优化渠道资源配置，持续提升经营投入产出比 |
| 2 | 客户经营 | ① 客户开发及维护。开展线下各类营销渠道大型客户开发及维护，同全国性大型客户建立并维持良好的战略合作关系<br>② 客户需求发现与满足。结合消费者信息反馈系统，深度分析回笼数据和客户流向数据，持续挖掘客户需求 |
| 3 | 产品经营 | ① 市场需求反馈。搭建客户需求收集渠道，收集并分析政策环境变化、市场需求动向及竞品情况，整理后向研发部门提出产品引进、开发和改良建议<br>② 产品选配。根据各渠道特点，协同产品经理选配符合渠道属性的产品；持续优化产品资质，组织开展各类资质申报及资料准备；统筹公司产品各省招投标工作<br>③ 产品价格及政策。协同产品经理制定线下渠道产品价格和产品政策 |

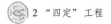 

续表

| 序号 | 价值点 | 职　能 |
|---|---|---|
| 4 | 渠道经营 | ① 渠道规划。开展渠道整体规划，优化渠道运营要素，以精细化运营维护渠道高效运行<br>② 渠道营销。与产品经理协同，共同制定公司平台产品在线下各渠道的营销方案、活动及销售政策，并督导落实；联同产品经理开展产品推广、渠道促销等，持续提高产品在各类渠道的流量和流速<br>③ 渠道拓展。拓展营销网络的覆盖广度及深度，提高营销网络兼容性及营销支撑能力；持续推进渠道和终端、自营和代理、线下和线上相互协同，不断提升产品的覆盖率<br>④ 渠道建设。通过人货场重组裂变出新的渠道，包括特殊客户、集结产品、集结业务或设立的专门渠道，实现线上全渠道布局，分品类侧重 |
| 5 | 业务督导 | ① 任务分解落实。根据承接总任务及品种任务，主导分解至各渠道、各大区及各办事处，并督导一线人员层层分解至基层代表<br>② 机制建设。建立并不断完善任务督导机制，督导各大区及重点办事处按要求完成任务目标，落实专项工作<br>③ 风险防范。开展质量管理、内控建设、合规管理和风险管理，防范业务经营风险；监控部门风险信息，建立风险预警机制，处理经营过程中突发重大风险事件 |

表 2-10　　　　　　　　　　　　业务支持部主要职能

| 序号 | 价值点 | 职　能 |
|---|---|---|
| 1 | 经营成果 | 全面开展营销支持，助力达成整体销售回笼目标 |
| 2 | 客户经营 | ① 客户管理。强化客户信息资料管理，开展客户档案信息的建档及调整工作，提升准确性及完整性；负责全渠道客户管理，建立和完善各级各类客户管理制度，并贯彻执行；负责开展公司同客户之间的互动通路建设，以信息化平台协助开展市场信息闭环管理工作<br>② 客情维护。负责提供必要的日常礼品及促宣品支持，协助开展客情维护工作<br>③ 客服咨询及投诉应对。接听消费者来电咨询，联同质量保障部处理投诉事宜，共同防范品牌受损风险 |

| 序号 | 价值点 | 职　　能 |
|---|---|---|
| 3 | 产品经营 | ① 仓储物流。负责整合集团内外仓储物流资源，开展智能化的仓储运输服务，构建全品线的编码追溯体系；实施承运商选择及管理，不断提升承运商服务质量；根据市场需求协调开展退换货处理等事务；开展销售合同、签收回执等基础管理<br>② 产品交付。负责构建客服销售系统和生产交付系统之间常态化的对接机制，并根据业务需求对例外紧急事项开展专项跟踪支持，助力提高供货满足率；开展线上新品流程跟单和生产跟单，衔接产品经理完成线上各类产品设计稿的签批、备案的跟踪等<br>③ 产品设计。负责开展线上经营产品、店铺的视觉设计及图片处理等相关工作，逐步搭建公司设计平台 |
| 4 | 数据支持 | ① 报表支持。负责根据营销总部要求常态化的提供数据统计、分析报表，并连同信息中心逐步实现线上运行<br>② 决策支持。开展合作伙伴客户覆盖情况分析，并联同财管中心针对重点客户开展投入产出分析；多角度开展业务数据分析，为营销决策提供参考依据<br>③ IT 支持。负责联同信息中心持续推进客服销售系统信息化建设<br>④ 考核支持。建立以数据为主要支撑的业务单元绩效评价机制，协助开展渠道总监的绩效考核工作<br>⑤ 市场检查。负责开展客服销售系统内部市场检查工作，提升销售质量 |

表 2-11　　　　　　　　　　　　　品牌经营部主要职能

| 序号 | 价值点 | 职　　能 |
|---|---|---|
| 1 | 品牌定位 | ① 围绕品牌定位，挖掘品牌内涵，提升品牌价值<br>② 定期进行品牌研究，开展品牌调研<br>③ 争取国家级品牌资质，夯实品牌定位 |
| 2 | 品牌强化 | ① 强化品牌定位，统筹开展战略宣传，传递肛肠健康方案提供商转型升级信息<br>② 负责品牌资产管理，开展商标注册储备，构建核心知识产权护城河<br>③ 建立品牌识别体系，统一品牌形象和产品包装设计风格 |
| 3 | 品牌延伸 | ① 制定"马应龙+"品牌延伸策略，为品牌延伸划出跑道<br>② 完善品牌监管制度，为品牌延伸保驾护航<br>③ 规范品牌延伸领域的 VI 识别体系，统一品牌形象<br>④ 开展舆论监测，防范品牌风险 |

续表

| 序号 | 价值点 | 职　　能 |
|---|---|---|
| 4 | 品牌经营 | ① 制定贴牌产品品牌管理实施细则，规范贴牌业务良性拓展<br><br>② 统筹开展品牌整合传播，打造马应龙特色传播模式，积攒流量池，赋能业务增长<br><br>③ 积极拓展新零售业务，打通传播与销售转化的营销闭环，引领新型业务发展<br><br>④ 持续发现品牌价值，创造品牌价值，提升品牌价值 |

④ 资产营运系统。涉及部门：资产营运中心。具体如表2-12所示。

表2-12　　　　　　　　　资产营运中心主要职能

| 序号 | 价值点 | 职　　能 |
|---|---|---|
| 1 | 募集资金 | ① 资金引入。吸引外部资金发起、设立私募股权投资基金，引入资金完善所属公司股权结构，发挥资金杠杆效应、分担投资风险<br><br>② 基金管理。对照国家监管要求，规范基金运营；利用基金运营平台，丰富融资来源，优化资源配置 |
| 2 | 投资并购 | ① 证券投资。跟踪研究资本市场，开展证券投资调研考察，执行公司股票投资决策，开展证券投资实际操作，利用公司闲置资金创造增量收益<br><br>② 项目投资。构建和完善公司投资运作体系，提升投资质量和效率；增强与资本市场、券商机构等外部市场接洽的深度与力度，扩大行业及资本市场信息量，拓展项目信息收集渠道；组织开展目标投资项目调研、评估及谈判，执行公司项目投资决策，实施具体投资；运用产业基金平台，加大优质医药健康领域企业布局，通过基金运作的方式向产业链上下游延伸，持续优化公司产业结构<br><br>③ 机制建设。执行公司整体战略发展要求，构建并完善投融资运作模式，整合内外部优势资源，搭建共建、共享、共担利益机制，分担投资成本和风险<br><br>④ 项目投资风险控制。健全项目投前、投中、投后的投资风险控制管理制度，对投资项目风险进行全过程控制 |

续表

| 序号 | 价值点 | 职　能 |
|---|---|---|
| 3 | 投后管理 | ① 资产运营评价。从"相对第三方"角度，对公司资本营运全过程实施风险评估，出具独立项目风控报告，保障公司资本营运活动安全与效益最大化<br>② 产权管理。履行出资人代表职能，指导并推动所属公司完善公司治理，对重大事项发表前置专业意见，督导重大事项实施，持续跟踪重大事项进展情况，推进相关键流程运营规范、合规；强化平台企业管控，确保子公司的规范运行，动态跟踪和完善行业标杆数据库信息，协助子公司提升业绩<br>③ 资本证券化。根据国内外资本市场的发展趋势，开展资本证券化研究，统筹推进所属公司产业证券化，促进资本效益放大 |
| 4 | 项目退出 | 统筹负责公司无效及低效资产处置，实现存量资产优化，资本保值、增值，推进公司产业结构优化 |
| 5 | 资源整合 | ① 组织产品竞单。盘活存量产品资源，组织开展产品资源竞单；构建竞单产品评估体系、学术推广体系；构建竞单产品评估体系，评估竞单产品或项目运营成效；规划、建设及维护公司竞单产品的销售渠道<br>② 协助产品引进。开展产品市场调研，寻找符合公司发展战略的系列产品，开展产品引进，扩充产品线，协同拓展大健康销售渠道<br>③ 产业整合。统筹公司内各产业整合，利用资产营运效果评价分析，促进存量资源盘活，推进业务板块提升经营效能；巩固与医药投资圈的关系发展，开展与外部投资机构的合作 |

⑤ 职能管理系统。涉及部门：董事会秘书处、财务管理中心、人力资源中心。具体如表 2-13 至表 2-15 所示。

表 2-13　　　　　　　　　　　董事会秘书处主要职能

| 序号 | 价值点 | 职　能 |
|---|---|---|
| 1 | 确定方向 | ① 集中公司资源，组建公司战略研究平台，制定战略<br>② 统筹组织和参与战略研究专项课题研究<br>③ 协调搭建发现价值平台，分析整理发现价值信息，提供战略研究项目建议 |

续表

| 序号 | 价值点 | 职 能 |
|---|---|---|
| 2 | 选择战略 | ① 起草制定公司战略规划，确立战略目标<br>② 分解落实公司各个业务板块的战略规划，进行战略路径分析<br>③ 完成中长期战略规划，指导和建议各产业的战略发展规划，研究制定企业各领域的价值创造目标 |
| 3 | 督导落实 | ① 制定年度组织绩效和高层绩效，跟踪和总结年度组织绩效和高层绩效的执行情况<br>② 跟踪战略目标落实情况<br>③ 总结和反馈战略目标执行方向 |

表 2-14　　　　　　　　　　　　财务管理中心主要职能

| 序号 | 价值点 | 职 能 |
|---|---|---|
| 1 | 成本控制 | ① 规划成本。以市场分析为基础，站在战略高度对产品功能、特性进行定位，并通过价格预测和成本倒退确定目标成本，以此为基础对产品的设计、生产及工艺事前规划<br>② 核算成本。识别并夯实各个环节的核心数据，为新产品的报价和财务分析提供支持<br>③ 控制成本。通过事前、事中、事后的控制，强化业财融合，让业务与财务紧密结合，确保任何一方不脱节于当前市场，始终保持企业的竞争力<br>④ 分析成本。基于成本核算，对成本升级因素开展分析和比较，寻求成本降低的途径，为成本规划、经营决策和成本改进提供依据<br>⑤ 考核成本。定期对成本计划和完成情况总结评价，目的在于改进成本控制活动，激励和约束成本行为，以财务指标为主，辅以非财指标<br>⑥ 管控招标流程。统筹安排采购招标工作，持续优化招标流程，加强成本管控，包括集团与所属公司项目招标、供应商信息收集反馈与跟踪等<br>⑦ 管控工程流程。对重点建设项目的预、决算及过程跟踪审计，合理控制工程成本，包括工程项目预算控制价的编制、过程跟踪审计、决算审计 |

续表

| 序号 | 价值点 | 职　能 |
|---|---|---|
| 2 | 优化配置 | ① 全面管理预算。加强预算管理体系建设，持续构建事前对接调整、事中监控优化、事后考核总结的闭环管理机制<br>② 分析评价资产配置。制定科学可行的预算评价办法和标准，不断完善预算分解落实、执行跟踪和分析考评体系 |
| 3 | 融通资金 | ① 融资管理。构建银行、股权融资等多元化的融资体系，为本部及所属公司融通资金，化解财务风险<br>② 投资管理。参与对内投资和对外投资项目，做好决策的经济效益分析和预测，提出相关的账务处理、税务管理要求等意见和建议<br>③ 资金管理。加强集团资金集中管理、提高资金资源配置效率和效益 |
| 4 | 风险控制 | ① 防控税务风险。完善税收筹划与风险管理有机结合的机制，组织开展公司税务风险识别和评估工作，根据风险发生的可能性及重大程度开展预防性控制<br>② 防控资金风险。严格落实资金、存货、应收账款、固定资产管理制度，在保证资产安全的基础上，提高资产的营运管理水平，提高资金使用效益<br>③ 防控财务信息合规风险。夯实会计核算、财务制度及信息系统三项基础，准确计量和记录公司的价值，不断提高财务信息披露质量，提高公司的公信力 |

表 2-15　　　　　　　　　　　　**人力资源中心主要职能**

| 序号 | 价值点 | 职　能 |
|---|---|---|
| 1 | 引进人才 | ① 构建"三识三力三观"的人才标准，根据公司战略要求的变化，不定期进行动态调整<br>② 根据公司整体发展规划和内外部经营环境变化，制定人力资源规划<br>③ 持续完善人才引进渠道网络建设，加快人才引进速度<br>④ 合理配置人才结构比例，提升人力资源结构素质<br>⑤ 完善薪酬福利激励机制，为人才引进提供保障<br>⑥ 分析引进成效，提高引进人员留存率 |

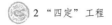 

续表

| 序号 | 价值点 | 职　能 |
|---|---|---|
| 2 | 培养人才 | ① 开展人才评鉴，规范评鉴流程，实施评鉴常态化<br>② 构建多层次培训体系，持续优化导师指导、竞争上岗和主题专修机制<br>③ 督导人才发展措施运行<br>④ 定期组织人才发展措施运行的复盘，总结人才发展推行经验，沉淀人才发展管理模式<br>⑤ 拓宽人才发展空间，包括专业通道和行政通道 |
| 3 | 淘汰冗员 | ① 基于以客户为中心的价值驱动机制，优化组织机构和职能<br>② 开展绩效警示和面谈，调整和淘汰不合格人员<br>③ 制订人员优化方案<br>④ 评估本部及所属公司劳动风险，提出整改措施和应对方案<br>⑤ 严格劳动合同管理，提前规避风险 |
| 4 | 人力效率 | ① 统筹集团本部及素数公司的绩效管理，分解绩效指标<br>② 开展经营对标分析，提出改进建议<br>③ 开展绩效评估，推动绩效考核结果应用<br>④ 统筹本部及所属公司薪酬管理工作，设计符合业务需求的薪酬方案，促进业务目标达成<br>⑤ 制定薪酬规划，有序实施人员薪酬水平调整<br>⑥ 制定人才激励措施，强化激励有效性<br>⑦ 强化集团人力资源管控，形成高效有序的人力资源管理体系 |
| 5 | 员工关系 | ① 持续开展关爱送温暖活动，及时开展困难帮扶工作<br>② 关注员工思想动态，帮助解决问题，舒缓压力情绪<br>③ 召开职代会并认真做好职代会提案征集和督导工作<br>④ 实行平等协商和签订集体合同制度，构建和谐劳动关系<br>⑤ 以"服务员工，助力经营"为宗旨，组织志愿者开展志愿服务 |

⑥ 专业支持系统。涉及部门：质量保证部、合规管理部、法律事务部、审计监察部。具体如表 2-16 至表 2-19 所示。

表 2-16　　　　　　　　　　　　　质量保证部主要职能

| 序号 | 价值点 | 职　　能 |
|---|---|---|
| 1 | 资质维护 | ① 统筹公司已生产产品的药品补充申请注册备案和所有药品批准文号管理工作，负责上市后的医疗器械、食品的标准注册、化妆品产品备案等注册工作<br>② 负责公司生产类证照的管理，以及中药保护品种、名牌产品、体系认证、委托生产资质的办理，并进行维护，保证各类生产证照的有效性 |
| 2 | 质量保证 | ① 构建并持续完善公司药品、食品、化妆品、消毒产品和医疗器械质量保证体系，通过品质文化教育、标准化实施、质量监督与控制、质量改进、品质衡量的实施，为公司产品的质量安全提供保障<br>② 建立质量监督机制，强化研发到生产全过程现场监督，加强新品导入、供应商评估、验证和变更偏差管理，确保产品质量安全<br>③ 建立质量控制机制，严格按质量标准对研发、生产用的原料、辅料、包装材料、半成品、成品进行检验，开展留样稳定性考察，确保检验的准确性和及时性<br>④ 开展原材料质量和产品理化检验指标的动态统计和趋势分析，及时掌握供应商质量变化和产品质量稳定性 |
| 3 | 合法合规 | ① 建立多领域、覆盖全产业链的质量管理和质量风险管控模式，强化委托贴牌业务准入审计与过程控制，组织对所属公司、各营运单元开展监督检查和质量审计，督促整改以降低质量安全风险<br>② 建立质量风险评估机制，定期梳理风险点并制定预防纠正措施，制定质量危机应急预案；建立质量危机处理系统，组织对质量事故、用户质量投诉、药品外部检查通报等质量危机事件的调查和处理，开展质量危机公关<br>③ 建立并维护与省、市、区药监、质监、卫生等部门的良好关系；负责收集药品、食品、化妆品监管政策信息，及时、准确、高效应对各项监管法规变化要求<br>④ 采取不同的帮扶方式，为所属公司生产、经营活动及发展提供专业技术支持，揭示质量风险，督导建立与业务相关的质量体系并持续改进，确保符合现行法律法规要求<br>⑤ 强化产品全生命周期质量管控，通过质量审计、质量评估严格准入控制，从研发源头防控质量风险，确保产品的生产可行性<br>⑥ 联防联控。与联防联控工作组协同，落实公司各级风险点的动态管控工作，基于部门职责管辖及拓展范围，积极提供专业支持，承担风险识别、评估与防控的主要责任 |

续表

| 序号 | 价值点 | 职　能 |
|---|---|---|
| 4 | 产品监测 | ① 建立药品和大健康产品不良反应监测与质量评价机制，加强产品安全性监测，持续关注客户不良反应、使用感受、缺陷等信息反馈，定期开展自我诊断、评价和改进，助推产品改良升级，确保客户忠诚<br>② 对客户信息进行汇总，并落实关联部门开展可行性评估 |

表 2-17 　　　　　　　　　　　　合规管理部主要职能

| 序号 | 价值点 | 职　能 |
|---|---|---|
| 1 | 合规研究 | ① 合规专题研究。根据行业政策和法律法规变化情况、公司领导专项指示、公司业务发展要求以及各单元提请协助研究，开展合规专题研究，形成相关专题报告，推进合规策划，为公司业务规划提供合规运行通路<br>② 合规政策整理。收集集团全产业业务的行业法律法规、监管政策及部门规章等分类形成适用清单、红线底线清单等<br>③ 建立并更新案例信息库。重点突出行业相关合规案例分析，提供合规策划方案，将内外部理念转换为实践指导 |
| 2 | 合规监管 | ① 合规性审查。确保公司经营管理活动与所适用的法律法规和准则等相一致，对新产品、新业务等经营管理活动提出合规审查意见或合规风险提示。拓展至投资并购、品牌管理和囤货管理板块<br>② 合规过程控制。对合规性审查事项开展过程监督，检查项目实施过程中合规评价结论和意见是否执行或落实，并结合项目进展不断调整优化 |
| 3 | 合规审评 | ① 联防联控。与联防联控工作组协同，建立风险防范协同机制，落实公司各级风险点的动态管控工作，基于部门职责管辖及拓展范围，积极提供专业支持，承担风险识别、评估与防控的主要责任<br>② 合规运行评价。包括全面、专项或重点合规运行评价<br>③ 合规督导检查及督促整改。制订年度检查计划，督导集团各部门及所属公司定期开展合规管理有效性自查，定期组织开展合规监督检查及专项合规检查，督促相关部门遵照，或修改、完善有关管理制度，调整相应业务流程 |

表 2-18　　　　　　　　　　　法律事务部主要职能

| 序号 | 价值点 | 职　　能 |
|---|---|---|
| 1 | 风险防控 | ① 基于集团体系架构的法律风控机制的建设。包括内控建设工作、法律支持机制和法律风险防控机制的建设，明确管控和授权范畴，确保关键环节的风险事前防控；强化所属公司法律风险管控，开展风险隐患排查，督促整改<br>② 法律政策研究及培训。根据企业经营相关国家法律法规的制定、修订情况开展政策研究，提交相关的研究报告；针对公司业务发展阶段与特点，开展培训与宣传<br>③ 联防联控。与联防联控工作组协同，落实公司各级风险点的动态管控工作，基于部门职责管辖及拓展范围，积极提供专业支持，承担风险识别、评估与防控的主要责任 |
| 2 | 法律支持 | ① 合同管理。合同审核与修订，对合同文本提出修改意见；参与重大项目的业务谈判，根据实际谈判结果对争议条款进行调整；对合同履行情况进行监督检查<br>② 公司战略和业务支持。为公司经营、管理决策提供法律上的可行性、合法性分析，为公司运营及战略布局提供法律支撑<br>③ 重点专项业务支持。包括投资并购、重要业务的直接参与，并提供专业法律意见<br>④ 纠纷处理。对发生的纠纷事件进行法律分析和论证，解答业务部门相关问题，协助业务部门制订和履行纠纷解决方案<br>⑤ 法律咨询。对业务部门提出的咨询问题进行答复，答复形式包括企业 QQ 答复、法律意见书或风险告知函、配合起草修订纠纷解决协议或律师函等<br>⑥ 外部法律资源的拓展和维护。包括公检法资源、律师资源及同行业资源等 |
| 3 | 法律诉讼 | ① 诉讼与仲裁。办理公司涉及公检法方面的案件诉讼、仲裁，根据司法程序稳步推进，维护公司权益<br>② 危机应对。应对工商行政处罚、侵权等突发危机事件，减少损失与负面影响 |
| 4 | 知识产权 | ① 知识产权统筹管理。统筹集团知识产权战略部署，加强对知识产权的管理和保护，防范知识产权风险<br>② 知识产权申报。挖掘无形资产价值，完成专利申报指标 |
| 5 | 其他 | 统筹集团及子公司工商事务，包括但不限于：公司新设立、内外部程序办理、工商变更、年检以及其他相关事务 |

表 2-19                                   审计监察部主要职能

| 序号 | 价值点 | 职 能 |
|------|--------|-------|
| 1 | 风险控制 | ① 内控评价。制订内控评价方案,组织各单元的内控现场测试,梳理汇总内控问题及建议;配合外审机构开展年度内控审计工作<br><br>② 内控整改。督促本部各单元及所属子公司按内控评价整改意见进行整改,并组织修订、汇编内控手册<br><br>③ 风控应对。明确审计监察部定位,强化对资金风险、投资风险等财务风险的预防与管控,增强风险管理和风险应对功能<br><br>④ 风险咨询。积极参与新项目、新业务的事前顾问服务,提出规范化、风险防控方面的意见和建议<br><br>⑤ 联防联控。与联防联控工作组协同,落实公司各级风险点的动态管控工作,基于部门职责管辖及拓展范围,积极提供专业支持,承担风险识别、评估与防控的主要责任 |
| 2 | 监督评价 | ① 财务审计。定期开展对子公司的年度财务审计工作,持续强化审计深度<br><br>② 专项审计。以风险为导向,开展重点业务、关键事项的专项审计,结合流程性和合理性审计,揭示审计对象的效益和效率问题<br><br>③ 离任经济责任审计。开展对子公司核心管理人员的离任经济责任审计,客观评价其任职期间的履职情况<br><br>④ 审计约谈/访谈机制。全面深入了解存在的问题以及问题产生的根源和背景,提供具有建设性和针对性的合理化建议,强化审计监督和审计咨询成果的应用落地<br><br>⑤ 审计咨询。利用审计部门跨流程、跨业务主体,充分了解生产经营管理的优势,积极对内部管理、工作流程、内控等涉及公司经营活动或者项目的关键问题提出解决方案,并对相关部门提供管理建议以及协调、程序设计、知识培训等服务<br><br>⑥ 监察管理。定期开展销售办事处市场检查,并深入县域;参与大区、办事处经理交接的监交工作;开展采购及销售领域的专项监察,维护公司利益<br><br>⑦ 专项评估。开展对广告投放、主导产品价格、县域市场开发等专项调研评估;定期监控在途情况,及时预警在途风险 |

| 序号 | 价值点 | 职　　能 |
|---|---|---|
| 3 | 成本管控 | ① 招标管理。组织公司本部各中心职能部室的招标工作，降低采购成本；参与定向议标工作，促进采购部门采购流程规范及合规<br>② 供应商管理。帮助采购部门完善供应商管理体系，有效督促供应商、客户的定期评价工作，协助开展合格供应商管理的优化和升级，协助开展新供应商引进；开展招标采购项目的实质性内容研究，提升采购项目的经济性<br>③ 工程项目管理。组织公司本部建设项目及子公司工程项目的预、决算及过程跟踪审计工作，强化工程成本管控<br>④ 战略成本评价。监督评价各部门对战略成本管理工作的推进效果，基于审计检查和监察结果，对战略成本管控的开展提出合理化建议 |

⑦ 行政服务系统。涉及部门：总经理办公室、行政服务中心、信息中心。具体如表 2-20 至表 2-22 所示。

表 2-20　　　　　　　　　　总经理办公室主要职能

| 序号 | 价值点 | 职　　能 |
|---|---|---|
| 1 | 公关外联 | ① 公共关系搭建与维护。搭建和维护政府和协会的公共关系平台，评估外联活动价值并有选择性参与<br>② 资质申报。评估各类奖项或资质申报的必要性，组织对其中高含金量奖项或资质进行申报<br>③ 公司宣传。统筹公司级的参观接待工作，完善宣传场景和材料，扩大推广应用面，培养一批宣讲员队伍 |
| 2 | 综合协调 | ① 工作督办。组织开展督办工作，督促各项会议、指示和批示的重点工作落实<br>② 工作协调。为协调内、外部资源，支持各部门开展相关工作，确保公司各项经营工作正常开展 |

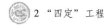

续表

| 序号 | 价值点 | 职　　能 |
|------|--------|---------|
| 3 | 行政文秘 | ① 行政公文管理。规范行政公文格式，协调对外材料报送，及时、准确地传达行政公文，做好公司领导的行政文秘工作；规范子公司公文管理工作，提高公文质量<br>② 会议管理。统筹公司级会务工作，组织召开各类会议，提高会议效率，提升会议效果<br>③ 制度建设。统筹公司制度建设工作，提高制度文本规范性，跟踪制度落实情况，定期组织制度汇编；组织各单位编制工作指引，实现集团内部知识共享<br>④ 印章管理。安全保管各类印章，规范印章使用，严格用章流程，防范保管和使用风险；规范子公司印章管理工作，防范印章使用风险<br>⑤ 档案管理。及时组织档案归档，确保档案完整；做好档案日常保管，规范档案查借流程，防范丢失风险；规范子公司档案管理，提高档案管理水平 |

表 2-21　　　　　　　　　　　　　行政服务中心主要职能

| 序号 | 价值点 | 职　　能 |
|------|--------|---------|
| 1 | 客户服务 | ① 物业管理。负责园区内外的协调工作，园区物业统筹管理，根据园区特点与需求制订物业管理方案，确保园区办公、宿舍、辅助设施等资源管理规范，为园区经营与生活提供保障<br>② 客户需求管理。建立以资源和经营情况分析、需求收集、信息反馈等为导向的客户需求调研机制，持续开发、整合需求收集渠道，主动发掘并积极响应客户需求，深入挖掘和发现内外部客户需求<br>③ 客户服务。通过不断创新服务内容和方式，提供满足客户需求的服务或解决方案，包括：餐饮、环卫、车辆、水电、公共设施的维保与检修、宿舍管理等业务单元；对于内部客户重点关切的问题积极应对，持续增强服务意识和专业能力，不断提升客户满意度<br>④ 内部服务平台建设。利用公司平台优势，建立保洁资源库、厨师资源库，实行专业化管理、精准化匹配。一方面，通过提供专业、高效的保洁、餐饮等服务，为中心及内部员工提供增收的途径；另一方面，借助为内外部员工提供服务的机会，持续提升内部员工服务满意度，并逐步积累外部客户资源，在外部客户中树立品牌 |

| 序号 | 价值点 | 职　能 |
|---|---|---|
| 2 | 安全管理 | ① 安全保障。运用现代安全管理原理、方法和手段，统筹园区与所属公司的安全管理工作，分析和研究各种不安全因素，从技术上、组织上和管理上采取有力措施，解决和消除各种不安全因素，确保无重大安全事故；制定应急管理制度与办法，打造专业、高效应急管理队伍<br><br>② 安全管理。建立与优化安全管理体系，落实安全分级管控，动态追踪安全风险变化，建立安全隐患排查和整改的长效机制，督导各园区和所属公司落实安全管理措施；强化应急预案与演练管理，持续开展应急预案的评价与验证工作；建立内部安全评价制度，推进安全文化建设工作；提出安全工作新思路，创新安全管理模式，解决和消除各种不安全因素，有效防范和遏制各类事故的发生<br><br>③ 绿化与危废管理。根据园区建设情况，组织园区绿化工程规划、设计、施工等；按环保要求管理园区危废，定期收集和处置各类危废品<br><br>④ 联防联控。与联防联控工作组协同，落实公司各级风险点的动态管控工作，基于部门职责管辖及拓展范围，积极提供专业支持，承担风险识别、评估与防控的主要责任 |
| 3 | 资源管理 | ① 资源获取。根据公司战略规划或业务需求，通过租赁、购入等方式获取办公与土地资源，满足经营与发展需要<br><br>② 资源经营。分类经营园区内固定资产、设备设施等资源，有效盘活或开发、规划闲置资源，掌握各类资源的市场动向，并通过市场化经营，使其保值或创造增量价值，从资源管理向资源经营转型；同时加强对公司现有资产的监管，避免可能出现的风险和问题；在招标管理中，根据公司固定资产清单审核中标标的，防止缺项和漏项发生，确定保险单与中标标的一致<br><br>③ 园区规划与建设。基于精益 6S 管理理念，打造并持续完善园区建设标准和思路，形成标准化的园区建设流程，以保证园区建设的高效推进，建立各类办公资源使用规定，使空间利用充分、区域划分和资源分配合理；着眼公司经营发展需求，基于功能对园区进行规划设计，完成规划报批；负责建设项目、改造或维修项目的立项、造价、实施、验收和办理房产证等工作，确保建设项目的质量和安全，满足功能需求；拓展园区管理的思路和范围，持续升级软硬件设施，实现园区智能化管理<br><br>④ 市场化项目承接。由园区管理转向项目经营，积极对外拓展业务，获取对外经营资质，提升对外经营能力，为公司创收，提高中心员工薪资水平 |

| 序号 | 价值点 | 职　　能 |
|---|---|---|
| 4 | 成本管控 | ① 成本管控。以取得长期而持久的竞争优势,利于各项业务在内外部市场能够长期生存和发展为宗旨,开展全面成本管理与控制工作。从成本核算向成本管控转型,不断建立和完善业务成本理念,运用成本管控工具与方法,确定各业务单元盈亏平衡点,指导经营工作的开展,保障半固定+半经营运营模式的顺利推进<br>② 效能提升。通过持续整合业务、优化流程、合理排班,探索各种用工模式等方式,提升品质,规避风险,降低人工成本,有效提升工作效能 |
| 5 | 其他 | 积极拓展和主动维护与中心业务相关的政府主管、资质审批、业务支持等公共关系,通过监管风险防范以及经营资质、品牌资质、政府资助获取等方式,持续助力业务经营 |

表 2-22　　　　　　　　　　　　信息中心主要职能

| 序号 | 价值点 | 职　　能 |
|---|---|---|
| 1 | IT 支撑 | ① IT 规划。根据公司战略、国家政策、业务发展等,研判、识别 IT 需求,统筹 IT 战略设计、IT 架构蓝图设计、功能设计、基础平台规划、IT 实施规划,支持公司战略实现、业务发展和日常经营管理工作开展<br>② IT 建设。负责集团本部、协助各分子公司开展信息投资、系统建设、IT 资产管理、IT 项目管理等信息化职能与流程管理,实现信息化规划目标,提高各岗位工作效率,配合企业战略管控和财务管控<br>③ 流程优化。主导公司战略制定流程规划。结合公司战略、各部门业务需要和外部先进技术理念,以全局视角检视流程,提出流程新建或优化议案<br>④ IT 运营。横向拉通与纵向集成相结合。通过信息技术落地,达到全集团范围内数据和流程横向拉通,纵向集成的目标,提升企业整体营运效能,为数据化智能分析应用提供基础<br>⑤ 系统优化。主动挖掘公司各方的信息需求。收集其他员工的优化建议,不断优化和完善公司目前的信息系统,帮助其他部门提升工作效率<br>⑥ 人才培养。培养跨领域的数字化人才,推动综合技术的深度协同,促进企业数字化文化的形成 |

| 序号 | 价值点 | 职　　能 |
|---|---|---|
| 2 | 数据管理 | ① 数据平台建设。搭建大数据管理技术平台，统筹推进战略数据从采集、存储、计算、可视化展现、分析和创新应用等环节的功能设计和落地实施，实现企业内数据互联互通，提升数据的服务应用能力<br><br>② 数据治理。强化数据治理，建立数据管控制度体系，包括覆盖数据引入、使用、开放和销毁等整个生命周期中的数据管理规制，从制度上保障数据管理工作的有据、可行、可控<br><br>③ 数据架构搭建。完善数据管理架构，建立数据资产目录，分阶段推进元数据管理、主数据管理、数据标准管理、数据质量管理等，并不断完善数据管理团队建设和人员培养，提高团队执行力<br><br>④ 数据分析应用。持续开展外部大数据创新应用研究，并引入最新理念和技术，进一步挖掘和提升数据价值，助力数据驱动经营<br><br>⑤ 价值信息挖掘。完成数据智能分析与创新应用，通过构建统一的数据分析应用平台，并与机器学习、人工智能等技术手段相结合，进一步挖掘、提升数据价值 |
| 3 | 信息安全 | ① 信息安全建设。符合国家法律法规政策要求，结合公司实际情况，制定企业信息安全规划，完善信息安全体系建设。参照国家网络安全等级保护2.0标准，采取相应信息安全保护措施，防范对网络的攻击、侵入、干扰、破坏和非法使用以及意外事故，保障信息和信息系统的安全<br><br>② 信息安全管理。管理集团本部及统筹各园区信息安全管理及建设工作。负责业务单元共性信息安全管理及建设工作，例如防病毒、防火墙、VPN、上网行为等。保障网络稳定状态，保障网络数据的完整性、保密性、可用性 |
| 4 | 数据安全 | ① 数据安全规划。符合国家法律法规政策要求，结合公司实际情况，制定企业数据安全规划，完善数据安全体系建设<br><br>② 数据安全管理。为保障公司与客户利益，规范集团范围内信息数据处理活动，加强对集团本部及协助各园区数据安全管理工作，通过采取必要措施，防止数据尤其是敏感数据泄露、外借、转移或丢失，确保数据处于有效保护和合法利用的状态，以及具备保障持续安全状态的能力。保障公司各类系统及数据的安全运行 |

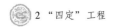

续表

| 序号 | 价值点 | 职 能 |
|---|---|---|
| 5 | 综合技术 | ① 数据基础建设。围绕公司强化数字转型、智能升级、融合创新，统筹管理集团新基建工作，布局建设信息基础设施、融合基础设施、创新基础设施等新型基础设施，增强数据感知、传输、存储和运算能力<br>② 网络建设。遵照国家标准指南办法要求，加快集团及园区网络基础建设，统筹管理集团及各园区通信、网络、安全、机房、算力、办公、多媒体、物联网、工业互联网、标识体系及智能园区等配套建设工作，强化公司网络技术应用、升级、推广、协同<br>③ 外部学习。贯彻公司发展战略，营造 IT 技术文化氛围，激发 IT 技术人员工作积极性，联合外部专家资源，研究引入 IT 先进/主流技术，增强综合技术团队的凝聚力和战斗力 |

**5. 部门工作事项**

在职能分析的基础上，将部门应该具备的各项职能细化为独立的、可操作的具体业务活动，形成部门工作事项。事项梳理采用自上而下和自下而上相结合的方式进行。一方面由各部门基于确定后的职能，逐级分解形成部门业务工作事项，明确各项工作对应的价值点、部门中相对重要性、发生频次、工作量、责任岗位等；另一方面由各岗位员工结合实际业务开展，参与完善部门业务工作事项，进一步明确部门内部责任分工以及部门责任边界。

在组织各部门梳理业务工作事项时，要求遵循三个原则：一是要突出重点，即重点体现围绕价值创造开展的业务工作事项，同时将常规工作事项简化纳入，并按照价值含量大小对重要程度进行分级；二是要理清责任，即理清部门之间、部门内部各岗位之间的责任分工，确定工作责任边界，做到职责明确、内容具体、责任到位、边界清晰，倡导一事一主体、一主体一责任人；三是要明确目标，即明确各项工作拟达成的目标或实现效果，目标应尽可能量化或可衡量，体现结果导向。部门工作事项表模板如表 2-23 所示。

表 2-23　　　　　　　　　　　　　　　**部门工作事项表模板**

| 序号 | 价值点 | 职能 | 部门业务工作事项 | | | | | | |
| --- | --- | --- | --- | --- | --- | --- | --- | --- | --- |
| | | | 具体工作内容 | 评价指标 | 重要性 | 发生频次 | 工作量占比 | 责任岗位 | 涉及其他部门 |
| 1 | | 1.1 | 1.1.1 | | | | | | |
| | | | 1.1.2 | | | | | | |
| | | | … | | | | | | |
| | | 1.2 | 1.2.1 | | | | | | |
| | | | 1.2.2 | | | | | | |
| | | | … | | | | | | |
| | | … | | | | | | | |
| | | | | | | | | | |
| | | | | | | | | | |
| | | | | | | | | | |
| … | | | | | | | | | |

填写说明：

A. 价值点。围绕部门功能定位确定的价值点。

B. 职能。基于部门价值点，需要承接的工作职能，体现部门的业务特点，不要求落实到单一岗位。

C. 部门业务工作事项。围绕职能作用的充分发挥，理清相应需要承担的主要业务工作事项。明确工作内容、评价指标、重要性、发生频次、工作量占比以及责任分工等。

D. 具体工作内容。采取"做什么+达到什么样的效果"的表述方式。

E. 评价指标。用来衡量该项工作成果价值的指标，要求尽量量化或易于测量。

F. 重要性。即工作价值含金量，分为 A/B/C/D 四个等级，重要性依次递减，分布占比 20%、30%、30%、20%。在所有工作事项梳理完成后予以统一评价。

G. 发生频次。说明多长时间发生 1 次或每年（季、月、天）发生多少次。

H. 工作量占比。每项工作的工作量需要进行比例分配，以体现工作强度上的区分。

I. 责任岗位。填写部门内部承担该项工作的岗位，对目标达成负责，一般不超过 3 个。

J. 是否涉及其他部门。指需要其他部门协作参与完成，但部门仍承担主要责任；不包括部门统筹，其他部门负责执行的情形，如：人才发展、战略成本管控等。

### 6. 价值考核评价

考核评价是确保把事情做对、实现价值创造的重要手段。一般而言，可以围绕以下几个维度来设计各价值的考核评价指标。

（1）质量：广义的质量定义是符合要求的程度。包括产品质量、过程质量（工作质量）与体系质量。常见的指标有：产出特性指标、产出符合性指标、合格率/不良率、产出稳定性指标、变差/过程能力、准确率、差错率、首次通过率/返工返修率等。

（2）成本：作业成本，即衡量流程所花费的成本，这个需要建立在一定的流程与信息化管理基础之上，否则现有的财务核算体系不支持。随着流程管理水平与信息化水平的提升，企业越来越具备将财务成本科目根据流程作业内容进行细分，实现流程成本的测量。

（3）时间：用于测量流程处理速度及稳定性，通常用两个指标衡量：一是平均流程处理周期时间；二是流程承诺周期内完成准时率。以采购流程为例，这两个指标分别是采购周期、供应商准交率。

（4）服务：服务是面向客户需求与体验的度量，通常包括客户满意度、客户体验测评、客户投诉抱怨次数等。

（5）数量：数量指标是对流程产出数量的衡量，如销售收入、生产台数等。

（6）风险：风险指标是对流程运行风险的衡量，如风险敞口、风险评估水平等。

（7）柔性/适应性：是指流程面对客户特殊需求或变化时响应的能力，如特殊订单响应速度、获取额外资金所需求时间等。

（8）资产效率：资产效率是对流程整体效率的衡量，通常以产出或投入方式体现，如人均销售额、产值工资值率、单位面积产出率等。

以生产中心为例，各价值点对应的主要考核评价指标如表2-24所示。

表 2-24　　　　　　　　　　生产中心价值考核评价指标

| 价值点 | 主要评价指标 |
|---|---|
| 提升效率 | ① 93%≤产销匹配度≤107%<br>② 设备综合效率（OEE）≥68%<br>③ 产能项目完成率不低于 80% |
| 控制成本 | ① 产值成本费用率≤25.49%<br>② 单工时产值增长率不低于上年<br>③ 薪酬总额增长低于产值、经济增加总成本等增长率<br>④ 存货周转率≥350%，存货占销售收入比重≤7% |
| 提高品质 | ① 重大质量事故发生次数为 0<br>② 产品平均成品率≥99%<br>③ 产品成品一次合格率≥99.5%<br>④ 偏差数量较上年有下降<br>⑤ 环保事故发生次数为 0<br>⑥ 环保排放指标达成率 100%<br>⑦ 安全事故发生次数为 0<br>⑧安全隐患限时整改率 100% |

## 2.1.3　岗位定事

岗位定事梳理包括三个阶段：一是部门定事发布；二是岗位工作细化分解；三是岗位定事表单审核。

### 1. 部门定事发布

部门定事完成后，即开始进行岗位定事工作。由各部门负责人将部门功能目标、业务工作事项在部门范围内进行发布，按照"先职能后业务工作"的顺序，对部门每项工作的内容、目的、意义以及重要性进行宣导解释，从业务流程运行的角度来明确涉及的相关岗位以及岗位之间的大致分工。

## 2. 岗位工作细化分解

岗位定事梳理的内容包括岗位工作事项及目的、工作发生频次、工作重要性、工作操作步骤、各步骤的耗时性。采用自上而下的方式，通过部门定事分解和业务流程分析，对岗位工作事项进行细化分解，具体方法如下。

（1）以部门定事为依据，明确各岗位工作范围。部门定事发布后，由各部门根据岗位职责分工，将部门每个二级业务工作事项对应分解至现有岗位，汇总后初步形成各岗位工作事项表。

（2）借助业务流程分析，完善岗位定事内容。以提升流程运行效率为前提，对业务流程各节点的工作任务进行优化，明确界定各岗位在流程运行中应该扮演怎样的角色，具体做什么事情，下面以公司外部招聘流程为例，来细化分析各相关岗位在流程各节点应承担的具体工作。具体如表2-25 所示。

表 2-25 外部招聘管理流程工作任务分解

| 外部招聘管理流程 | 具体工作任务 |
| --- | --- |
| 人员需求申请 | 用人部门负责人提出人员需求申请，报人力资源中心招聘专员审核，人力资源中心负责人复核，再报人力资源分管领导审批 |
| 发布招聘信息和筛选简历 | 人力资源中心招聘专员发布招聘信息，筛选符合用人要求的简历 |
| 笔试、面试和拟录用名单确定 | 用人部门负责人确定面试人员名单、参加面试，提交拟录用名单建议；用人部门分管领导审核面试结果；人力资源中心招聘专员进行初试，并组织安排笔试、复试；人力资源中心负责人审核拟用人选，其中主管以上拟录用名单，由人力资源分管领导、总经理审定 |

如表2-25 所示，对外部招聘管理流程进行分析，找出流程各节点上，人力资源中心招聘专员、人力资源中心负责人、人力资源分管领导、用人部门负责人、用人部门分管领导、公司总经理等岗位分别应该承担的工作任务。对于招聘专员而言，通过外部招聘管理流程梳理和分析，可以理清

外部招聘工作的具体操作内容，以及在操作步骤上与其他相关岗位的衔接关系。

　　各部门组织相关人员，按以上方法对岗位工作事项进行明确和细化，并按照逻辑进行归类，填写《岗位工作细化分解表》，作为岗位定事和部门定岗依据。岗位工作细化分解表模板如表 2-26 所示。

表 2-26　　　　　　　　　　　　岗位工作细化分解表模板

| 序号 | 岗位工作事项及目的 | 频率 | 重要性 | 岗位工作事项步骤描述 | 耗时性 | 单位 |
|---|---|---|---|---|---|---|
| 1 | 筛选和甄别社会上网络招聘和现场招聘渠道的，确保选择符合公司用人特征的招聘渠道。 | 每年 1 次 | A | 1. 了解社会上现行的网络和现场招聘渠道。 | 1.5 | 天 |
| | | | | 2. 选择符合公司用人需要的网络和现场招聘渠道。 | 1.5 | 天 |
| | | | | 3. 与各招聘渠道负责人保持密切联系。 | 1.0 | 天 |
| | | | | 4. 确定符合公司用人特征的招聘渠道。 | 1.0 | 天 |
| 2 | ... | ... | B | ... | ... | ... |

填写说明：

　　①"岗位工作事项及目的"的描述中任务动词应尽量具体化，如拟定、制定、起草、修订、审核、协助、执行、提交、参加、安排、策划、调查、督促、收集、处理、制作等，同时说明该项工作拟达成目的、效果或价值、意义。工作如涉及几个岗位的，应在文字描述上予以区分，如起草、审核、配合、组织、督导等。

　　②"频率"是指多长时间重复 1 次，分每几年 1 次/每年 1 次/每半年 1 次/每季 1 次/每月 1 次/每周 1 次/每天 1 次/每天几次。

　　③"重要性"分 A/B/C/D 四个等级，评价岗位每项工作的相对含金量，四个等级按照 2：3：3：2 比例进行分布。

　　④"岗位工作事项步骤描述"是实际执行该项工作的主要步骤，描述应具体化、清晰化和具有可直接操作性。

　　⑤"耗时性"是指每次完成该任务需要的时间，以天/小时/分钟为单位。

### 3. 岗位定事审核

由于每个人对部门工作内容及要求的理解会存在差异，部分人员提交的岗位定事表单可能会达不到预期，甚至相差甚远。因此，在岗位定事梳理过程中，"四定"实施小组成员和部门负责人需要对《岗位工作细化分解表》的填写进行指导和审核，并及时提出修改意见，其中：实施小组成员主要审核部门业务工作是否分解到位、表单填写是否规范；部门负责人主要审核各岗位工作事项与职责一致性以及描述准确性、涉及多个岗位的工作事项分工是否清晰界定。各岗位员工根据审核意见，对表单进行修订完善后提交"四定"实施小组备案。

## 2.1.4  定事关键点及注意事项

### 1. 定事关键点

一是要正确理解定事的依据和逻辑。定事源于价值创造，首先要基于内外部环境变化，研究公司应该如何创造价值，即明确公司战略，寻找价值创造活动，确定价值点；其次才是围绕价值点来设计各系统应该承接的职能和工作事项；最后才是细化落实到部门、岗位。

二是要系统梳理现有工作事项。理清当前在做的有哪些事情，然后才是去分析合理性、做部门定事加减法、优化业务工作流程。一般而言，部门定事梳理可以采取自上而下、自下而上或者上下结合的方式，各部门可根据自身实际来进行选择。

三是要借助工具模板来将定事流程化和规范化。整个定事程序应该是先有目标再有事项，最后转换为职责，整个过程要运用表单工具来推进。表单在内容设计上要考虑到定岗、定人、定薪环节，涵盖部门功能、工作事项、工作量、重要性描述等信息，在每项工作的表述上，要明确工作目标，体现每件事的目的、效果、价值、意义。

四是要引导全员积极参与。各高管和部门负责人要深度参与部门定事环节，主动思考如何通过工作事项的优化来提升部门价值；在岗员工也要积极参与，确保部门核心工作事项无遗漏，以及理清具体事项上与其他部门的责任分工，同时从执行层面提出优化业务工作流程的想法和建议。

　　2. 定事注意事项

　　（1）避免遗漏，分清主次。要注意应该主抓的工作不要遗漏，在工作目标和要求的描述上不要只是简单地堆砌。对于跨部门协作的业务工作事项，要分清各部门具体分工和责任主次。

　　（2）定事细化、具体化。在定事的表述上应注意将核心业务细化和具体化，确保便于执行、便于考核。

　　（3）定事描述应准确、全面，无重复。尤其是岗位定事环节，对各岗位工作事项的分配要清晰，描述不能模棱两可、不要有遗漏；描述要有条理，避免同一部门内各岗位工作重复的情况；在岗位定事描述中应特别注意动词的正确选择，清晰表达任职者在该项工作履行中扮演的角色、发挥的作用和拥有的权限。

　　（4）对岗不对人。在设计岗位工作事项时，不要将任职者与岗位相混淆，在岗人员当前工作任务可以作为岗位定事的参考依据，切勿以人来定事。

　　定事决定方向，是定岗、定人、定薪工作的基础，是整个"四定"工程成败的关键。定事一旦没有搞清楚，后面工作的开展将会变得毫无意义。通过定事，明确公司战略目标，建立以市场和战略为导向的运行机制，设计组织功能，提炼公司及各部门价值点，基于价值确定各部门核心业务工作事项，并分配至岗位层面，实现"做正确的事、把事情做得有效率"。同时理顺了公司、部门、员工事项上的逻辑关系以及各项工作轻重缓急，即应该做什么事、最重要的事是什么，确保公司战略落地执行的有效性。

## 2.2　定岗

　　定岗的核心逻辑是因事定岗，即根据组织功能、各部门职责、工作内容、业务量、管理层级和幅度，对部门及岗位设置、编制进行适度优化调整，构建科学的组织架构体系，实现事与岗的合理匹配，以求创造最大的经济效益。通过组织机构优化设计，将整个业务战略和业务目标分解到每个员工的层次，从而实现公司运作效率最大化和人工成本最低化；通过定岗定编，可以帮助企业进行人力资源规划、预测，促进企业实现其业务目标；通过岗位优化调整，使员工的工作更具有针对性，保障了岗位间职责分工清晰合理、工作饱和度大致等同，为后期定人、定薪奠定了基础。

定岗阶段工作主要包括以下内容：一是组织机构优化设计。在市场和战略的双重指导下，基于各系统价值创造体系的有效运行和组织机构优化设计原则，优化公司组织机构。二是岗位体系分析诊断。采用一对一访谈法、问卷调查法、资料研究法，从部门、岗位、员工三个角度来对现有岗位体系进行诊断分析，找出各部门岗位体系中存在的问题。三是岗位结构优化设计。依据部门关键职责设计关键岗位，根据关键岗位设计辅助岗位和支持岗位；在部门内部对职责任务进行细分，依据工作环境和流程的变化对岗位设置进行再调整。四是定岗定编方案出台。研究部门、岗位定编方法，结合公司实际特点进行方法选择。总结岗位诊断分析、岗位优化设计和定编成果，形成定岗定编方案。

### 2.2.1 组织机构优化

组织机构的本质是为了实现企业战略目标而进行的分工与协作安排，组织机构的优化设计受行业竞争、跨界竞争、市场等外部环境影响，也受企业发展战略、企业业务价值链、目前发展阶段、组织规模、企业生命周期、产品生命周期、信息化程度、人才等内部环境影响。由于这些因素是不断变化的，企业在不同阶段、不同的环境下也应该灵活应变。马应龙作为一家专业化医药上市公司，面临着复杂多变的外部环境，战略定位、目标以及组织功能相应发生变化，要求我们必须及时进行组织变革来贯彻落实公司战略意图，应对市场结构变化，提升组织运行效率，最终完成公司战略转型目标。

1. 优化原则

（1）紧扣战略原则。组织架构承接战略实施，企业不同的发展阶段实施的战略不同，相应的组织模式不同，组织管理模式职能的目标也会有差异。对于马应龙而言，组织优化设计中应以战略为先，即要结合当前组织目标将战略目标逐层进行分解，依据支撑战略的各个目标之间的纵向直线或横向并行关系来进行组织功能的拆分，以避免产生职责不清晰或出现因支撑战略达成的组织能力被遗漏而产生职责空白地带的问题。

（2）以市场为导向、客户为中心的原则。任何一种组织形态在面对快速变化的市场需求，企业能否快速地响应并提供解决方案变得至关重要。具体包含市场研究产品设计服务体系完善、客户关系管理体系完善、内部质量与运营体系完善等内容。因此，在市场和战略导向的双重引擎指导下，公司组织机构的调整必须内外结合，即要从外部客户的需求、消费者的需求、市场的变化、股东的价值和同行的情况出发，来思考为了实现公司战略目标，基于核心的业务价值链，我们需要用什么样高效而简洁的组织和团队来落地公司战略，支撑公司经营目标的达成；要基于公司的战略规划来明确定位、确定目标，并围绕实现定位和目标的关键业务流程和关键成功领域，聚焦关键职责和核心问题，从而进行组织的优化和调整。

（3）流程优化原则。组织内业务流程是否运行顺畅是组织优化是否成功的基础条件，组织是否精简是能否高效运转的基础。组织架构调整应充分考虑通过流程精简和优化，强化内部财务、人力资源、行政管理的服务保障能力，同时打通一线前端、业务中端及职能服务后端的管理流程，提高运行效率。

（4）组织平衡原则。平衡并非维护组织原有的平衡，而是组织经过变革优化后，平衡被打破后的"再平衡"。当企业内部因组织调整或者自身发展导致的内部环境被打破时，原有的组织平衡将可能被打破，此时需要结合变化的情况重新建立新的平衡。确保组织稳定性过渡应重点关注三个方面的内容：一是旧管理组织切换至新管理组织后原旧组织的职责是否被全部覆盖，新组织职责是否清晰；二是明确新组织的战略定位，组织方向与目标；三是新旧组织人才的调配，如何将合适人员配置至合适的岗位。

2. 战略态势分析

组织机构建立的目的主要是为了顺应市场需要和发展，有利于促进和落实公司战略。因此，在外部市场环境发生变化时，必须及时分析公司当前所处的市场环境和竞争格局，对面临的问题和未来发展趋势有一个基本研判。

（1）肛肠领域市场机会巨大，竞争优势仍需持续巩固。流调结果显示，肛肠领域特点是发病率高、就诊率低，原因有三：一是认知上的问题，不认为痔疮是疾病；二是疾病患于隐处，不方便去医院就诊；三是医疗机构的配置缺乏，尤其是西医医院基本上没有设置肛肠专科，导致肛肠专科在整个医疗体系中占比相对较小。由此给我们带来了两点启示：第一，公司若要在肛肠领域继续发展，必须实施一定程度的消费者教育，通过营销教育将市场机会转换为现实需求，形成交易。这就要求公司在战略路径上必须下沉到终端市场，与消费者进行直接接触或者引导终端对消费者实施影响。第二，医疗资源缺乏的主要原因是肛肠领域商业价值以及产品附加值偏低，导致整个产业链上的积极性不高。因此，公司要在肛肠领域获得持续发展以及巩固竞争优势，首先必须下沉实施终端教育，然后必须努力提高产品附加值，从而带动提升整个产业链的商业意识。

（2）药品市场上游涨价，下游限价，形成双重挤压。在医药行业药品经营价值链中，公益性与市场性之间的矛盾一直没有得到有效解决，造成医药企业尤其是药品制造业难以实施成本转嫁机制。从经济学来看，一个产业若不能有效转嫁成本，未来前景和盈利空间将会大打折扣，这就形成传统医药企业估值较低。由于当前药品制造业上游生产资料的价格上涨已经是确定的趋势，而下游药品价格下降也有一定阶段的确定。因此，公司要在肛肠领域继续发展，在战略选择上首先必须规避价格管制，然后必须打开价格空间。

（3）消费升级、技术进步，促进医药行业人货场再定义与重组，健康产业市场潜力巨大。由于人口结构变化以及消费升级，人们对身体健康、生命和生活质量要求和关注达到前所未有的高度，同时由于技术进步为疾患的解决方案提供了新的路径，使得消费方式、经营渠道、消费场所也发生了很多变化。首先受众人群发生变化，人们对健康的理解由诊断和医疗，延展到预防、保健、康复；其次受众发生变化后，其对产品的要求也相应发生变化，同时技术进步也为受众提供了更多新产品；最后，随着信息技术的发展，市场结构发生了较大变化，互联网成为了全新的消费场所和消费渠道。公司作为中华老字号企业，并且有基本核心产业，当前相对固化的模式已很难适应人、货、场变化，必须针对人货场重新组建的概念，通过新的形势判断，迅速转换提供新的商业机遇，组合新的商业模式，并且通过新的战略布局来推动组织跟进。

3. 战略举措选择

为应对以上战略态势，公司必须选择和实施有关战略，过程中重点考虑几个问题，一是如何巩固和拓宽发展公司的核心优势领域；二是根据市场结构的变化，将公司现有资源优势，结合成新的发展领域，寻找新的发展机会；三是根据市场结构和主导战略布局，对现有资源进行调整，包括组织架构的调整、人员结构的调整以及业务流程和单元中心的调整。依据以上三个逻辑，公司采取了以下战略举措。

（1）构建肛肠健康方案提供商。首先，由药品制造商向肛肠健康方案提供商转型，扩大经营范围，转变经营方式，实行平台化经营。一是要从以产品为中心的相对封闭业态，转向发现需求，并提供解决方案来满足需求。产品结构根据需求发生根本变化，也就是按照目标人群集结产品结构。二是为了有效传导需求，在渠道建设上就应该是全渠道的平台化建设，这就要求公司资产结构必须压向两个单元：一方面按照受众需求来集结产品供应结构，集结一批产品提供解决方案，另一方面采取全渠道布局结构，按产品分类侧重。第三，公司在肛肠药品制造方面是市场第一，但是附加值比较低，客户教育是个大问题，未来必须下沉终端，努力提高产品附加值，从药品扩大到医疗器械、诊断技术，以提高单产品价格空间，规避单纯药品的价格控制。其次，强化核心领域结构性优势，由单一制造商优势转换为健康方案提供商的立体优势，形成结构性的竞争屏障，提升品牌影响力。一是构建肛肠健康服务体系，为客户提供基于健康期、亚健康期、初病期、中病期、重病期、康复期的全病程服务。二是以品牌经营为核心，打通线上和线下资源，广泛实现与肛肠健康供应链的各方联营合作，打造商业生态链。三是强化"海陆空"产业布局优势，延伸服务范畴，以全病程的客户需求为导向，发展肛肠保健、肛肠诊断、药品经营、医疗器械经营、医疗服务、术后护理等全方位产品和服务。

（2）大力发展大健康产业，回归本源，聚焦眼部，突出功能性价值主张，采取"主体集成、整合经营、运行中优化"的经营策略，避免重资产结构，打造眼美康结构。第一，受众人群已从狭义的治疗领域扩大到大健康领域，公司进入大健康行业的目的也是为了规避药品价格管制，打开价格空间，形成品牌议价空间。第二，马应龙是眼药起家，眼药制作技艺获得国家级非物质文化遗产，且眼药附加值大于肛肠领域，这样的资源状况和历史人文积累，推动公司回归本源，开辟另外一条发展通路。第三，通过"一个故事、两个支撑"，眼药产品形成从眼部治疗、美化到健康的眼美康结构。在策略上采取产品结构主体集成，避免无序分散结构，在经营方式上压缩经营过程，产品来源主要采取整合式，开发、引进等多种方式相结合，发现需求后迅速提供系列解决方案，形成体系并在运行中优化。

（3）实施三大终端拦截战役。作为肛肠领域，必须走到终端才会有渠道价值，同时才能实施消费者真正意义上的教育。一是开发县域市场，下沉渠道建设。推动基层县域市场第三终端的开发和维护，实现营销网络向基层市场的深度下潜。二是构建诊疗中心，扩大对于基层公立医院的影响力与渗透力。实施轻资产运作模式，与县级医疗机构共建肛肠诊疗中心，使之成为品牌、产品、服务的输出窗口。肛肠专科诊疗中心越多，肛肠药品提供方销售量就越大，除了带来药品销售规模增长外，形成临床的平台优势，为后期产品开发、临床新品推广以及县级以下中心医院辐射力量，扩大公司品牌影响力。三是建设马应龙健康家，通过社区进入家庭。

从 2020 年疫情来看，社区在疫情防控中发生了根本作用，社区组织发生了重大变化，对公司而言社区是个重要新渠道。以"会员为中心"，重构人、货、场，线下持续开展标杆社区康养服务为探索路径，联动重症药房、中医馆扩大服务半径，建设线上 O2O 生态平台，实现线上线下的双运行模式。

（4）聚焦产品、渠道、品牌建设，提升产品力、营销力和品牌力。马应龙之所以能持续 400 多年，在于马应龙三个字，龙马呼应、龙马精神，天地人合一，其中：天是客户、地是股东、人是员工，三者之间协调发展，如何经营客户、股东、员工，公司形成三维三力系统，三维三力也是公司竞争力的解释。客户受到马应龙产品力、营销力和品牌力的影响才产生交易欲望，完成交易行为。对公司而言，核心是打造产品力、营销力和品牌力。产品力依托于产品，营销力最基础的是渠道建设，品牌力是产品和渠道交合以后形成的烙印，是建立在产品和渠道之上的力量。因此，公司核心竞争力最终落实到物化上就是产品建设和渠道建设，从组织上需要解决如何集中资源来开发产品，来建设渠道，这也是组织建设的聚焦和引领。

4. 组织架构诊断

基于战略态势和战略举措分析，对现有组织架构进行重新审视、评估，找出组织架构未来的调整方向。

（1）战略回顾分析。对过去战略实施路径进行回顾分析，评估趋势判断和战略选择上是否存在误差。从战略分析来看，公司预判基本正确，对重点问题判断也没有误差，甚至走在同行前面，但时效性和成果却未达到预期，在一定程度上与组织建设有很大关系。

（2）组织架构诊断。对现有组织架构进行诊断分析，评估组织架构与外部市场以及公司战略的适应性。公司组织架构是基于生产企业的组织架构，尽管期间做过多次调整，但从基本逻辑上讲，还是围绕既有产品供产销的封闭式结构，已经不能适应市场结构的迅速变化，人员还是拘泥于固化在原有组织架构上做传统业务的思维，用工业思维考虑商业问题，用工业思维考虑诊疗问题，用线下思维考虑线上问题，整个人员队伍集结、知识结构并没有往新业态、新领域发展。现有组织架构主要暴露了以下两个问题：第一，主力军没有配备到新兴产业，战略转型速度偏慢；第二，原有渠道优势没有迅速放大，且遇到明显瓶颈，由于原有商业渠道受制于产品生命周期，导致产品生命周期直接影响销售队伍存活期。

（3）调整方向确定。由于人货场已经发生几何式变化，不能再按某一个产品来集结，因此必须按照需求，即人货场进行重新再定义再组合，将大量的人力、资源、组织、机制投放在按照受众的迅速产品集结和全渠道布局架构。在这种形势下，为了保障战略实施和适应市场需要，公司必须基于人货场理念，对组织架构进行重新优化调整。

5. 组织架构调整

（1）基于价值创造体系的组织架构设计。即基于价值创造逻辑，确立运营系统、管理系统的价值创造基点与工作职责，并进行相应部门机构设置。马应龙的经营宗旨是四个创造，其中基石是为顾客创造健康，从组织架构来讲，主要由运营系统和管理系统来负责承接。首先，运营系统主要功能是发现价值、制造价值和整合价值，分为四大子系统。其一是解决方案系统，侧重于发现需求，提供解决方案；其二是产品交付系统，即产品物化过程，侧重于交付效率、品质保障和成本控制；其三是客服销售系统，负责开发客户资源、产品选配组合、满足客户需要、网络建设以及品牌建设；其四是资产营运系统，主要站在资本经营角度，负责资产营运效率、资产整合，购并重组。其次，管理系统主要功能是为了创造价值来合理调配资源，控制创造价值过程中的风险，形成联防联控机制，分为三类部门。其一是职能管理系统，包括战略、财务和人力等核心职能部门；其二是专业支持系统，包括质量、审计、合规、法律等专业职能部门；其三是行政服务系统，包括行政、办公室、信息等行政服务部门。以上涉及所有部门都要围绕"发现价值、制造价值和整合价值"来开展工作，挖掘部门价值点，转换为部门核心工作事项以及职能，形成相应岗位和职责，实现对部门改革优化。

①  强化需求发现职能，设立健康研究院。作为解决方案系统的核心系统，其功能定位于全病程客户的需求发现和需求满足，即构建全球客户和市场信息收集体系，发现有效需求；通过自主研发、贴牌、合作等方式，丰富产品和服务品种，提供客户解决方案。

②  拓展交付功能，提升交付效率，优化交付系统，设立生产中心和外协管理部。强化内部生产的计划调度和成本、质量控制，进一步调整生产中心组织机构和职能；依据多元化的产品交付需求，统筹全产业链下的外协生产和组织。

③  以客户为导向构建立体化的营销系统。适应互联网业务加速发展趋势，以线上线下客户需求为导向，构建全渠道营销机制，建立立体化的营销渠道。根据产品经营、渠道开发拓展的需求，设立线上营销总部、线下营销总部、业务支持部和互联网医疗事业部；强化品牌建设、品牌经营，持续提升品牌价值，设立品牌经营部。

④  推动产业经营和资本经营相结合，设立资产营运中心。优化升级募集资金、投资并购、投后管控、项目退出、资源整合等职能。规范基金管理，实施产业并购、财务投资、证券投资；强化所属公司产权管理与风险管控；优化存量资产。整合产业资源，挖掘增量。

⑤  拓展职能管理范畴。强化和丰富战略管理职能，设立董事会秘书处；强化和丰富人力资源经营职能，建设全产业链的人力资源管理平台，设立人力资源中心；实现从基础会计型向管理会计型的财务职能转型，构建战略财务、业务财务和共享财务"三位一体"的财务共享平台，设立财务管理中心。

⑥  强化专业职能分工。实施全产业链质量管理，建立资质维护与准入审计机制，设立质量保证部；加强法律风险防控，设立法律事务部；开展事前合规研究、事中合规监管、事后合规审评，设立合规管理部；建立风险控制体系，设立审计监察部。

⑦  深化外部协调和内部保障。拓展外部资源，维护公共关系，优化内部协调，设立总经理办公室；深化 IT 建设，搭建数据分析平台，设立信息中心；建设内部服务平台，强化资源开发职能，设立行政服务中心。

（2）基于战略和市场的组织架构优化。组织架构和流程优化要努力靠近市场，体现战略意图，聚焦产品、渠道、品牌建设，强化产品力、营销力、品牌力，建立健全产品经理和渠道经理体制，完善解决方案系统、产品交付系统、客服销售系统以及核心职能和专业支持部门的建设。

① 整体组织架构向业务（单元）前置，扩大经营敞口。公司现在核心业务单元向解决方案系统（产品开发）和客服销售系统（渠道建设）两个领域集结，品牌则是在产品和渠道之上，整个组织架构的人、财、物集结到渠道建设和产品开发。营销力基础是渠道，在渠道建设方面，渠道整体分为线上和线下两大类，分别设置线上营销总部和线下营销总部。线下营销总部按渠道分类，包括商业、药房、医院以及裂变细分渠道等若干个渠道；线上也是按照这个逻辑来集结。

基于以客户为中心的价值驱动机制，解决方案系统、产品交付系统和客服销售系统三大营运系统之间围绕以客户为中心，业务职能和工作机制互相对接、关联。客服销售系统分为业务前台和业务中台部分，业务前台直接面向市场，直接对接客户提供产品和服务。业务前台包括品类管理群、线下营销总部和线上营销总部，业务支持部是业务中台。其中：品类管理群实行产品经理制，品牌经营部为其组织管理平台；线下营销总部和线上营销总部为一级部门，下设细分渠道部，实行渠道总监制；业务支持部为一级部门，负责对业务一线单位提供中后台支持服务。

客服销售系统与以往不同的是，现在渠道部不再是销售管理部门，而是由前台转为前线，变为纯量化考核部门，属于业务单元，实行总监负责制，对渠道经营结果直接负责。同时作为一级核算、人财物配置部门，一是要对经营结果负责，二是要负责开发新市场、新客户，三是负责渠道网络布局及价值挖掘，四是要负责根据人货场关系来重新集结产品序列，五是对渠道业务进行督导。线下营销总部设置总经理，下面设各大渠道总监，渠道总监对纵向负责，比如对零售渠道结果负责，而总经理除对线下所有渠道整体经营成果负责外，还需对全渠道布局负责，要求通过人货场重组裂变出新的渠道，包括特殊客户、集结产品、集结业务或设立的专门渠道，考核除经营成果外，还要对渠道裂变结果进行考核。新渠道裂变取决于战略地位、现有规模、预期规模，由此将渠道组合成真正意义上全渠道布局，分品类侧重。线上营销总部按照同样的逻辑进行设置，实现前台变前线、经营敞口拉开、经营范围扩大三大转变。具体如图 2-3 所示。

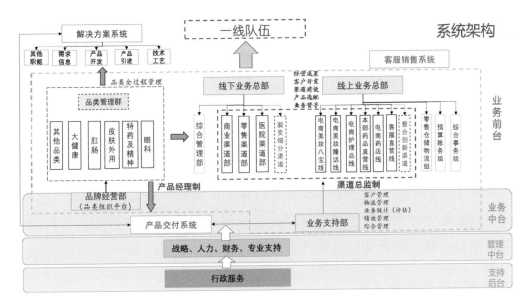

图 2-3　客服销售系统架构优化

　　解决方案系统与以往不同的是，产品建设主要实施产品经理制。当前职能部门结构的特点是分段负责，即生产对生产负责，研发对研发负责，销售对销售负责，由此造成公司每个部门之间形成部门墙，而且墙越来越宽。新的组织架构是按客户资源、主体集成的结构，由产品经理负责产品信息来源、产品立项、产品开发、产品引进、产品生产、产品销售等环节，行使对产品形成过程的全周期管理职责。比如大健康产品集结，大健康事业部在地位上代表产品出品方或所有人，大健康事业部负责人其实就是产品经理，对需求、立项、开发、引进、生产、销售全面负责。产品经理是站在纵向角度，统筹和参与产品形成全过程，但并不影响原来分段分工。产品经理初期是以群的形式存在，形成品类管理群，日常协调工作由品牌经营部负责，未来随着规模扩大，可能升级为事业部，这样产品经理会同渠道经理制造更多裂变过程，形成全渠道布局，分产品类别侧重的营销策略。

这样一套体系形成一个倒三角的组织架构，围绕解决方案、客服销售，敞口在不断拉大，渠道范围扩大为全渠道布局，按若干产品集结，形成倒三角的平台集结模式，而不是原来纵向矩阵式以产品为中心的封闭式供产销模式。

② 强化业务中台的组织协同，转换经营机制，调整资源配置方式。原来的线上业务后台、线下业务后台，加上信息中心的部分人员集结成现有的业务支持部，主要功能包括：客户管理、物流配送、业务统计和评估、绩效管理、综合管理，由业务后台变成业务中台；原来的战略、人力、财务以及专业支持等后台部门变为管理中台，直接为业务部门服务，对业务支持部形成支撑。未来业务支持部如果量化统计上去后，会对大药房、物流的仓储关系产生新的集结，这也对业务支持部的管理层级提升、系统建设升级、专业功能支撑等方面提出更高要求。①

### 2.2.2 岗位结构优化

1. 定岗原则

（1）效率导向原则。通过岗位职责的分解和强化来保障公司战略重心落地，通过分析部门之间、岗位之间职责分工的交叉重叠环节来实现岗位与业务流程的有机衔接，提高流程运行效率。

（2）战略适应原则。以现状为基础，强调岗位与企业未来战略的适应性。全面梳理部门的功能定位，以及部门间、部门内的职责分工协作现状。一方面以岗位的现实状况为基础，充分考虑岗位价值发挥的基础条件；另一方面充分考虑公司业务重心变化等对岗位的影响和要求。

（3）有机融合原则。部门和岗位设置的核心是"因事设岗"，以工作为中心；同时充分考虑公司现有任职者的职业素质与个人特点，适当兼顾"因人设岗"，体现职位与人相适应，实现人与职位的动态协调与

---

① 参见《新形势下的战略逻辑与组织保障》，内部资料。

有机融合。

（4）最少岗位数原则。既考虑到最大限度地节约人力成本，又要尽可能地缩短岗位之间信息传递时间，减少"滤波"效应。考虑到马应龙公司规模和发展阶段，应尽量减少岗位，采用多岗合一、一岗多编模式。

（5）规范化和一般性原则。一方面公司的岗位名称及职责范围均应规范，符合行业惯例，为后期的市场薪酬调查提供支持；另一方面岗位设置应基于正常情况的考虑，不能基于例外情况。例如，90%情况下这个岗位需要多少工作量，多大工作强度等。

2. 定岗模式

在技术层面，定岗有四大模式：基于职能的定岗模式、基于流程的定岗模式、基于团队的定岗模式和基于能力的定岗模式。

（1）基于职能的定岗模式。依据职能定岗主要是指根据职能从纵向上划分为不同的层级，从横向上划分为不同的部门，上下垂直对应的部门职能类似或者相同的组织管理方式。该模式的核心是"自上而下"，即从战略到组织、部门职能、再由部门职能到岗位职能，进行层层分解。

（2）基于流程的定岗模式。基于流程的定岗模式是一个自下而上的集合过程，先有流程和节点，再集合成岗位，最后集合成部门或管理中心。基于流程定岗并不是完全抛弃战略和职能，而是设计主导流程模块，分解细分流程至三级、四级流程，拆分各级流程节点，明确各节点任务，合并任务类似或相似节点，形成职责和岗位体系。

（3）基于团队的定岗模式。基于团队的定岗模式是一种不确定环境下较为理想的岗位设置形式，其核心特点是团队内部的各岗位的职责边界相对模式，重视岗位之间的相互协作、相互学习，提倡任职者具备多种岗位的任职能力。基于团队的定岗模式往往对团队领导的管理能力、协调能力要求很高，要求其能根据下属的能力灵活安排工作，并能识别下属的绩效情况并给予合理的奖罚。

（4）基于能力的定岗模式。基于能力的定岗模式不是针对组织任务进行分解，而是分析为达到组织目标，组织在未来一段时间内究竟需要哪些知识和技能，进而将这些技能和知识分解到相应的岗位中去。该模式强调自我管理，不需要太多的监督层和管理层，授权较为充分。同时岗位的工作目标和职责边界比较模糊，员工不会拘泥于某个岗位设定的职责范围内，从而具有更多发挥个人特长的余地，进而使企业具有应对市场变化的弹性。这种岗位设置形式往往不规定一个具体的编制数，而是用人工成本预算来进行控制。

（5）定岗模式选择。基于职能的定岗模式是运用得较多的一种传统模式，有成熟的工作思路和方法，工作耗时短，但实施过程相对粗略，科学性有待提高，与企业运营管理难以有效结合；基于流程的定岗模式，是一种新型的定岗模式，可在定岗过程中一并对业务流程予以优化，但梳理流程是一项庞大而系统的工程，工作量相当大，工作耗时长，涉及企业运营管理的方方面面。

公司根据当前的人力资源经营现状和"四定"工程实施诉求，采取"基于职能"的定岗模式。该种模式在公司实施主要以人力资源管理部门为主体，通过公司高层、部门负责人、外部专家等共同参与的部门联席会议的形式进行面对面的探讨和交流，具体确定部门的职能定位和职责体系，并初步明确部门内现有岗位在定岗定编方面的现状与问题，从而为后期每个部门的定岗、定人工作提供基本依据和参考。

3. 定岗诊断

（1）定岗诊断方法。公司定岗诊断主要采取资料研究法、流程梳理法、问卷调查法和访谈法四种方法，具体如下。

① 资料研究法。资料研究法是指通过查阅公司相关资料，如简介、发展规划、企业文化、制度流程、员工情况、人力资源管理的各项制度、文件、表单等资料，以此来获得信息的方法。在定岗阶段工作开始前，公司向专家组提供了如下资料：部门定事表单、岗位定事表单、员工年度绩效责任书、岗位设置及人员配置表、原岗位说明书、各类别人员薪酬结构，由专家组对公司提供的各种资料进行分析和梳理，综合考虑公司战略、管理水平和管理现状进行评价，对现有的部门岗位设置和分工进

行分析。

②　流程梳理法。流程梳理法是通过对岗位业务事项的工作流程进行研究，加强对岗位工作的熟悉和了解，以此获得相关信息的方法。研究岗位定事表中岗位工作事项及工作步骤，综合考虑流程前后环节的衔接关系，通过"发起、拟定、审核"等"动词+宾语"的方式静态地了解到不同岗位在部门内同一项职责上的分工问题，并通过访谈动态了解到部门内岗位工作事项的调整变化。

③　问卷调查法。问卷调查法是指通过向调查对象发放事先设计好的调查问卷，回收、录入、分析统计结果，以此获得相关信息的方法。在项目实施过程中，由公司集中安排员工填写"四定"管理调查问卷，专家组安排人员现场说明和督促填写，问卷填写采用无记名的方式进行，内容涉及员工基本情况（大类），对公司定事、定岗、定人、定薪阶段工作的意见和建议。

④　访谈法。访谈法是指在诊断初期相对集中的一段时间内，通过与公司各级管理者、员工面对面交谈沟通来获取岗位体系基本信息和资料的方法。专家组在确定岗位工作事项、岗位工作量，以及岗位设置的过程中，分别设计中高层和员工"四定"访谈提纲，并按照访谈提纲的内容充分听取公司高层、部门负责人，以及员工的相关意见和看法，甄别合理信息，优化部门和岗位职责分工。其中，员工参与访谈的数量原则为：一人一岗的必须访谈，多人一岗的按照30%的比例随机挑选访谈。

（2）定岗诊断内容。

①　部门层面：合理的部门设置是岗位设置的良好基础。如何设计部门职责和部门之间的关系，以及如何实现企业目标。

②　岗位层面：诊断分析的重点。如何将部门职责在不同岗位之间进行合理分配，保证部门正常、高效运行。

③　个人层面：员工能力现状和发展潜力是岗位设置的制约条件。如何将合适的人选放在合适的岗位上。

（3）部门层次诊断。检验部门设置是否支持企业战略目标的实现，主要从以下方面进行诊断。

① 公司正常运行所需的职能是否明确划分到部门，是否有交叉、重叠或缺失现象。

② 是否与上级公司保持通畅的业务汇报关系。

③ 部门间主要业务流程是否通畅。

④ 是否实现管理与执行的分离，是否实现操作和监控的分离。

⑤ 在可能的情况下考虑公司现有人员结构。

（4）岗位层次诊断。检验岗位设计是否支持部门目标实现，主要从以下方面进行诊断。

① 是否尽量将一项相对独立的任务交给一个岗位，保证每项任务都有负责承担的岗位，并可对该岗位的业绩进行衡量。

② 是否将相同性质的任务尽量归并到一个岗位上。

③ 是否将所需技能相似的任务尽可能放在同一岗位上，对同一岗位的技能要求是否合理，是否根据技能要求水平的不同而合理拉开了岗位的层次。

④ 对于一些关键控制点，是否设置了执行和监控职能在不同岗位之间的分离。

⑤ 人员管理和业务指导关系是否明晰，管理的幅度和跨度是否合理。岗位设计是否现实可行，是否能够基本利用现有人员实现设计目标。

（5）员工层次诊断。检验队伍整体水平是否满足岗位要求，主要从以下方面进行诊断。

① 是否因为岗位要求设置过高，导致大部分人员达不到要求。

② 是否因为部分人员能力达不到岗位要求，导致结构性缺员和部门效率低下。

4. 定岗优化

（1）部门职能的岗位分工分析。

① 部门职能的梳理与改进。综合采用不同的职能分析方法梳理部门职能和任务，对其进行完善和优化。在此过程中，不仅要对部门内部现有的职能进行梳理，而且要根据组织战略和环境变化的需要对跨部门未来的

职能进行分析，重点关注职能变化、职能交叉和职能空缺的情况。

② 部门职能的岗位分解。基于职能的定岗是一个自上而下，层层分解，将组织战略和目标分解到部门，然后落实到具体岗位的过程。所以在梳理和完善部门职能之后，要将部门职能向岗位分解，将各项职责与具体岗位对应。

（2）岗位设置使命与职责现状分析。在部门职能向岗位分解的过程中，结合前面的岗位现状调研，对岗位设置的使命和履行职责进行诊断分析，了解岗位分工在实际工作中存在哪方面的问题，使岗位设置与分工符合组织战略和部门职责。

（3）岗位工作结构与工作量分析。在完成岗位的定性分析后，对岗位进行定量分析，主要包括岗位工作结构与工作量分析两个部分。首先把岗位工作划分为两大类：日常性的部门职能工作和阶段性的部门内部工作；其次按照工作对象、发生频率、单位工作时间、全年工作量、工作饱满度对日常性工作进行分析；再次按照工作内容、工作周期、工作量发生的特点对阶段性工作进行分析；最后确定指标和标准对岗位进行评价。

（4）调整岗位设置与分工。定岗最终要落实到定人，在最后一步基于对岗位现有人员情况分析的前提下，调整岗位设置与分工，得到最终的定岗结果。

### 2.2.3 部门及岗位定编

定编是指"需要多少适合组织发展的人"。定编过程是企业人力资源管理中的一项基础性工作，采用一定的程序和科学的方法，对确定的岗位进行人员数量的调整和配备。定编与岗位设计是密切相关的，岗位确定过程本身就包括工作量的确定，也包括了对基本的上岗人员数量和素质要求的确定。

定编的主要特征在于：一是必须在企业有一定的业务规模基础上进行；二是必须在企业业务发展方向已定的基础上进行；三是具有一定的时效性，即有一个发生、发展的过程；四是不仅要从数量上解决好人力资源的配置，而且还要从质量和素质结构上确定使用人员的标准。

岗位定编可分为微观定编和宏观定编两种。微观定编指各部门、各岗位具体的人员数量，主要应用于各部门确定具体岗位人员数量与结构。其中，部门定编比较能体现组织的管理需求，实现组织发展对于人力资源配置的要求；岗位定编实际上表达了工作量，它是一个符号，有利于有效控制岗位人数。宏观定编指公司几大类队伍的人员数量和比例关系，如管理人员、业务人员、操作人员、行政人员等，主要应用于企业人力资源规划、人工成本分析等宏观层面。

1. 部门定编

部门定编也就是要确定每个部门的总人数和分布比例。首先要分析公司战略、部门职责定位、内部人力资源现状等因素，然后确定组织需要哪几类人，总共需要多少人，每类人数之间有何种数量关系，以及每类人划分几个层级，层级之间有什么数量关系等，进而将每类人分布到相应的部门，以支持部门有效承担组织赋予的价值要求。操作流程如下。

（1）依据公司战略规划和价值流程，分析组织所需的人才队伍类型。

（2）选取关键绩效指标，收集业务量数据，测算各类人才队伍的数量。

（3）根据工作职责和角色要求，将人才队伍划分为不同的层次，细化各层级人员数量范围。

（4）以人才队伍的数量及结构为依据，进行部门人数范围的估算。

2. 岗位定编

岗位定编也就是要确定每个岗位的编制。它不仅为人力资源招聘配置工作提供了具体的数量依据，同时也可以让员工清晰地看到每个岗位的人员需求量。岗位定编主要满足人力资源职能操作的需要。操作流程如下。

（1）根据部门职责，确定部门内需要多少岗位，界定每个岗位有哪些职责。

（2）参考标杆组织，结合自身的劳动生产率情况，评估每个岗位履行职责所需的工作量，依据工作量确定人数，为招聘配置工作提供具体的数量依据。

3. 定编示例

以公司销售一线人员为例，主要根据业务量进行人员编制的确定，具体示例如下。

（1）依据人均效能控制月均人数，原则上人均销售回笼增长率不低于销售回笼增长率×50%，如销售回笼预计增长 10%，按人均销售回笼增长不低于 5% 倒算，2019 年计划月均人数不超过 1048 人。具体如表 2-27 所示。

表 2-27　　　　　　　　　　2019 年月均人数控制表

| 年份 | 销售回笼（万元） | 月均人数 | 人均销售回笼（万元） |
|---|---|---|---|
| 2018 年 | 140000 | 1000 | 140 |
| 2019 年预计 | 154000 | 1048 | 147 |
| 增长率 | 10% | 4.76% | 5% |

备注：以上数据均为模拟数据。

（2）依据 2019 年计划月均人数，制定 2019 年薪酬预算；按照"三低一高"原则，对计划月均人数进行校验调整。具体如表 2-28 所示。

表 2-28　　　　　　　　　　2019 年薪酬预算表

| 年份 | 薪酬总额（万元） | 经济增加值（万元） | 销售收入（万元） | 销售费用（万元） | 人均薪酬（万元） |
|---|---|---|---|---|---|
| 2018 年 | 6000 | 60000 | 120000 | 36000 | 6 |
| 2019 年预计 | 6400 | 65100 | 130000 | 38592 | 6.11 |
| 增长率 | 6.66% | 8.5% | 8.33% | 7.2% | 1.8% |

备注：以上数据均为模拟数据。

通过"三低一高"的数据测算，薪酬总额增长率低于经济增加值、销售收入和销售费用的增长率，人均薪酬较上年提升，因此 2019 年计划月均人数 1048 人较为合理。

（3）依据 2019 年预计月均人数和 2018 年年底实际人数，核算 2019 年编制数。

2019 年月均人数＝2018 年年底实际人数＋（2019 年编制数－2018 年年底实际人数）/2，即 2019 年编制数＝2×2019 年月均人数－2018 年年底实际人数＝2×1048－1024＝1072（人）。

### 2.2.4 定岗关键点及注意事项

#### 1. 定岗关键点

（1）要以价值为依据，强调组织机构设计要以公司战略和外部市场为导向，承接组织功能和价值创造活动，确保公司有价值的事能落实到部门及岗位，同时保持流程畅通，提高组织效率。

（2）要以现状为基础，强调岗位对企业未来战略的适应。一方面必须以岗位的现实状况为基础，充分考虑岗位价值发挥的基础条件；另一方面充分考虑组织的内外部环境的变化、组织变革与流程再造、工作方式转变等一系列变化对岗位的影响和要求。

（3）要以工作为中心，强调人与工作的有机融合。岗位设置应以工作为中心，但不能只关心工作本身，要充分考虑任职者的职业素质与个人特点，体现职位与人相适应，实现人与职位的动态协调与有机融合。

（4）要以分析为手段，强调对岗位价值链的系统思考。岗位设置不仅是对职责、业绩标准、任职资格的简单罗列，而是要在分析的基础上对岗位价值链上每个环节应发挥的作用进行系统思考。包括该岗位对组织的贡献，与其他岗位之间的内在关系，在流程中的位置与角色，内在各要素的互动与制约关系等。

（5）在定编过程中既要考虑从部门到各个岗位的微观层面，也需要考虑企业总体人员结构、企业个性化的管理基础与管理文化等宏观层面。

## 2. 定岗注意事项

（1）岗位调整必须要有充分的理由作为支撑，做到有理有据，并与各部门负责人进行充分沟通。

（2）岗位设计时既要考虑提高整体人工效率和效益，也要着眼于未来的业务发展需要。

（3）岗位设计时既要摸清企业自身状况，同时也需要参照了解行业与外部企业经验做法。

定岗是定人、定薪的基础。通过定岗，对组织机构、岗位设置、编制进行适度优化调整，将整个业务战略和业务目标分解到每个员工的层次，使各岗位工作更具有针对性，保障了部门、岗位间职责分工清晰合理、工作饱和度大致等同，推动事与岗的合理匹配，从而实现公司运作效率最大化和人工成本最低化。

# 2.3　定人

定人是依据岗位属性与特征，研究岗位用人标准和机制，以此来开展岗位人员的优化配置，实现合适的人做合适的事。通过设计岗位任职资格体系，明确各职类人员胜任力评价指标，为员工素质评价和人员甄选体系建立奠定基础依据；通过明确各岗位的"专业化、知识化、职业化、年轻化"要求，引导在岗员工主动采取各种方式提高自身的综合素质；通过执行严格人员选拔标准和选拔流程，为各岗位配备合适的人才，确保事事能被做得有效率，从而保障组织目标的有效实现。

定人阶段工作主要包括以下内容：一是人才标准制定。依据"三识、三力、三观"，结合岗位业务属性，提炼形成各类岗位人才标准。二是任职资格体系设计。根据岗位特性和工作内容，明确各职类任职资格基本要求，建立能力素质指标体系，并据此修订完善岗位任职资格条件。三是岗位说明书编制。设计岗位说明书模板和示例，编制填写说明，指导各部门将岗位定事表单转化为岗位说明书。四是分类组织定人。采用提名选任、岗位竞聘、直接定人三种方式相结合，分类、分步组织实施各级别的岗位定人工作，明晰各级人员在定人阶段的职责分工，各部门负责人为定人的第一责任人。五是人员分流安置。在与各部门充分沟通的基础上，出台针对性的人员分流方案，有序组织安排各类别人员的分流安置工作，人员分流安置措施包括岗位转型、内部退养、提前退休、终止返聘、劝退离岗、解除劳动关系等。

### 2.3.1 岗位人才标准

公司在长期的人力资源经营实践中，根据战略对人力资源的要求，提出了"三识三力三观"的人才标准，用于指导人才发展工作。

1. 人才标准诠释

"三识三力三观"为公司的通用人才标准，共分为九个评价维度，各评价维度对应的评价指标和指标定义如表 2-29 所示。

表 2-29 三识三力三观评价指标

| 评价维度 | | 评价指标 | 指 标 定 义 |
|---|---|---|---|
| 三识 | 学识 | 教育背景 | 具有良好的教育背景和专业领域的知识结构，具有持续参与继续教育的经历，有一定的行业专业地位 |
| | 见识 | 工作经历 | 具有多岗位工作经历，具有跨领域工作的能力，具有行业内或专业领域内知名企业工作经历，工作履历具有社会含金量 |
| | 胆识 | 决策能力和水准 | 善于把握社会或企业变革机遇，在变革中有所作为，在公司推行的重点项目中扮演重要角色，且项目成效显著 |
| 三力 | 思想力 | 感知与解决 | 具有敏锐的洞察力，具有独立思考的能力，能做前瞻性的判断，并提前规划，将其转化为明确的工作目标 |
| | 行动力 | 执行落实 | 具有较强的执行力，能将工作目标转化为具体行动计划，并通过各种努力将其付诸实施，促使既定的工作目标顺利达成 |
| | 创造力 | 价值创造 | 是思想力和行动力相结合的有效转化，通过二者的结合，能推动原有领域上提升一个台阶，或超越现状开辟新领域，推动持续成长 |

| 评价维度 | | 评价指标 | 指 标 定 义 |
|---|---|---|---|
| 三观 | 道德观 | 忠于职守 | 忠于职守。忠诚对待自己的职业岗位，全身心投入工作，踏实做事，将分内的事全力以赴做到极致 |
| | 职业观 | 责任担当 | 责任担当。敢于负责，有强烈的使命感和责任心，有责任意识，知道担负的责任，遇事不推诿 |
| | 工作观 | 敬业爱岗 | 敬业爱岗。热爱工作岗位，严肃、认真地对待自己的工作，勤勤恳恳、兢兢业业，自发主动完成岗位工作任务 |

**2. 人才标准提炼方法**

（1）细化人才标准评价指标。分为两种评价方式，针对"学识"和"见识"建立更具有针对性的量化评价指标，其他 7 个维度分别建立四级行为标准。

① 学识和见识。学识和见识指标的解释如表 2-30 所示。

表 2-30 　　　　　　　　　　**学识和见识指标解释**

| 指标 | | 具 体 解 释 |
|---|---|---|
| 学识 | 学历 | 该岗位人才应该具备的学历水平以及相应院校级别的要求，不得低于岗位任职资格要求 |
| | 专业 | 具有与岗位密切相关的专业背景 |
| | 职业资格 | 具有岗位任职要求相关的职业资格 |
| 见识 | 本专业工作经历 | 具有从事本专业或相关专业的工作年限、任职企业规模、同等岗位工作经历等方面的要求 |
| | 多岗位工作经历 | 具有多个跨领域（不同业务、不同部门、不同公司）、跨专业（不同专业）岗位工作经历 |
| | 年龄要求 | 具有岗位任职要求相关的年龄范围 |

② 胆识、三力和三观。胆识、三力和三观行为等级的描述如表 2-31 所示。

表 2-31                     胆识、三力和三观行为等级描述

| 指标 | 行为等级描述 |
|------|-------------|
| 胆识 | 一级：常规决策。较少决策或决策时犹豫不决，决策时表现出比较大的随意性；利用充足的信息作出常规决策 |
| | 二级：非常规决策。能够独立对非常规问题、建议进行决策，决策比较正确 |
| | 三级：风险决策。能够合理预测决策可能带来的风险，衡量潜在的收益，独立及时地作出正确的决策 |
| | 四级：长远规划。在复杂、模糊且风险很高的形势下，或能够在大多数人反对的情况下仍坚持观点，毫不犹豫地作出对组织有长远影响的有利决策 |
| 思想力 | 一级：基本感知。基本能够感知外界信息，分析信息间的因果关系，看到系统存在的表象问题 |
| | 二级：深入分析。对外界信息具有一定敏感度，能看到系统存在的深层次问题，并提出一些初步的解决方案 |
| | 三级：洞察本质。对外界信息高度敏感，能看到产生问题的根源，总结出问题的实质，并提出较好的解决方案 |
| | 四级：系统思考。对外界信息高度敏感，能多角度、多层次地分析问题，具备多种思考模式和推导方法，并提出系统性的解决方案 |
| 行动力 | 一级：遵令执行。能够或基本能够遵从上级的命令，按照预定计划完成工作任务 |
| | 二级：主动执行。能够准确理解上级交代的工作，主动思考并采取行动完成工作任务 |
| | 三级：克服困难。面对困难积极寻求解决办法，采取必要行动完成工作任务 |
| | 四级：砥砺前行。面对执行过程中超乎寻常的困难和阻力，快速采取有力措施完成工作任务 |
| 创造力 | 一级：达到合格的绩效标准。采取行动达到岗位合格的绩效标准要求 |
| | 二级：达到良好的绩效标准。采取行动达到岗位良好的绩效要求标准 |
| | 三级：达到优秀的绩效标准。设立优秀的绩效标准，采取行动达到组织和岗位要求的优秀绩效标准 |
| | 四级：识别机遇并转化为业绩。识别部门或组织的未来机遇，将其转化为新的目标和行动，并采取行动将机遇转化为组织的业绩 |

| 指标 | 行为等级描述 |
|------|-------------|
| 道德观 | 一级：遵章守纪。基本了解岗位本分，忠实于工作，不做任何违反公司规章制度和道德的事 |
| | 二级：忠实团队。熟练掌握并践行岗位本分，忠实于团队，积极维护团队利益，不做损害团队利益的事 |
| | 三级：忠实公司。全面理解并积极主动践行岗位本分，忠实于公司，对危害公司利益的行为进行批评与纠正，并采取适当防范措施 |
| | 四级：影响他人。深刻领会并时刻践行岗位本分，除了忠实于公司外，还积极主动影响组织成员忠实于公司 |
| 职业观 | 一级：被动履责。基本了解自己的岗位职责，按照上级指示或在上级监督下完成工作，对工作的后果不敢承担责任 |
| | 二级：主动履责。能够清楚自己的岗位职责，积极主动完成分内工作，但对工作的结果仅能承担部分责任 |
| | 三级：主动承担。非常清楚自己的岗位职责，除积极主动完成分内工作外，并能主动承担应付的责任，不推卸责任 |
| | 四级：勇于担当。除了能主动完成分内工作外，还能主动承担并完成自己非分内但对组织有意义的事情，并能主动承担应付的责任 |
| 工作观 | 一级：按部就班。对企业和岗位的喜爱一般，工作热情不高，基本保证工作时间不处理与工作无关的私人事情 |
| | 二级：吃苦耐劳。对企业和岗位喜爱，工作热情高，保证饱满的工作时间，工作中能够吃苦耐劳，尽力把工作做到最好 |
| | 三级：全力投入。热爱企业和岗位，认同企业的文化，工作充满激情，宁愿放弃休息时间也要按时保质保量地完成任务，会努力克服困难完成任务 |
| | 四级：甘于奉献。高度认同企业的文化，始终保持着创业般的工作热情，愿意为了公司或团队的利益付出额外的努力，愿意在企业危机时牺牲个人利益 |

（2）细化人才评价标准。会同各部门深入研究，结合业务特性，分级别分岗位制定各项指标更为细化的评价标准。以线下营销总部总经理为

例，对其三识、三力、三观提出个性化的人才标准要求，具体如表 2-32 所示。

表 2-32 　　　　　　　　　　　　**线下营销总部总经理人才标准**

| 指　标 | | 标 准 要 求 |
|---|---|---|
| 学识 | 学历 | 统招"211 院校"硕士（含统招 MBA） |
| | 专业 | 医药类、营销类、管理类等相关专业 |
| | 职业资格 | 执业药师、执业医师或高级经济师 |
| 见识 | 本专业工作经历 | 具有发达地区知名企业同等岗位 3 年以上工作经验或省内头部企业同等岗位 5 年以上工作经验 |
| | 多岗位工作经历 | 具有 2 个跨领域的多岗位工作经历，其中跨专业的不少于 1 个 |
| | 年龄要求 | 不高于 45 岁 |
| 胆识 | 面对重要项目、内外部机遇时决策和选择的能力与水准 | 四级：具备相当丰富的医药行业知识且深谙行业发展规律，结合公司远景目标能长远规划，凭借敏锐的洞察力抓住机会避免不利因素，在复杂、模糊且风险很高的形势下或在大多数人反对的情况下仍坚持观点，毫不犹豫地作出对公司有长远影响的有利决定 |
| 思想力 | 对外界信息的敏感程度和洞察力 | 四级：<br>1. 了解全产业链运行规则，并能指导各岗位关键业务运行，准确认识关键岗位难点，并提出问题解决方案<br>2. 精准洞察市场需求和行业趋势，通过市场环境及销售现状分析，提出符合现状的系统性策略<br>3. 能指导和提升企业运行价值，并提出可持续经营发展战略 |
| 行动力 | 能将想法付诸行动，执行到位 | 四级：<br>1. 是销售政策和行动方案的决策者，对企业有强烈的使命感和正确向上的价值观并努力开展工作<br>2. 有突出的成果佐证，被视为同行业的标杆<br>3. 能从容地处理风险和不确定事物<br>4. 鼓励团队能指导和提升他人的创造性执行能力 |

| 指 标 | | 标 准 要 求 |
|---|---|---|
| 创造力 | 有价值的创造、有效率的创造，体现为行动结果 | 四级：<br>1. 视企业目标为己任，是战略方案的创造者<br>2. 为实现企业目标付出不懈努力<br>3. 临危受命，从容应对<br>4. 能将危机转化为机遇，谋划深远，战略部署严谨，能在多数人有不同意见下作出对组织有深远影响且较正确的决策 |
| 道德观 | 忠于职守 | 四级：<br>自身不断学习和提炼岗位本分的内涵，并能身体力行，为身边的人作出表率，能对团队有正面积极向上的激励作用并影响整个组织忠实企业 |
| 职业观 | 责任担当 | 四级：<br>在尽职尽责方面被视为楷模；能主动完成非职责范围内的有意义的事情，对团队成员的全部业绩承担责任 |
| 工作观 | 敬业爱岗 | 四级：<br>高度认同企业文化，视完成组织目标为己任，甘于奉献，不惜牺牲个人利益，积极倡导部门间的协同工作，并身体力行地团结或配合他人共同实现目标，积极地维护企业利益 |

（3）分级分类管理。鉴于各级各类岗位员工在人才标准九个评价维度上的侧重有所不同，各评价维度的权重设置也相应不同，以实现差异化管理，具体如表 2-33 所示。

表 2-33　　　　　　　　　　**各评价维度权重设置**

| 人员类别<br>评价维度 | 中高层管理人员 | 基 层 人 员 | | | | |
|---|---|---|---|---|---|---|
| | | 研发 | 管理 | 销售 | 生产 | 其他 |
| 三识 | 40% | 40% | 40% | 30% | 20% | 10% |
| 三力 | 40% | 40% | 30% | 40% | 30% | 40% |
| 三观 | 20% | 20% | 30% | 30% | 50% | 50% |

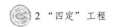 

各维度在不同权重下的比例分配如表2-34所示。

表2-34 各评价维度权重比例分配

| 权重分配<br>评价维度 | | 50% | 40% | 30% | 20% | 10% |
|---|---|---|---|---|---|---|
| 三识 | 学识 | / | 15% | 10% | 10% | 5% |
| | 见识 | / | 15% | 10% | 5% | 5% |
| | 胆识 | / | 10% | 10% | 5% | 0% |
| 三力 | 思想力 | / | 15% | 10% | / | / |
| | 行动力 | / | 10% | 10% | / | / |
| | 创造力 | / | 15% | 10% | / | / |
| 三观 | 道德观 | 15% | / | 10% | 10% | / |
| | 职业观 | 15% | / | 10% | 5% | / |
| | 工作观 | 20% | / | 10% | 5% | / |

备注：以上权重比例分配仅作为参考，可结合具体实际进行调整。

## 2.3.2 岗位任职资格

### 1. 职位分类

职位分类是依据相似性原则进行划分的，即把具有相似职责与管理范围，工作模块相同，从业者所需知识、技能、潜在素质和行为标准相似的职位归为同一类别，形成职位类。在职位类的基础上，再将相似性更高的职位归为职位族。职位族、职位类划分的起点是企业中的基本单元——职位。通过职位族、职位类分析，确定建立任职资格标准的职位类。具体如表2-35所示。

表 2-35 职位、职位族、职位类区分

| 用语 | 概　念 |
|---|---|
| 职位 | 需要由一位任职者来完成，具备一定任职资格要求的集合。职位强调的是以"事"为中心，而不是承担该职位的"人" |
| 职位类 | 将相同职位分类归并而成，这些职位要求任职者需具备的任职资格要求种类相同或相关，承担的职责与职能相似或相同 |
| 职位族 | 将工作流关系以及组织结构相同或相似，绩效标准、薪酬要素等管控激励方式相同或相似的职位类分类归并而成 |

在进行职位分类时，通过分析公司现有组织结构，再结合同行业其他公司的职类划分方法，将职位划分为技术研发类、生产质量类、营销类、财务审计类、决策运营类、人力资源管理类、综合管理类七个职类，涵盖公司现有的 330 个职位。

技术研发类：包括健康研究院相关职位。

生产质量类：包括生产中心及质量保证部相关职位。

市场营销类：包括销售中心、电商事业部和大健康事业部相关职位。

财务审计类：包括财务管理中心和审计监察部相关职位。

决策运营类：包括董事会秘书处、资产运营中心和大健康事业部（项目运营）相关职位。

人力资源管理类：包括人力资源中心相关职位。

综合管理类：涵盖总经理办公室、党群工作部、法律事务部、信息中心、行政服务中心相关职位。

以上划分方法基本体现了公司主要业务特征和主要职位类别，并涵盖了所有职位。

2. 岗位基本要求提炼

（1）岗位基本要求提炼方法。岗位基本要求包括必备经验要求、必备学识要求、年龄及其他要求，分别与公司人才"四化"要求相对应，具体涉及学历、所学专业、经验要求、年龄、职称、职业资格等方面。在

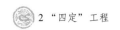 

提炼岗位任职资格条件基本要求时，要考虑到以下问题：现有人员的基本素质、公司的发展战略对人才的要求、对工资成本的影响。具体编制方法及步骤如下。

① 明确层级。将各职类岗位划分为四个层级，第一层级为中心负责人：总监以及中心总经理、副总经理、总经理助理级别；第二层级为部门负责人：部长、副部长、部长助理级别；第三层级为主管级别；第四层级为一般员工。

② 确定基准。根据各部门自报的岗位任职资格条件的基本要求情况，结合各职类、各层级岗位的工作特点，找出大多数岗位对学历、专业、经验、年龄、职称、从业资格的一般共性要求，比如：现有绝大多数岗位对学历要求本科以上，无工作经验、职称、从业资格和年龄的要求限制，专业大致分为医药、经济管理、其他类别等，将上述共性要求梳理出来即可作为编制时的基础标准。

③ 找出个性。以岗位说明书为依据，对各岗位的工作内容进行分析，找出履行岗位职责所需的特殊要求以及应提高或降低要求（相比基准）。比如：对研发、项目投资、战略规划岗位学历要求提高到硕士以上；主管级以上岗位年龄要求男 50 岁以下、女 45 岁以下；对技术工艺、产品研发、财务等部门负责人在职称上有一定要求；对一些特殊工作岗位，如律师、电工、司炉操作工等要求具有相应的从业资格。

④ 逐一审核。在确定基准和找出个性后，对所有岗位任职资格条件的基本要求部分进行逐一审核修改，完成后反馈至各相关部门，最终确定各岗位任职资格的基本要求。

（2）岗位基本要求编制说明。必备经验要求是指承担该岗位工作任务必须具备的相关工作经历的年限要求，部分岗位工作经验可以以学历替换，如"本科三年以上工作经验或硕士一年以上工作经验"；必备的学识要求是指承担该岗位工作任务所必须具备的最低学历、专业背景、职称条件以及知识结构要求，如"本科及以上学历，计算机科学及技术、信息管理相关专业，具备较为系统的项目管理知识"；年龄要求是指承担该岗位工作任务的年龄方面的限制；职业素养要求是指对岗位人员的职业操守要求，如"自觉遵守岗位职业规范，具备职业道德，勤勉尽责，努力追求资源效能和管理效率"。

对岗位任职资格条件基本要求中工作经验、学历、专业、职称、从业资格、年龄方面的一般要求和特殊要求如下。

① 工作经验。对工作经验的要求如表 2-36 所示。

表 2-36 **工作经验要求**

| 要求 | 工 作 经 验 |
|------|-------------|
| 一般要求 | 部门负责人以上级别人员一般要求五年以上管理工作经验 |
| | 主管级要求有三年以上专业工作经验 |
| | 一般人员不受工作经验限制，有工作经验者优先 |
| 特殊要求 | 技术研发类（质量分析、制剂工艺）、生产质量类（设备技术、质量管理）、财务审计类（市场监控、财务管理）等注重经验积累的岗位需要有专业工作经验，其中：对应的部门负责人级别岗位人员要求八年以上专业工作经验，主管级要求五年以上专业工作经验；一般员工岗位需要有一到五年工作经验 |

② 学历。对学历的要求如表 2-37 所示。

表 2-37 **学 历 要 求**

| 要求 | 学 历 |
|------|-------|
| 一般要求 | 本科 |
| 拔高要求 | 技术研发类中研发岗位、决策运营类中战略研究岗位、营销类中品类推广岗位等，均要求硕士及以上学历 |
| 降低要求 | 综合管理类中后勤一般岗位无学历要求，主管岗位要求大专及以上学历 |
| | 生产质量类中设备工程部一般岗位要求中专及以上学历 |
| | 生产质量类中仓储物流岗位要求大专及以上学历 |
| | 财务审计类中办事处会计岗位要求大专及以上学历 |

③ 专业。根据职位分类和岗位工作内容对专业的要求，公司岗位所需的专业可分为三大类：医药类、经济管理类和其他类。相应的专业要求如表 2-38 所示。

表 2-38 专 业 要 求

| 类别 | 专 业 |
|---|---|
| 医药类 | 临床医学、药学、制药工程、药物分析、药理学等相关专业 |
| 经济管理类 | 企业管理、行政管理、财务管理、审计、人力资源管理、物流管理等经济管理类相关专业 |
| 其他类 | 机械自动化、精细化工、法律、基建、平面设计、计算机等相对较少的岗位所对应的专业 |

④ 职称。相应的职称要求如表 2-39 所示。

表 2-39 职 称 要 求

| 要求 | 职 称 |
|---|---|
| 一般要求 | 无职称要求 |
| 特殊要求 | 技术研发类中技术工艺部、产品开发中心部门负责人以上要求副高级及以上职称，主管级、药品研发项目经理和药妆部门负责人要求中级及以上职称<br>生产质量类中质量管理部总监级要求副高级及以上职称，部门负责人级要求中级及以上职称<br>财务审计类中部门负责人级要求中级及以上职称 |

⑤ 从业资格。相应的从业资格要求如表 2-40 所示。

表 2-40 从 业 资 格 要 求

| 要求 | 从 业 资 格 |
|---|---|
| 一般要求 | 无从业资格要求 |
| 特殊要求 | 财务审计类中财务管理岗位要求具备会计从业资格证<br>生产质量类中特种作业岗位，如：电工、维修工程师等，需具备电工证、焊工证等特种作业从业资格证<br>综合管理类中后勤厨师、司机等岗位，需持有厨师证、驾驶证 |

⑥ 年龄。相应的年龄要求如表 2-41 所示。

表 2-41　　　　　　　　　　　　　　　**年 龄 要 求**

| 要求 | 年　　　龄 |
|---|---|
| 一般要求 | 无年龄限制 |
| 特殊要求 | 技术研发类中研发项目管理、营销类中市场策划等创新性的工作岗位的人员，男性员工 50 岁以下，女性员工 45 岁以下<br><br>行政序列人员年龄要求为：男性员工 50 岁以下，女性员工 45 岁以下 |

### 3. 全员核心能力素质提炼

全员核心能力素质是所有员工进入企业的门槛，它是企业员工最基础、最根本的能力素质的体现。公司的全员素质模型设计主要依据企业的行业属性（行业）、企业的发展战略和企业文化（企业）等因素进行。

依托素质模型的相关理论，按照"行业→企业"这一逻辑线条，将这两个层面的要求结合起来进行综合分析和提炼，构建马应龙药业全员核心能力素质模型的框架。

首先借鉴国内先进企业及同行业标杆企业的全员核心能力素质模型的构建方法，然后通过深入分析马应龙经营战略及文化体系来进一步提取与企业战略文化相契合的能力素质指标，最后在行为事件访谈的基础上进一步优化能力素质模型而提炼形成马应龙公司全员核心能力素质指标。

（1）基于行业层面标杆企业通用能力素质借鉴

就行业属性而言，公司属于医药生产和经营行业。通过调研，梳理医药行业以及制造业标杆企业员工核心能力素质，具体如表 2-42 所示。

表 2-42　　　　　　　　　　　　　　**标杆企业核心能力素质指标**

| 企业 | 核心能力 | 核心素质 |
|---|---|---|
| 标杆 A | 人际关系：口头沟通、书面沟通、人际交往沟通、谈判能力<br>领导能力：领导力、团队管理、员工管理<br>分析思考：分析策划/解决、问题能力、计划能力 | 组织认知、个人管理、绩效导向、可靠性 |

续表

| 企业 | 核心能力 | 核心素质 |
|------|----------|----------|
| 标杆 B | 创新、学习发展、团队合作、行动力 | 以客户为中心、以人为本、同理心、成就导向、敬业、自信 |
| 标杆 C | 客户为尊、创新改善、追求卓越、团队协作、目标导向、思行结合 | 热忱敬业、主动负责、诚实守信 |
| 标杆 D | 创新拓展、学习成长、激发协调、分析判断、贯彻实施 | 学识、诚信、胸怀、沟通、激情 |

（2）基于企业层面经营战略及文化体系指标提炼。在基于行业层面指标提炼的基础上，系统梳理公司目前的经营宗旨、经营战略和企业文化，形成了马应龙经营战略及文化体系。马应龙经营战略及文化体系以"四个创造"为最终目标，以经营战略为牵引，以经营子战略为支撑，以企业文化为基础。基于这一体系，进行二次指标筛选和增补。基于企业层面胜任力指标提取结果如表 2-43 所示。

表 2-43　　　　　　　　基于企业层面胜任力指标提取

| 依据 | 解　释 | 胜任力指标 |
|------|--------|-----------|
| "四个创造" 的宗旨 | 强调对顾客、股东、员工及社会的责任 | 客户至上、社会责任感 |
| "稳健经营、协调发展" | 强调尊重规律，科学决策；协调各方面的关系，追求可持续发展 | 分析判断、沟通协调 |
| "龙马精神" | 强调龙与马的呼应，将主动进取、奋发向上的精神与包容、虔诚的品德相结合 | 激情、胸怀、真诚 |
| "以真修心，以勤修为" | 强调真诚实在做人，勤劳踏实做事 | 真诚、责任、勤劳 |
| "资源增值" 的价值观 | "资源增值" 的直接表现是创造、创新、贡献、进步 | 学习成长、创新改进 |

（3）全员核心能力素质指标及解释。基于行业层面和企业层面的分析，提炼出公司四大核心能力和五大核心素质。其中，团队协作和贯彻执行是对标杆企业的借鉴，分析判断和学习成长是对公司经营战略的提炼；学识是基于公司"四化"人才标准中对知识化的要求，真诚、激情和胸

怀是基于企业文化，责任是基于行业属性及公司文化。胜任力指标及其内涵界定如表2-44所示。

表2-44　　　　　　　　　　公司全员核心能力素质及解释

| | | |
|---|---|---|
| 四大核心能力 | 分析判断 | 对复杂环境作出客观评估，运用结构化的思维解决问题 |
| | 团队协作 | 进行卓越的团队合作，主动开放地进行沟通，共同协作以达到共赢 |
| | 贯彻执行 | 稳健经营，不投机取巧，高效迅速完成工作任务，提高工作的有效性和持续性 |
| | 学习成长 | 不断地更新知识结构、提高工作技能，并将其有效应用在工作中 |
| 五大核心素质 | 学识 | 具有完备的、系统的知识结构 |
| | 责任 | 对于工作职责范围内的任务、风险、出现的问题等主动承担责任 |
| | 真诚 | 真实诚恳，直率坦诚 |
| | 激情 | 全身心地投入工作，不断设定高目标以挑战自我，为企业贡献价值 |
| | 职业 | 具有专业积累，具备职业化素养；职业行为合法合规，确保工作安全 |

**4. 岗位能力要求提炼**

包括岗位对专业能力和个性特质的要求。按照前面设计，将所有岗位划入七大职类，依托素质模型的相关理论，按照"行业→企业→岗位→绩优者"这一逻辑线条，将这四个层面的要求结合起来综合分析和提炼，提炼各职类能力素质指标。这里以技术研发类为例，对具体设计方法及步骤说明如下。

首先借鉴国内先进企业及同行业标杆企业的各职类素质模型指标，通过系统分析马应龙经营战略及文化体系来进一步提取与企业战略文化相契合的能力素质指标，然后深入分析各职类的主要岗位职责，提取各职类对于员工的专业能力素质的要求，最后在绩优者行为事件访谈的基础上进一步优化能力素质模型而提炼形成马应龙公司各职类的能力素质指标。

（1）基于行业层面的胜任力指标提炼。通过调研收集公司的竞合对手，以及中药、外资医药、民营高科技等行业中的标杆企业技术研发人员的任职资格或素质模型，分析其岗位胜任力指标体系的构成，对指标进行初步筛选。具体如表2-45所示。

表 2-45　　　　　　　　公司竞合对象与部分类似行业研发人员的胜任力构成

| 不同行业 | 岗位 | 胜任力指标 |
|---|---|---|
| 医药生产行业 | 研发主任 | 专业知识与能力：药品专业知识、反应能力、工作经验、思维能力、创新能力、学习能力、实验能力；个人品质：自信心、独立性、主动性、诚实守信、坚韧性、成就导向、情绪稳定性；管理能力：计划执行能力、领导能力、决策能力、危机管理能力、成本控制能力；社会能力：团队合作、组织承诺、沟通能力、培养下属能力 |
| 医药研究行业 | 研发工程师 | 计划达成、预算能力、成果导向、质量管理能力、成本控制能力、纪律性、严谨性 |
| 中药行业 | 研发人员 | 专业知识与专业技能：专业知识、专业能力、古汉语理解力、中医药实践经验；人格特质：敬业度、成就动机、专业自信心、抗压能力、责任心、坚韧性、诚信、独立性、主动性、团队协作精神；创新特质：创新思维、前瞻性、创造性、创新意识、自身影响力、技术信息搜索能力；一般能力：沟通能力、风险评估能力、记忆力、分析性思维、概念性思维、观察力、学习能力 |
| 外资医药行业 | 研发人员 | 研究开发能力、数据收集能力、专门化程度、研发管理能力、风险管控能力、团队合作能力、专利保护意识、成本控制 |
| 民营高新技术企业 | 研发人员 | 思维能力：分析推理、概念思维；成就导向；团队合作；学习能力；坚韧性；主动性 |

（2）基于企业层面的胜任力指标提炼。在基于行业的指标提炼的基础上，充分考虑公司目前的发展战略、价值观和发展阶段，系统分析公司经营战略及文化体系，再进行二次指标筛选和增补，提取与企业战略文化相契合的能力素质指标，并对指标进行解释。如表 2-46 所示。

表 2-46　　　　　　　　　　　基于企业层面胜任力指标提取

| 依据 | 解　　释 | 胜任力指标 |
|---|---|---|
| 技术创新战略 | 技术创新是应用创新的知识和新技术、新工艺，提高产品质量、开发新的产品、提供新的服务，它是企业发展的动力源泉。对医药行业而言，技术创新成果不仅意味着直接的经济上的利益，更潜藏着巨大的社会责任 | 技术创新能力、社会责任感 |

续表

| 依据 | 解　释 | 胜任力指标 |
|---|---|---|
| 龙马精神 | 要求科研人员具有执著的探索精神，求实求真精神。马应龙要求员工具有远大的理想，坚定的信念，同时要有包容的胸怀，厚积厚德来真诚实在做人，踏实勤劳做事 | 成就导向、宽容、踏实肯干 |
| 以真修心，以勤修为 | 真诚实在做人，勤劳踏实做事。真是第一精神，学习探索时务求真理真谛，讨论钻研时务求真知灼见；勤是第一方法，做任何事，务必勤勉努力、脚踏实地、自强不息 | 坚韧性、踏实勤奋、学习能力 |
| 资源增值的价值观 | 企业经营活动的本质内涵，是衡量企业价值和个人价值的主要标准，其直接表现为创造、创新、贡献、进步 | 创新意识、奉献精神 |

（3）基于岗位层面的胜任力指标提炼。在确定了行业、企业战略与文化等因素的影响后，整理归纳公司相关部门该职类岗位的工作职责，进而对该职类岗位的胜任力指标进行第三次筛选和完善，提取各职类对于员工的专业能力素质的要求。如表 2-47 所示。

表 2-47　　　　　技术研发类岗位职责及其对应的能力指标提取

| 岗位职责 | 职责细分 | 素质测评要素 |
|---|---|---|
| 工艺技术岗位职责 | 开展对新建项目的工艺评估，解决与工艺相关的质量、效率、成本、发展、规范性、合理性、安全性等问题 | 实验能力、问题解决能力、创新性、洞察力、分析能力、敏锐性、稳定性、文字处理能力、有恒心、协调能力、学习能力 |
| | 负责新技术新材料应用的试验及留样观察工作，试制新产品小样，推进新产品投产 | |
| | 组织老产品工艺核查，不断完善提高产品工艺技术水平 | |
| | 开展对变更管理中有关工艺、物料、质量标准等变更的工艺及稳定性研究与评估 | |
| | 参与重大偏差、外协加工、工艺验证等风险分析与工艺评估，参与生产工艺审核与现场工艺指导，参与资产项目技术评估，并提供技术支持 | |
| | 制定及落实产品工艺标准、工艺规程及 SOP，保证规范化操作流程的适应性 | |

续表

| 岗位职责 | 职 责 细 分 | 素质测评要素 |
|---|---|---|
| 项目管理岗位职责 | 负责项目立项提案、项目成员绩效考核、研发进度控制、综合协调等工作 | 项目管理能力、战略决策能力、公关能力、信息收集能力、资料整合能力、沟通协调能力、专业知识与技能、结果导向、质量管理能力、责任心、事业心、自律性 |
| | 做好新药研究项目及老产品改良项目的研发工作,保证中心年度项目开发计划的顺利完成 | |
| | 负责审核和初步论证提出新品项目的并购计划和项目的立项草案 | |
| | 研究与探索国内外医药及相关新技术、新方法、新剂型,提高开发新产品的技术含量 | |
| | 负责承担项目的实验研究、资料整理、原始资料的收集整理、项目评审会材料整理与审查,并对相应审评会所需答辩、解释、说明 | |
| | 收集相关医药信息、政策法规,更新维护肛肠类、综合类药库并结合公司实际进行整理、分析和汇报,编写公司及中心的相关项目调查报告 | |
| | 与国内主要医药信息中心建立业务联系,收集医药信息中心提供的各种相关信息情报,进行整理和分析,并提供给上级领导,为公司领导决策服务 | |
| 药妆开发岗位职责 | 负责药妆项目立项提案、药妆项目成员绩效考核、药妆研发进度控制、综合协调等工作 | 计划完成能力、产品改良、信息收集能力、资料整合能力、沟通协调能力、适应性、创新能力、责任心、事业心、自律性、主动性 |
| | 组织本部门工作人员做好新药妆研究项目及老产品改良项目的研发工作,保证中心年度药妆开发计划的顺利完成 | |
| | 研究与探索国内外化妆品行业相关新技术、新方法、新剂型,提高开发新药妆品的技术含量 | |
| | 负责药妆品项目的组方、配方工艺研究、安全性评价、征集人体试用等的具体工作 | |
| | 对承担项目中所出现的问题提出解决方案 | |
| | 负责与公司其他部门的沟通与协调,指导生产、质保完成药妆新品的试产 | |

| 岗位职责 | 职 责 细 分 | 素质测评要素 |
|---|---|---|
| 研究中心岗位职责 | 根据年度、季度计划，按需配合完成各个项目的制剂工艺与中试放大工作 | 结果导向、产品开发、产品改良、规范性、持续学习、突发事件管理、责任心、严谨性、自律性、承受压力能力、实验能力 |
| | 配合各个项目申报资料起草、修订、完善、试生产交接等相关工作，保证各项技术资料数据文档严谨、真实、可行与安全 | |
| | 参与负责技术平台与实验室建设、技术创新与企业技术中心建设 | |
| | 根据年度、季度计划，按需配合完成各个项目的质量分析工作 | |
| | 负责及时收集质量分析方面的政策、法规，并进行学习 | |
| | 根据年度、季度计划，按需完成各个项目的药理毒理、临床试验研究工作 | |
| | 在实验过程中，根据实验的实际情况，提出合理化建议，以便及时进行改进 | |
| 博士后管理岗位职责 | 负责进站博士的招聘、选拔与考核以及博士后站各类制度的制定、修改及实施 | 计划性、成果导向、专业知识、项目管理能力、信息收集能力、文字处理能力、沟通协调能力、抗压能力 |
| | 指导、督促、检查项目完成情况和中心各职能部门的工作，每季度形成书面报告交中心主任，熟悉新药报批程序及要求 | |
| | 负责国内外医药市场科技情报、产品市场反馈信息及国家药政法规分析，及时为产品改良提供建设性书面意见 | |
| | 负责博士后流动站项目的立项，经公司同意后组织新产品的研究、开发、试制和投产等工作 | |
| | 负责拟定各部门内部考核奖励办法，报人力资源中心审查备案并监督实施 | |

（4）基于行为事件访谈法的胜任力指标调研。在上述三项研究的基础上，采用国外确定职类任职资格的主流方法——行为事件访谈法，即抽取该职类岗位中部分具有代表性的岗位上的任职人员进行访谈，以获得这类岗位任职人员的能力要素和共性特征。如表 2-48 所示。

表 2-48                          访谈所获得的能力指标汇总

| 访谈对象 | 所属部门 | 共 性 指 标 |
|---|---|---|
| 院长助理 | 健康研究院 | 思维能力、沟通协调能力、知人善用、领导力、公平公正、有担当 |
| 大健康研发总监 | 健康研究院 | 沟通协调能力、学习能力、创新能力、市场敏感性、积极进取、团队意识 |
| 综合管理岗 | 健康研究院 | 综合能力、思维能力、沟通协调能力、细致 |
| 项目经理 | 健康研究院 | 信息搜索能力、动手实验能力、组织能力、沟通协作能力、公关能力、吃苦耐劳、责任心 |
| 工艺工程师 | 健康研究院 | 学习能力、善于思考、观察能力、坚韧性、吃苦踏实、沟通能力、动手实验能力、应变能力 |
| 临床检查员 | 健康研究院 | 细心、沟通协调能力、关系平衡能力、质量安全意识 |
| 制剂工艺员 | 健康研究院 | 创新能力、信息收集能力、实验能力、严谨 |
| 质量分析岗 | 健康研究院 | 仪器操作能力、细致谨慎、耐心、坚持原则、质量意识 |

（5）提炼岗位能力要求。基于以上四大层面的分析，提炼公司技术研发类岗位的五大专业能力和四大个性特质指标，并对各项指标的内涵予以界定。其中：数据收集能力和动手实验能力借鉴于标杆企业，开发创新能力基于企业的技术创新战略，资源整合能力和项目管理能力基于岗位职责，成就导向源于企业文化，坚韧性和敏锐性基于访谈，安全意识基于行业属性。另外，五大能力素质中，信息收集能力、动手实验能力及开发创新能力倾向于基层员工，资源整合能力和项目管理能力倾向于管理层。如表 2-49 所示。

表 2-49                      公司技术研发人员胜任力指标及解释

| 测评维度 | 测评指标 | 内 涵 界 定 |
|---|---|---|
| 能力素质 | 信息收集能力 | 对研发信息敏感，能及时准确地收集并分析相关数据 |
| | 动手实验能力 | 通过观察和操作等实验手段，将专业知识和原理转化为实验成果 |
| | 开发创新能力 | 在技术、药品研发上追求卓越，进行突破性创新 |
| | 资源整合能力 | 识别资金、人员、信息等各种资源，并能够合理配置这些资源 |
| | 项目管理能力 | 筛选、跟踪产品开发项目，做好项目的风险管控和成本控制等 |

| 测评维度 | 测评指标 | 内　涵　界　定 |
|---|---|---|
| 个性特征 | 成就导向 | 在工作中有强烈的采取新理念、新方法研究新药品的动机与愿望 |
| | 坚韧性 | 在困难情况下，能够认真总结、重复试验，坚持完成药品研发工作 |
| | 敏锐性 | 对出现的新技术、新方法和新剂型敏感，能准确识别相关信息 |
| | 安全意识 | 在药品及药妆的药理毒理研究中，重视临床试验的安全性评价 |

### 2.3.3　岗位说明书编制

1. 岗位说明书内容

岗位说明书是岗位分析的结果，是指对岗位工作的性质、任务、责任、环境、处理方法以及对岗位工作人员资格条件的要求所做的书面记录。岗位说明书应该包括以下的主要内容。

（1）岗位标识。岗位标识包括岗位名称、所属部门、岗位编号、岗位编制、直接上级、直接下级、岗位薪酬等级、岗位描述等。

（2）岗位职责。详细描述岗位所承担的职责以及所对应的具体工作内容，每项工作发生频率、重要性。

（3）任职资格。基本要求：从事该岗位应具备的最低经验要求、学识要求、年龄要求和职业素养要求。经验要求一般包括两方面：一是专业经历要求，即相关的知识经验背景，比如产品经理要求具备医药学专业背景和一定年限的销售经验；另一个需要的是本组织内部的工作经历要求，尤其针对组织中的一些中、高层管理职位。

岗位能力要求：从事该岗位应具备的能力素质和个性特征。以人力资源管理类为例，能力素质包括知人善用能力、利益协调能力、人工成本管控能力、团队建设能力、战略规划能力，个性特征包括人际敏感性、风险意识、亲和力、诚信倾向。

（4）工作环境。包括工作条件、工作时间、出差频率、内外部相关岗位等。

岗位说明书的编写，并不是一劳永逸的工作。实际中，当企业出现职位增加、撤销的情况，或者岗位的某项工作职责和内容的变动，甚至于每一次工作信息的变动，都应该要求及时记录在案，并迅速反映到岗位说明书的调整之中。

2. 岗位说明书模板及说明

岗位说明书模板如表 2-50 所示。

表 2-50　　　　　　　　　　　岗位说明书模板

一、岗位标识

| 岗位名称 | | 所属部门 | |
|---|---|---|---|
| 岗位编号 | | 岗位编制 | |
| 直接上级 | | 直接下级 | |
| 岗位薪酬等级 | | 岗位分析日期 | 20××年××月 |
| 岗位描述（功能定位） | | 动词+宾语+目标状语 | |
| 四性要求 | | | |

二、岗位主要职责（一般为 5 项左右，最多不超过 10 项；由部门填写）

| | 职责描述 | | 采取动词+宾语方式描述 | 频率 | 重要性 |
|---|---|---|---|---|---|
| 职责 1 | 工作内容 | 1 | | 每年 1 次 | B |
| | | 2 | | 每季 1 次 | C |
| | | 3 | | | |
| | | 4 | | | |
| | | 5 | | | |
| | 职责描述 | | | 频率 | 重要性 |
| 职责 2 | 工作内容 | 1 | | | |
| | | 2 | | | |
| | | 3 | | | |
| | | 4 | | | |
| | | 5 | | | |

| | 职责描述 | | | 频率 | 重要性 |
|---|---|---|---|---|---|
| ...... | 工作内容 | 1 | | | |
| | | 2 | | | |
| | | 3 | | | |
| | | 4 | | | |
| | | 5 | | | |
| 职责10 | 职责描述 | 完成领导交办的、与岗位职责相关的其他临时性工作。 | | 频率 | 重要性 |
| | 工作内容 | 1 | 完成与岗位职责相关的其他临时性工作。 | | |
| | | 2 | 完成领导交代的临时性工作。 | | |

### 三、任职资格

#### （一）基本要求（由部门填写）

| 必备经验要求 | |
|---|---|
| 必备学识要求 | |
| 年龄要求 | |
| 职业素养要求（岗位操守） | 自觉遵守岗位职业规范，具备职业道德，勤勉尽责，努力追求资源效能和管理效率 |

#### （二）岗位能力要求（由项目组填写）

| | | 1级 | 2级 | 3级 | 4级 |
|---|---|---|---|---|---|
| 岗位专业能力 | 能力1： | | | | |
| | 能力2： | | | | |
| | 能力3： | | | | |
| | 能力4： | | | | |
| | 能力5： | | | | |
| | | 1级 | 2级 | 3级 | 4级 |
| 岗位个性特质 | 特质1： | | | | |
| | 特质2： | | | | |
| | 特质3： | | | | |
| | 特质4： | | | | |

### 四、职业通道

| 行政序列 | |
|---|---|

续表

| 业务序列 | |
| --- | --- |
| 五、工作环境 | |
| 工作条件 | |
| 工作时间 | |
| 出差频率 | |
| 内外部相关岗位 | |

模板使用说明如下：

（1）岗位名称。定岗方案中确定的岗位称谓。

（2）所属部门。即岗位所在部门，如属中心二级部门岗位，应具体到二级部门。

（3）岗位编号。由各部门根据公司统一部门及岗位编码规则进行岗位编号。

（4）岗位编制。见定岗方案中岗位对应的编制数。

（5）直接上级/下级。根据各部门岗位结构图来填写。

（6）岗位薪酬等级。由人力资源中心统一填写。

（7）岗位分析日期。由各部门按公司统一时间填写。

（8）岗位描述。结合部门功能定位及岗位在部门发挥的作用，来描述岗位的功能定位。

（9）四性要求。对主管级以上岗位增加对工作合法性、有效性、安全性、可持续性要求。

（10）职责描述。根据部门职责划分，将各岗位业务工作事项按照内容和逻辑关系进行归类形成岗位职责，并用精练文字予以概括描述，以"负责……+目标状语"的形式表达。

（11）工作内容。岗位某项职责对应的业务工作事项，见该岗位定事表单。

（12）工作频率。工作发生的频率，见该岗位定事表单。

（13）工作重要性。该项工作的重要性等级，A/B/C/D，见该岗位定事表单。

（14）必备经验要求。专业工作年限和技能要求。

（15）必备学识要求。最低学历和专业背景要求。

（16）年龄要求。胜任岗位工作的年龄范围。

（17）职业素养。对岗位操守和职业道德要求。

（18）岗位专业能力。岗位各项能力素质等级要求。

（19）岗位个性特质。岗位各项个性特征等级要求。

（20）职业通道。岗位人员在公司的职业发展路径。

（21）工作条件。工作的地点以及温度、噪音等。

（22）工作时间。每天或每周、每月工作时长。

（23）出差频率。每月或每季、每年出差次数。

（24）内外部相关岗位。在工作中需要协调的内外部关系。

## 3. 岗位说明书范例

岗位说明书示例如表 2-51 所示。

表 2-51　　　　　　　　　　　　　岗位说明书示例

一、岗位标识

| 岗位名称 | 人力资源中心负责人 | 所属部门 | |
|---|---|---|---|
| 岗位编号 | MYL0014-01 | 岗位编制 | 1 |
| 直接上级 | 公司副总经理 | 直接下级 | 部门所有岗位 |
| 岗位薪酬等级 | | 岗位分析日期 | ××××年××月 |
| 岗位描述<br>（功能定位） | 1. 配置三识三力三观和"四化"人才，强化各类人员管理，优化人力资源结构。<br>2. 构建并完善绩效管理体系，营造目标压力氛围，促进提升绩效产出水平。<br>3. …… | | |
| 四性要求 | 对所管辖范围内工作的合法性、有效性、安全性、可持续性负责 | | |

二、岗位主要职责

| 职责1 | 职责描述 | 负责拓宽人才引进渠道，完善培训管理体系，制订实施后备人才引进和培养计划，提升人才队伍素质水平。 | 频率 | 重要性 |
|---|---|---|---|---|

续表

| 职责1 | 工作内容 | 1 | 拓展、建立、维护与猎头公司合作关系，充分利用各种人脉资源，引进公司需要的各类中高端人才。 | 每季1次 | B |
|------|---------|---|------------------------------------------------|--------|---|
| | | 2 | …… | | |
| …… | 职责描述 | | …… | 频率 | 重要性 |
| | 工作内容 | 1 | …… | …… | …… |
| | | …… | | …… | …… |
| 职责9 | 职责描述 | | 完成领导交办的、与岗位职责相关的其他临时性工作。 | 频率 | 重要性 |
| | 工作内容 | 1 | 完成与岗位职责相关的其他临时性工作。 | 每月1次 | D |
| | | 2 | 完成领导交代的临时性工作。 | 每月1次 | D |

三、任职资格

（一）基本要求

| 必备经验要求 | 具有十五年以上大中型企业行政、人事管理工作经验，八年以上团队管理经验<br>熟悉国家、地区相关方面的法律法规及政策；精通企业管理方面的理论与实操 |
|------------|----------------------------------------------------------------|
| 必备学识要求 | 研究生及以上学历，经济管理类相关专业，高级职称 |
| 年龄要求 | 45岁以下 |
| 职业素养要求（岗位操守） | 具有敬业精神和工作责任心；工作严谨细致，处事公正，原则性强；自觉遵守岗位职业规范，具备职业道德，勤勉尽责，努力追求资源效能和管理效率 |

（二）岗位能力要求

| | | 1级 | 2级 | 3级 | 4级 |
|------|----------|-----|-----|-----|-----|
| 岗位专业能力 | 知人善用 | | | | ✓ |
| | 利益协调 | | | | ✓ |
| | 人工成本管控 | | | | ✓ |
| | 团队建设 | | | ✓ | |
| | 战略规划 | | | ✓ | |

续表

| 岗位个性特质 | | 1 级 | 2 级 | 3 级 | 4 级 |
| --- | --- | --- | --- | --- | --- |
| 岗位个性特质 | 人际敏感性 | | | | ✓ |
| | 风险意识 | | | ✓ | |
| | 亲和力 | | | | ✓ |
| | 诚信倾向 | | | ✓ | |
| 四、职业通道 | | | | | |
| 行政序列 | 主管—部长助理—副部长—部长—中心人力资源总监助理—中心人力资源副总监—中心人力资源总监 | | | | |
| 业务序列 | 业务主任助理—业务主任—高级业务主任—资深业务主任—首席业务主任 | | | | |
| 五、工作环境 | | | | | |
| 工作条件 | 一般在办公室 | | | | |
| 工作时间 | 每周不超过 40 小时 | | | | |
| 出差频率 | 每年 2—4 次 | | | | |
| 内外部相关岗位 | 公司高管、各部门负责人、生产中心和销售中心专职 HR、各部门兼职 HR、外部人力资源公司、各主要高校、猎头公司等 | | | | |

## 2.3.4　人才选配机制

1. 选配原则

（1）因岗定人原则。以岗位任职资格条件依据，设计岗位人员选拔评价指标体系，确保选任人才各方面条件符合岗位要求，推动实现"人岗匹配"。

（2）分类分层原则。根据公司的职位分类，确定不同职类的专业能力，并通过专业能力内部的等级划分来区分部长、主管和员工的能力要求差异；分层级、分部门来组织开展岗位竞聘工作，推动人才选拔的有序推进。

（3）紧密结合原则。岗位任职资格不能基于现状来设定，设计出来的能力指标应该能够充分体现公司的行业属性、公司的战略与文化、岗位的职责分工，以及该职类优秀任职者的共性能力等属性。

（4）人尽其才原则。通过全员竞岗给予每位员工展示自身才能的机会，合理开发和使用现有人力资源，尽最大可能发挥每位员工的个人优势。

（5）队伍稳定原则。规范岗位竞聘程序，设计人员分流渠道，以保护骨干员工为重点，正面引导，尽可能降低人员分流工作对队伍稳定性带来的影响。

## 2. "四岗" 优化

为实现公司人力资源结构的不断优化，提高人力资源整体素质，公司以"四化"为人才队伍建设目标，启动实施"转、换、竞、退"的四岗工作，强化人员规划与配置机制，丰富人力资源结构优化手段。具体如图2-4所示。

（1）转岗。指公司员工因各种需要而转变自身岗位工作性质的情形，包括管理型岗位向专业型岗位转换、专业型岗位向管理型岗位转换两种。

（2）换岗。指公司有计划性地安排符合一定条件的员工进行工作岗位轮换，以实现人力资源的合理配置，具体可分为发展性换岗和强制性换岗两种。

（3）竞岗。指员工参加公司内部公开招聘的岗位的角逐，通过品德、能力等因素考察之后，选取优胜者从事该岗位工作，具体可分为基于选拔更优秀人才和基于岗位优胜劣汰为目的的两种竞岗。

（4）退岗。指满足一定条件的公司员工不再从事现任岗位工作，通过正式退休、提前内部退养、进入内部劳务市场或与公司解除劳动关系等方式退出现职岗位的情形。

"四岗"是公司人力资源结构优化的重要策略，体现了岗位人员优化的具体操作技巧，已成为公司人员优化配置的一项常态化工作。"四岗"的工作方法和实施过程中积累的经验，对定人阶段中的岗位人员竞聘、选任和冗员处理工作均能起到直接指导和借鉴作用，有助于推动公司定人工作的顺利开展。

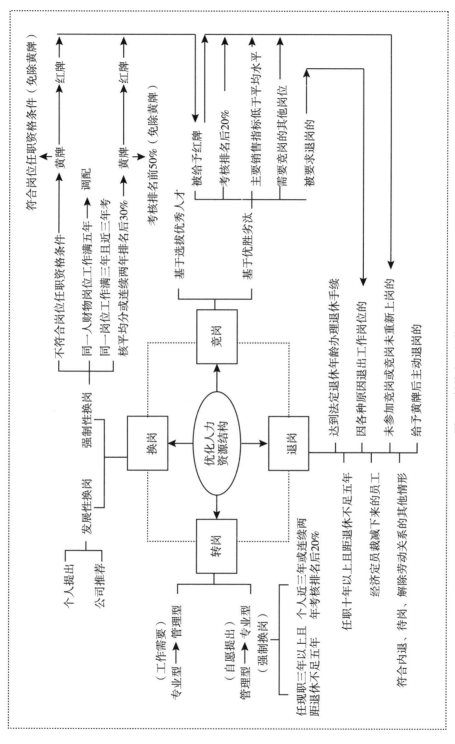

图2-4 转换竞退操作流程

### 3. "四批"工程

通过实施"四批"工程，引进一批符合"三识三力三观"人才标准的人才，淘汰一批不符合公司发展需求的人员，不断优化岗位人员。

（1）引进一批。引进对象主要针对公司人力资源现状，重点充实和优化关键业务部门、新兴业务部门，以及整体素质较为薄弱的部门和岗位，以替换无法满足工作要求的人员，强化和充实公司重点业务的力量。引进对象应符合"三识"和"四化"的基本人才标准，引进范围重点包括行业内短缺人才、新型人才、高端专业人才和有着丰富岗位经验和实践背景的专业人才。

引进一批的具体实施办法是深化落实引进一批与标杆管理相结合，对照标杆企业引进优秀人才，加大"三识"人才引进渠道的拓展力度，加强人才甄别技术和方法的研究与应用工作，加快特殊人才引进"绿色通道"建设工作。

引进对象的确定程序：各中心、部室结合本部门业务发展规划和人员现状，参照"三识"和"四化"人才标准，提出年度人员引进需求和引进标准，上报公司同意后，由人力资源中心根据实际情况定向引进。

（2）淘汰一批。按照"合适的人做合适的事"的基本原则，人员淘汰分为岗位淘汰和公司淘汰两个层级，并根据两个层级不同的要求，采取不同的措施进行人员转岗、分流与淘汰。

淘汰是深入贯彻"合适的人做合适的事"的人力资源经营理念的有效体现，淘汰不是简单地解除劳动关系，而是要依据实际情况分为公司淘汰和岗位淘汰。公司淘汰指与员工终止或解除劳动关系，岗位淘汰指通过岗位调换、降职、待岗等措施实现人力资源的再配置，做到人岗匹配。

岗位淘汰分为岗位直接淘汰和岗位考核淘汰，具体如下。

① 岗位直接淘汰指重点根据公司发展需要和市场人才状况，不断修订公司岗位任职资格标准，本着"合适的人做合适的事"的原则，对不符合岗位任职资格要求的任职者，进行岗位上的直接强制淘汰，采取转岗、分流等方式调整到符合岗位任职资格标准的岗位上去。

②岗位考核淘汰指对于在工作岗位上没有建树，缺乏创新精神，不思进取，不求无功、但求无过的人员以及连续两年考核不能进入优秀序列的人员，将进行约谈警告，在约谈后的第一个年度仍然没有改观者，将从岗位上进行直接强制淘汰，直接进入劳务市场或解除劳动关系。

公司淘汰指对员工出现严重违规违纪，工作出现重大失误，给公司带来重大经济损失，或损害公司形象的员工，以及年度考核不合格的人员，直接解除劳动合同关系。

淘汰对象原则上包括：不符合岗位任职资格要求的任职者，在工作岗位上没有建树，缺乏创新精神，不思进取，不求无功、但求无过的人员，出现严重违规违纪、工作出现重大失误、给公司带来重大经济损失的人员，损害公司形象的员工、连续两年考核不能进入优秀序列的人员或年度考核排名末位的人员等。

淘汰一批的具体实施办法是深化落实淘汰一批与绩效管理相结合，在操作上采取"和谐为上，外松内紧，确定原则，定向授权，有情操作"的原则，主要以绩效考核为依据，使淘汰与绩效管理有效结合起来。

### 4. 岗位人员优化关键点及注意事项

（1）岗位人员优化关键点。一是要始终坚持以"三识"和"四化"作为岗位人员优化标准。"三识""四化"是岗位任职资格条件提炼和人员甄选评价指标设计的重要依据，指导公司内部人才选拔和外部人才引进工作；培养对象的确定要以"三识"为标准，人才培养的最终目的也是为了提升个体和组织的"四化"水平。

二是要制定规范岗位说明书。岗位说明书中需明确岗位各项职责、具体的工作内容、岗位任职资格，并在竞聘前予以公布，使参与竞聘人员做到心中有数，根据个人职业发展规划和岗位设置情况选择适合自己的竞聘岗位，同时体现竞聘工作的公正性和公开性。

三是要做好竞聘组织工作。一般岗位竞聘的工作量较大，需要由各中心、部门自行组织开展，根据自身特点，做好竞聘方案制订、竞聘评分表设计等相关准备，确保岗位竞聘工作的有序开展；人力资源中心要参与各

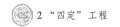 

部门竞聘工作，确保竞聘过程公平、公正。

四是要做好人才培养资源保障。针对各类人才特点，需制订针对性和差异化的培养计划，适时开发和引进配套的培训课程，建立相应的考核机制，确保各项专题培训项目达到预期目标。

（2）岗位人员优化的注意事项。一是竞聘信息传达到位。各部门负责人和实施小组成员必须及时将公司竞聘通知、各岗位说明书等信息传达至现有人员，对于出差或休假人员要确保通知到位。

二是注重竞聘信息的保密性。由人力资源中心统一收集所有员工的竞聘申请表，汇总后提交各部门负责人，整个流程涉及的相关人员应对竞聘岗位信息保密，确保竞聘工作的公平性。

三是注意评分标准的一致性。在开始现场答辩前，应对竞聘评委进行评价标准方面的培训，以便在评分时统一尺度，从而保证评价结果客观性。

四是注重人才培养工作的持续创新。定期对各类人才培养项目的实施效果进行总结评估，不断优化培养方式和培训课程设计，持续更新人才知识水平，提升人才能力素质，满足岗位对任职者的动态要求。

### 2.3.5 冗员处理

冗员处理是定人阶段的收尾工作，也是保证定人达到预期效果的关键环节。冗员处理工作做得好，有利于巩固"四定"工作成果，也有利于员工关系的和谐稳定，还可以促进、引导员工向正确的方向自我成长。

#### 1. 前期准备

冗员处理虽然是"四定"工作的收尾环节，但应将该工作适当向前延伸，提前介入，适时跟进，确保冗员处理顺利进行。冗员处理的前期准备工作应从如下几方面着手。

（1）定岗定编时。在部门定事后的定岗环节中，可以根据岗位定编情况大致预测各部门有多少编制，和实际人数相差多少，估算出哪些部门人员有富余，哪些部门编制有缺员的情况。

（2）岗位竞聘前。将各部门的岗位详细情况公布给员工，并动员符合目标岗位任职资格条件的员工积极报名参加岗位竞聘，在保证人岗匹配的前提下，尽可能充分地进行内部整合和调配。

（3）岗位竞聘中。在进行岗位竞聘的同时，人力资源中心应广泛收集公司本部一线岗位和子公司相关岗位的需求情况，筛选出适合公司富余人员的目标岗位，将筛选的岗位信息分类汇总，整理好后发给各部门负责人，做好岗位推荐的准备工作。

### 2. 冗员处理流程

前期准备工作对冗员处理起着决定性的作用，有了前期较好的铺垫后，即可开始进行冗员处理，具体操作流程如下。

（1）竞聘后面谈。岗位竞聘结束后，首先由各部门负责人与参加本部门竞聘的员工面谈，通知竞聘结果，将参加本部门岗位竞聘后未上岗的员工作为重点面谈对象，了解其参加其他岗位的竞聘情况，安抚情绪，结合其个人职业发展计划，适时推荐集团内的其他招聘岗位供其选择。

（2）专业指导。对于已确定有富余员工的部门，人力资源中心应直接介入人员安置与处理工作中。根据员工的自身情况，包括：性别、年龄、岗职、综合素质、性格特点、近年考核情况、公司工作年限、劳动合同签订情况以及过往工作业绩等，与部门负责人分析针对每个富余员工适合采取哪种或哪几种分流处理方法，评估所选择的处理方法的可行性，指导部门负责人与员工进行第一阶段面谈。本阶段面谈的目的在于进一步掌握员工的思想动态，并引导员工向合适的途径平稳过渡，此时应酌情再次向员工推荐集团内的招聘岗位，给员工提供充足的再就业信息。

（3）冗员处理。各部门负责人进行第一阶段面谈后，对于较棘手的员工，由人力资源中心选择适当的时机进行进一步面谈，从公司层面晓之以理，引导员工顺利分流。经过前几轮工作后，大多数富余员工基本可以采取岗位转型、提前退休、终止返聘、协商离岗等方法进行分流处理，对于无法采用上述方法分流的员工，必须考虑劳动关系解除的方式处理。

### 3. 冗员处理方式

冗员处理方式主要有：岗位转型、内部退养、提前退休、终止返聘、协商离岗、解除劳动关系六种方式。

（1）岗位转型。是指员工由管理工作向业务工作转型。适用于可塑性较强的年轻员工，在公司工作年限较长采用解除劳动关系方式的成本较高或不能内退、提前退休的员工。

（2）提前退休。是指女性员工年龄达到 50 岁，经当事人申请，公司审批同意后，可以配合为其办理正式退休手续。

（3）终止返聘。主要针对退休返聘的员工，包括仍在返聘协议期内或即将返聘到期的，由各部门负责人与员工协商让其提前退出岗位。

（4）协商离岗。主要针对因身体状况不佳不适宜在原岗位工作，或工作绩效较差不能胜任原岗位工作的员工，可以协商让员工主动提出离岗。

（5）解除劳动关系。主要针对工作绩效较差且协商离岗未能达成一致的员工，或在分流安置过程中极其不予以配合的员工，应与其协商解除劳动关系。

### 4. 冗员处理关键点及注意事项

（1）各种处理方式关键点。

① 岗位转型。此方式的关键点在于：首先，人力资源中心需要及时整合、发布当前集团内空缺的工作岗位；其次，各部门负责人要积极推荐相关岗位，人力资源中心要适当引导员工发现自己的潜力和优势，客观介绍相关岗位的详细情况，并从员工自身特质和专业工作经验等角度为员工做好职业生涯发展规划；最后，应认真解答员工提出的疑问，灵活运用分流政策帮助解决员工困难，促成岗位转型。

② 提前退休。此方式的关键点在于：首先，个人条件必须符合国家退休政策规定；其次，需征求员工的同意，不可因人员处理压力强迫或威胁员工接受此方式；最后，办理流程需符合国家规定，避免因退休手续不

规范而引发的劳动纠纷。

③ 终止返聘。此方式相对比较容易，只需注意谈话的方式，向退休返聘员工说明情况，动之以情、晓之以理，即可妥善处理。

④ 协商离岗。此方式的关键点在于：面谈之前要充分收集员工不能胜任原工作岗位的证据，如考核情况、工作中的错漏、违法或违纪情况等。

⑤ 解除劳动关系。此办法的关键点在于：解除劳动关系手续应符合劳动合同法及相关法律规定，解除劳动合同协议应全面考虑存续期间的所有问题，包括薪酬、社保、劳动合同签订、劳动关系归属等，确保劳动关系解除后不会发生劳动纠纷。

（2）冗员处理注意事项。

① "四定"工程实施期间全面冻员。"四定"工程启动实施后，开始实行全面"冻员"，员工退休、离职出现岗位空缺时，除了中高端和稀缺人才外，原则上不得从公司外部招聘补充，但允许内部调动，以提前释放后期人员分流的压力。

② 保持沟通渠道畅通。冗员处理其实就是沟通协调的过程，部门负责人和员工之间、部门负责人和人力资源中心工作人员之间、人力资源中心工作人员与富余人员之间，都应保持沟通顺畅，及时反馈面谈信息、日常工作或管理信息，以便共同寻找和商定解决问题的方案。

③ 关注冗员，防患于未然。"四定"工作一开始，各部门负责人就应多关注员工的思想动态，积极宣传"四定"工作的意义和目的，让员工保持平和稳定的心态。岗位竞聘结束后，要多关注未能竞聘上岗的员工。一方面要防范员工出现过激的举动，关注他们的思想动态，及时做好安抚和沟通工作；另一方面，要加强未竞聘上岗员工的日常管理，如员工出现消极怠工、旷工等违反公司制度的行为时要及时向人力资源中心反映，采取适当的措施进行处理。

④ 处理过程必须合情、合理、合法，避免劳动纠纷。冗员处理过程本身就存在极大的不确定性和风险，在选择处理方法时，除了考虑是否适合外，还要考虑所选办法可能存在的劳动风险，能否通过操作来将风险予

以规避。比如，采用岗位转型的员工，在手续上必须由个人提出调动申请，如果是转子公司的情形，必须先办理离职手续，再与子公司办理建立劳动关系的手续，以避免劳动关系变更产生的劳动纠纷。

5. 冗员处理典型案例①

## 转岗典型案例

### 一、案例概述

王某，女，大专，平面设计专业，27 岁，2007 年 7 月入职后在产品包装设计岗位工作至 2011 年 12 月，因个人发展原因，经本人申请，公司批准，同意转岗至包装材料采购岗位。"四定"之前，其刚刚与公司续签了 3 年期限劳动合同，工作期间无不良表现。"四定"工作实施后，因该部门要缩减一个岗位编制，所以，该部门必须分流一人。在公司组织的岗位竞聘中，该员工的竞聘本岗位的分数处于末位，同时经部门动员，该员工也参加了另外一个岗位的竞聘，但终因工作经验及学历方面没有优势而以失败告终。因此，部门最后不得不决定将其分流。

### 二、案例分析与实操

1. 分流对象的特点分析

（1）造成竞聘失败的原因。该员工所学专业与竞聘的管理岗位匹配度不高，并且学历没有达到所竞聘岗位的要求，专业工作经验没有同岗位竞聘人员丰富，是造成竞争力不够的主要原因。

（2）该员工的优势。较年轻，具备调整职业发展方向的条件；4 年多平面设计经验，专业背景较好；公司工作年限 6 年，并且在职期间无不良表现，对公司认可度高。

2. 分流方式的选择

冗员处理的方式有六种：岗位转型、提前退休、终止返聘、协商

---

① 参见陶六宴、熊伟：《"四定"工程》，内部资料。

离岗、解除劳动关系。鉴于该员工年龄不大，我们可以考虑的分流方式是岗位转型、协商离岗和解除劳动关系。首先，该员工在岗期间有较好的工作表现，不属于不能胜任工作岗位或客观原因不适应工作岗位的情况，所以，协商离岗不适用于该员工。其次，该员工有6年的工龄，如果协商解除不仅会产生一笔不小的补偿金，而且，也有悖于公司"让合适的人做合适的事"的用人理念和"四定"的工作宗旨。因此，对于该员工，我们应优先考虑岗位转型，如岗位转型不成，再考虑解除劳动关系。

3. 转型岗位的选择

在冗员处理的前期准备工作中，我们已经将集团内的资源进行了整合和筛选，收集的岗位涵盖销售类（电商、销售代表）、生产类（操作工）、管理类（仓储管理）、技术类（平面设计）、后勤类（保洁、护卫）。

根据该员工的专业背景、工作经历和经验，从职业生涯前景和个人专业特点的角度来看，可以选择仓储管理和平面设计岗位。

4. 推介职位

人力资源中心与部门负责人选择了处理方法后，由部门负责人与该员工面谈，告知竞聘结果，安抚情绪，帮助寻找解决办法，引导其考虑在集团内转岗。其间，人力资源中心适时介入，帮助该员工分析自身的特点，倾听其后期发展意向，从职业发展角度来提出建议。选择适当的时机，向该员工推荐前期已选择的岗位，并详细介绍所选岗位的相关情况，比如，上班地点、上班时间、薪酬待遇、职业发展路径等员工关注的问题，宣传转岗后公司配套的工资补贴政策，解决员工的后顾之忧。

5. 结果确定

在为该员工推荐岗位，并宣传"四定"期间转岗配套政策后，给予其三至五天消化信息和综合考虑的时间。这期间，人力资源中心耐心解答员工提出的问题，帮助其消除了顾虑，最后决定向适合自己的平面设计专业方向转型。

公司战略分解而来的各项工作任务最终都需要依赖岗位上的人来完成,因此定人的重要性不言而喻。定人是以"三识、三力、三观"和"四化"的人才标准为依据,设计岗位任职资格体系,通过实施"四批"和"四岗"的人员优化策略,为各岗位配备合适的人才,确保事事能被做得有效率,从而保障组织目标有效实现。

## 2.4 定薪

定薪是通过建立和完善具有竞争力和公平性的薪酬体系,充分发挥薪酬正面指挥棒的作用,引导员工通过改进自身工作态度、提升自身能力和素质、提高自身工作绩效来获得薪酬水平的提高,建立基于价值创造的收入分配机制,提高员工薪酬满意度,并最终实现员工个人成长与公司发展的双赢目的。

定薪阶段工作主要包括以下内容:一是薪酬分析诊断。根据薪酬政策的运行情况和公司发展阶段需要,评估现有薪酬结构、薪酬依据、薪酬水平等,发现其中存在的问题,并提出薪酬调整的方向。二是岗位价值评估。针对薪酬结构中发现的岗位价值等级不合理问题,设计岗位评价指标体系,对岗位价值进行重新评估,形成新的岗位价值等级。三是薪酬方案优化。根据薪酬调整方向,对现有薪酬体系、薪酬结构、薪酬依据、薪酬水平等进行重新优化调整,明确后期的薪酬管理规划。

### 2.4.1 薪酬诊断分析

薪酬诊断是进行薪酬管理调整或变革的前提,是在对公司现有薪酬管理诸环节运行的实际情况和发展趋势进行调查分析的基础上,评估企业薪酬理念、薪酬结构、薪酬依据、薪酬水平、薪酬支付形式等一系列薪酬管理工作的性质和特点,发现其中存在的问题,提出合理意见和改革方案的过程。在薪酬设计上,永远没有唯一的做法,所以薪酬诊断的关键在于判断现行的薪酬制度是否符合公司自身业务特点。

1. 薪酬诊断方法

一般而言，薪酬诊断分析必须运用一些定性或定量的分析技术作为支持，具体包括以下几种方法。

（1）定性分析方法。常用的定性分析法包括：问卷调查法、德尔菲法、关键员工面谈法等。

① 问卷调查法。即通过问卷了解目前企业的薪酬状况与员工的薪酬满意度。依据不同的薪酬诊断目的，可以设计出调查对象不同、结构不同、调查内容不同的问卷，进而对调查结果进行加工、分析、核对后制定出相应的改革措施。

② 德尔菲法。即由诊断人员对企业有关薪酬管理方面的数据或抽样样本进行分析，并以不记名的方式对几个主要方面的问题做出初步诊断报告，再将可供选择的诊断结果制成一览表，发送给企业有关薪酬决策人员和参与人员，要求对此提供反馈或不同意见。

③ 关键员工面谈法。即通过与关键员工面对面提问的方法来直接询问或者征求被调查者的意见。一般来说，优秀的诊断者只需要与少数关键人物进行面谈，即可对企业运转状况有较准确的认识，并对整个薪酬体系有全面的概念。

（2）定量分析方法。常用的定量分析法包括：相关分析、回归分析和统计分析法等。

① 相关分析。相关分析就是度量两个或两个以上变量之间的相关程度，比如员工受教育程度和薪酬所得之间是否存在着相关关系。

② 回归分析。回归分析的目的是利用两个或两个以上变量之间的关系，用已知的变量来推断未知的变量。在薪酬诊断中应用回归分析时，一些可能的因变量包括：员工薪酬满意度、薪酬内部公平性、薪酬外部竞争力、员工工作效率等。可以作为自变量的有：薪酬支付形式、薪酬水平、薪酬结构、薪酬体系、薪酬与绩效对接、薪酬政策制定等。

③ 统计分析。统计分析法，即采用数理统计方法对企业提供的薪酬信息以及通过薪酬调查获得的薪酬数据进行分析综合，揭示某方面的变动

趋势的方法。它最大的优点在于分析手段比较客观，所得出的数据也较有说服力。

公司薪酬诊断分析阶段采取的是定性和定量相结合的方法，其中：定性分析方面主要是基于员工日常工作中提出的意见和诉求，同时结合"四定"过程中问卷调查和现场访谈的结果，全面收集公司各级人员对于现有薪酬结构、薪酬依据、薪酬水平、薪酬支付方式的意见和建议；定量分析方面主要采用了统计分析办法，通过统计分析现有人员实际工资水平、实际工资与福利、固定工资与浮动工资占比等，运用一系列数据直观反映现有薪酬体系存在的主要问题。

2. 薪酬诊断内容

（1）薪酬结构诊断。公司各类人员薪酬均由基本薪酬、效益薪酬和奖励薪酬三大部分组成，结合各类人员业务实际，各构成部分下面可分设若干薪酬项目。薪酬结构的诊断主要从以下几个方面进行。

① 薪酬固浮比是否合理。主要诊断效益薪酬、奖励薪酬等浮动部分占整体薪酬的比重是否符合各类人员的岗位工作性质，比如：销售一线人员、生产一线人员浮动部分占比应该相对较高，鼓励多劳多得，但从保障员工基本生活出发，也不宜设置过高；相反，技术、研发人员属于知识型员工，主要通过智力输出来创造价值贡献，这类人员薪酬固定部分占比应该相对较高，以利于人才稳定。

② 薪酬子项目设置是否合理。主要诊断基本薪酬、效益薪酬下设的子项目是否符合激励导向和业务实际，比如：管理人员基本薪酬中工龄工资设置在导向上存在不合理；销售一线和生产一线人员基本薪酬中未设置学历相关的薪酬项目，不利于引导人员主动提升学历水平。

③ 薪酬子项目结构占比是否合理。主要诊断效益薪酬下设的各子项目的占比是否符合该类人员的价值导向，比如：销售、生产、电商等业务部门的效益薪酬中过于强调经营指标达成相关的任务薪酬，与部门价值相关的专项工作在薪酬中未得到体现或关联力度较小。

（2）薪酬依据诊断。薪酬依据是指能体现各薪酬项目对应的价值贡献，直接反映了岗位属性、人员能力和绩效水平。薪酬依据的诊断主要从以下两个方面进行。

① 基本薪酬依据是否合理。主要结合各类人员的岗位特性以及对人员要求，诊断是否在现有的薪酬项目设计中得到充分体现。包括：岗位工资是否体现工作强度、工作难度和工作影响度上的差异；人员的学识和见识水平在薪酬上是否有所体现，阶层设计是否合理等；根据工作性质，设计各类津贴等。

② 效益薪酬依据是否合理。主要评估：各类人员效益薪酬下设子项目是否与个人实际工作内容相关，是否体现价值贡献；效益薪酬是否与绩效联动，是否对员工有激励作用；绩效管理制度是否完善，绩效考核指标设计是否贴合实际。

（3）薪酬水平诊断。薪酬水平诊断实际上是对薪酬外部竞争力的诊断，是对各部门、各岗位以及整个公司平均薪酬数额或者水平的诊断，主要从以下几个方面进行。

① 薪酬外部竞争力诊断。在薪酬调查基础上，将公司薪酬水平与市场工资率进行比较；公司在做薪酬调查时，是否对行业、区域和竞争对手进行了调查并获得了正确的信息；公司是否选择了正确的薪酬决策类型，属于领先型、追随型、滞后型还是综合型。

② 薪酬内部公平性诊断。主要从横向和纵向上来进行诊断，纵向与上级、下级相比较，横向与其他部门同层级人员相比较，综合考虑岗位所承担的责任、压力、贡献等因素，评估薪酬水平内部公平性。

③ 薪酬水平定位是否具有差异化。是否对核心员工采取领先型的薪酬策略，薪酬水平设计是否有利于人员内部流动。

④ 是否具有正常的薪酬增长机制。是否有正常的工资总额增长机制、个体薪酬总额是否存在正常的增长机制。

⑤ 薪酬预算、控制方式是否合理。薪酬预算是否考虑外部市场环境和企业内部环境；公司年度加薪幅度是否控制在合理的范围内；薪酬总额"三低一高"指标是否得到有效控制。

3. 薪酬诊断流程

薪酬诊断程序一般分为四个步骤：收集资料、整理分析诊断数据、提交薪酬诊断报告、指导实施薪酬调整。

（1）收集资料。根据不同的诊断对象，对所收集资料的内容及要求也不一样，进行全面诊断所需收集资料主要包括以下几方面。

① 基础数据资料。包括公司基本情况、人员结构、经营战略、人力资源理念等。

② 现有薪酬资料。包括公司目前实施的薪酬制度、薪酬体系、薪酬结构、薪酬支付情况等。

③ 同行业及其他类似企业的相关资料。收集资料要确保准确、详细，以提高诊断的可靠性。

（2）整理和分析诊断。在核实资料的基础上进行分析研究，运用定性分析和定量分析的方法与工具进行分析，最后作出正确的判断结论，确认症结所在。

（3）提出诊断报告。正文包括除诊断对象、诊断依据的资料来源、诊断指标体系、诊断方法、企业薪酬管理的现状及问题描述、企业薪酬管理完善的思路分析和诊断结论、影响公司薪酬水平的外部条件和因素、对目前弊病治理方案、公司未来薪酬趋势的预测等。

（4）指导实施薪酬调整。薪酬改革方案在公司实施的效果不仅取决于方案本身是否科学合理，还取决于方案在落实过程中的实施方式和执行力度。这就需要诊断人员指导方案实施的具体操作步骤，给出专业指导和相关评估，以便达到薪酬诊断的预期效果。

### 2.4.2 岗位价值评估

岗位价值评估是在岗位描述的基础上，对岗位本身所具备的特征，如岗位对企业的重要性、职责范围、任职条件和环境条件等进行评价，以确定岗位在企业内部的相对价值和岗位等级结构的过程。实行岗位价值评估的主要目的就是通过建立客观的工资等级结构，使员工感受到工资分级的科学性，引导员工通过提升自身能力和素质来向岗位价值高的岗位流动，实现薪酬的内部公平。

1. 评估方法

岗位价值评估方法一般有排序法、分类法、要素比较法、评分法四种。

（1）排序法。排序法是一种较为简单的岗位价值评估方法，它根据岗位对于组织成功所作出的贡献来将岗位价值进行从高到低的排序。在运用这一方法时，要求评价者对需要评价的岗位非常熟悉，否则就不可能作出准确的判断。排序法通常适用于规模较小、岗位数量不多、岗位设置较稳定的企业。

（2）分类法。分类法是将企业的所有岗位根据工作内容、工作职责、任职资格等方面的不同要求，划分不同的类别，一般可分为管理类、事务类、技术类及营销类等，然后给每一类确定一个岗位价值的范围，并且对同一类的岗位进行排列，从而确定每个岗位不同的岗位价值。分类法最初是由美国联邦政府开始使用，其特点是能够快速地对大量岗位进行评价。

（3）要素比较法。要素比较法是一种相对量化的岗位评价技术。要素评价法不用关心具体岗位的岗位职责和任职资格，而是将所有岗位的内容抽象为若干个要素，一般将其抽象为智力、技能、体力、责任及工作条件五种要素，并对各要素区分成多个不同的等级，然后再根据岗位的内容将不同要素和不同的等级对应起来，最后则要把每个岗位在各个要素上的得分通过加权得出一个总分，这样就得到一个总体岗位价值分。

（4）评分法。评分法是目前薪酬设计中运用最广泛的一种岗位评价方法，它也是一种量化的岗位评价方法。这种方法要求首先选择、确定岗位关键评价要素和权重，并对各评价要素划分等级并分别赋予分值，然后对每个岗位进行评估。它需要用到的报酬要素比其他方法更多。

公司岗位价值评估工作采用的是四要素法，设计了岗位评价指标体系，从岗位价值、岗位责任、岗位技能和工作环境四个维度来对岗位价值进行评价。成立岗位评价机构，由公司高层、部门负责人、外部专家组

成，采用分级、分职类的方式进行评价打分。具体如表 2-52 所示。

表 2-52 岗位价值评价指标及权重表

| 要素 | 分值 | 指标 | 指标内涵 | 一级 | 二级 | 三级 | 四级 | 五级 |
|---|---|---|---|---|---|---|---|---|
| 岗位价值 | 400 | 1. 工作复杂性 | 完成工作的难度或完成工作过程所需要的技巧程度 | 20 | 40 | 60 | 80 | 100 |
| | | 2. 工作创造性 | 工作有章可循或需要无先例的决策和执行的程度 | 20 | 40 | 60 | 80 | 100 |
| | | 3. 战略契合度 | 岗位角色定位或价值与公司未来战略发展方向的一致程度 | 20 | 40 | 60 | 80 | 100 |
| | | 4. 工作多样性 | 岗位承担的不同性质或独立工作模块的数量多少（一人多岗） | 10 | 20 | 30 | 40 | 50 |
| | | 5. 偶发性工作/加班时间 | 完成临时性工作的数量或加班的程度 | 10 | 20 | 30 | 40 | 50 |
| 岗位责任 | 300 | 6. 管理决策责任 | 岗位进行独立决策或提供决策建议的程度 | 15 | 30 | 45 | 60 | 75 |
| | | 7. 监督指导责任 | 岗位管辖范围或直接、间接管理的下属的总人数多少 | 15 | 30 | 45 | 60 | 75 |
| | | 8. 风险控制责任 | 对公司、部门或岗位经营风险的影响程度 | 15 | 30 | 45 | 60 | 75 |
| | | 9. 安全事故责任 | 对公司、部门或岗位安全事故率的影响程度 | 15 | 30 | 45 | 60 | 75 |
| 岗位技能 | 200 | 10. 能力素质等级 | 参考岗位说明书中的岗位专业能力标准 | 15 | 30 | 45 | 60 | |
| | | 11. 个性特质等级 | 参考岗位说明书中的岗位个性特质标准 | 10 | 20 | 30 | 40 | |
| | | 12. 岗位所需学历 | 四个等级：专科及以下；本科；硕士；硕士以上（博士/博士后） | 15 | 30 | 45 | 60 | |
| | | 13. 经验/经历 | 四个等级：1 年及以下；1—3 年；3—5 年；5 年以上 | 10 | 20 | 30 | 40 | |

| 要素 | 分值 | 指标 | 指标内涵 | 一级 | 二级 | 三级 | 四级 | 五级 |
|---|---|---|---|---|---|---|---|---|
| 工作<br>条件 | 100 | 14. 工作环境 | 工作过程中面临的高温高压、粉尘、噪音、辐射、不洁程度 | 10 | 20 | 30 | 40 | 50 |
| | | 15. 出差频率 | 每月在工作所在地之外城市工作的频率或天数 | 10 | 20 | 30 | 40 | 50 |
| 合计 | 1000 | — | — | 200 | 400 | 600 | 800 | 1000 |

#### 2. 评估流程

（1）评估组织结构。成立岗位评价领导小组，公司董事长任组长、总经理及其他高层领导任组员，负责审议、确定岗位评价相关制度及评价结果；成立岗位评价委员会，由公司高层、部门负责人、外部专家组成，负责进行岗位评价；成立岗位评价工作小组（内设在人力资源中心），负责组织开展岗位评价。

（2）评价岗位梳理。岗位评价工作小组根据岗位设置情况及需要，明确岗位评价的对象岗位，并制作评价岗位清单。

（3）评价指标、标准及方法设计。经过人力资源中心相关负责人与外部专家充分讨论协商，确定评价指标、标准及方法。

（4）岗位评价委员遴选。岗位评价工作小组根据评价岗位情况，根据适当比例，选取人选作为岗位评价委员参加岗位评价。

（5）岗位评价培训。岗位评价前应对岗位评价委员进行专门培训，系统介绍岗位评价的目的、原则、基本方法和注意事项。

（6）现场试评价。在完成岗位评价培训后，选取若干岗位进行试评价。

（7）岗位实际评分。通过培训、部门情况介绍和试评价过程，评价委员比较全面地掌握岗位评价的方法后，由评价委员对需评价岗位进行实际评分。

（8）数据处理。对各评价委员的评价结果进行统计汇总，计算算术平均数。

（9）得出初步岗位分级结果。根据各岗位的评价结果，对照岗位分级区间表，得出评价岗位的岗级。

（10）岗位岗级最终结果。对个别有需要调整的岗位，根据是否符合战略发展方向、岗位可替代程度的高低、在公司中处于关键管控节点/管控核心资源三个典型要素，对岗级进行调整。汇总初步岗位分级结果和个别调整结果，形成评价岗位的岗级，报岗位评价领导小组审议。

3. 评估要求

（1）评估主体选择。具有客观、公正的态度，能够从单位全局角度思考问题；具有多部门、多专业的工作经历，熟悉单位内部各项工作，至少对若干方面较为熟悉，同时了解其他方面的工作；涵盖单位的领导、中层负责人和部门骨干或关键岗位员工。

（2）评估主体要求。岗位评价是对岗位价值的综合评价，针对岗位本身，而不是岗位的任职者，因此评价过程中要求评价者客观、公正，具有公信力，不能牵涉评价者的个人利益；岗位评价应当在人员和时间上保持一致，评价者之间不得协商，并保持统一的评价尺度，保证评价结果不受无关因素的干扰。

（3）评估过程要求。岗位评价采用分级评价方式，分职类分别评分，并在各职类内部进行岗位分级；评价委员对所有岗位的同一评价要素进行逐一评分，而不是对一个岗位的所有评价要素一次性完成评分，便于不同岗位在同一要素之间的相互比较和平衡。

（4）评价结果要求。岗位评价的分数必须以准确的信息为基础，以正确的处理为过程，以精确的计算为结果，从而体现岗位评价的准确性；评价委员完成所有的岗位评分后，要对不同岗位的总分进行横向比较和平衡，如认为岗位之间的排序存在不合理情况，在分析鉴别合理性之后应对要素评分进行调整。

### 2.4.3　薪酬优化设计

1. 优化设计原则

（1）战略性原则。薪酬制度需体现战略导向，即应该根据公司战略给付薪酬，驱动和鞭策有利于企业发展战略的因素的成长和提高，同时使那些不利于企业发展战略的因素得到有效遏制、消退和淘汰。

（2）功能性原则。针对不同的岗位，应根据岗位职责、工作性质设计不同的薪酬结构，以保证薪酬与工作事项的匹配性。如结果性导向的销售类岗位实行底薪+提成的薪酬结构、过程和结果导向的研发类岗位实行基本工资+项目工资的薪酬结构等。

（3）竞争性原则。通过外部调研了解同行业薪酬市场的水平和竞争对手的薪酬水平，保证公司薪酬一般水平在同行业或同等岗位上具有一定的竞争力，能充分地吸引和留住企业发展所需的关键性人才；针对目标人才对待遇特殊要求，在不突破现有薪酬体系框架的情况下给予满足。

（4）公平性原则。按照承担的责任大小，需要的知识能力的高低，以及工作性质要求的不同，在薪酬上合理体现不同层级、不同职系、不同岗位以及不同绩效表现在企业中的价值差异；薪酬方案对范围内的所有人员而言机会均等，每个人均能通过努力获得薪酬增长。

（5）成长性原则。薪酬体系需与绩效考核、先进评选等工作进行有效对接和联动，激励员工通过不断创造业绩增量来获得增长性报酬，从而体现薪酬的动态成长性。

（6）匹配性原则。一方面要基于数据测算结果来进行设计或优化，薪酬总体支出需与公司整体发展相匹配，薪酬总额要控制在预算范围内，即与公司的经济效益和承受能力保持内在一致，确保公司与员工的协调发展、共同成长；另一方面在各部门、各岗位、各个员工间进行具体薪酬分配时要切实贯彻"按劳分配、多劳多得、效率优先、兼顾公平"的导向，体现与劳动量、劳动强度、价值创造等因素的匹配性。

2. 薪酬结构设计

薪酬构成包括三个部分：基本薪酬、效益薪酬和奖励薪酬。根据人员类别不同，薪酬各部分结构占比也有所差异，原则上业务部门人员薪酬浮动部分占比相对较高，职能部门人员薪酬浮动部分占比则相对较低。

（1）基本薪酬。基本薪酬是保障员工基本生活需要、定期计发、数额固定的薪资报酬，主要考量岗位价值因素和能力价值中的岗位胜任力，强调保健性，是员工工作稳定性的基础，是员工安全感的保证。同一岗位的基本薪酬根据胜任力评估和人岗匹配度区分不同级别。基本薪酬涉及工资项目一般包括以下几种。

① 岗位工资。基于岗位类别、能力等级、职务级别、年功等因素核定的，属于固定工资性质，只要个人能力与岗位要求匹配，可享受该岗位对应的岗位工资。

② 技能工资。员工具备所在岗位要求的管理或专业技术能力，并能够在工作实践中表现出应有的水准，促进业绩水平的提升，可享受相应的技能工资。技能工资一般包括：行政/业务序列津贴、专业技术津贴。

③ 辅助工资。岗位工作对员工的额外要求而需要给予的津贴，如：特殊工作环境的岗位津贴、驻外人员的外派津贴或差旅费津贴、学历津贴等。

（2）效益薪酬。效益薪酬是激励员工创造业绩、分段计发、数额浮动的薪资报酬，主要根据绩效表现，严格考量贡献价值因素。效益薪酬强调激励性，与员工创造性及绩效表现相匹配。效益薪酬涉及的工资项目一般包括以下几种。

① 绩效工资。依据员工绩效完成情况计发的工资，与个人绩效考核得分或任务完成率挂钩，一般按月度、季度、年度发放。

② 增量工资。员工当年任务指标完成较上年有增量，根据实际业绩增量和约定的计提系数计发增量工资；员工在工作中创造了其他增量贡献的，经过考量评估后计发增量工资。

③ 项目薪酬。员工所从事岗位工作以项目开发为主的，可根据项目

里程碑达成情况，分阶段计发项目薪酬。

④ 兼职津贴。员工利用自身专业优势或业余时间，兼职部门内外部岗位工作的，根据兼职性质可享受相应的兼职津贴。

⑤ 人才专项津贴。针对公司引进的中高端人才、关键人才和部分岗位紧缺人才，引进初期可适当给予一定额度的津贴，后期逐步过渡到现有薪酬体系。

⑥ 其他工资。结合部门实际灵活设置的补充工资项目，如全勤奖、加班奖励等。

（3）奖励薪酬。奖励薪酬是进一步激励员工创造超预期业绩、超岗位业绩、以特殊方式计发、数额跨度较大的薪资报酬，综合考量贡献价值因素及其战略影响。奖励薪酬强调超常规与灵活性，是薪酬结构中的或有项目，不依赖于岗位限制，不依赖于常识水平，不依赖于考核设定。奖励薪酬涉及的工资项目一般包括以下几种。

① 目标达成奖励。针对业务管理人员，若所承接的经营任务指标完成情况较好，可给予相应的达成奖励，奖励周期一般为季度或年度。

② 利润提成奖励。针对新兴业务部门的管理团队，可根据销售利润的达成情况，给予相应的提成奖励，奖励周期一般为年度。

③ 项目奖励。员工所参与项目获得公司奖励的，根据个人项目角色、贡献大小来参与奖励二次分配。

④ 先进奖励。员工获评公司先进个人的，可享受相应的奖励。

⑤ 骨干分红。达到一定岗位职级或岗位价值较高的员工，业绩表现达到预期，可参与享受骨干分红奖励。

⑥ 股权激励。针对业绩贡献较大的员工，可适时给予股权激励，实现与公司共享利益、共担风险。

3. 薪酬依据设计

公司按照传统的 3PM 薪酬模型来进行薪酬方案设计，以岗位因素、个人因素、业绩因素以及人力资源市场价格为依据进行分配。主要考虑因素如下。

（1）岗位价值。岗位价值主要是指岗位本身在组织体系中所承担的责任、在组织价值链条中的相对价值。主要考虑薪酬给付对象所在岗位的责任大小及相对重要性，明确相应的岗位薪酬标准，即"依据岗位价值给付"。

（2）贡献价值。贡献价值主要是指员工所创造的实质业绩贡献，实质是基于可评议、可测量的效益。贡献价值的表现形式和衡量方式因内外部条件和个体需求层次不同而呈现多种多样的差异化特征。主要考量员工所创造的业绩贡献多少、相对重要性及个体业绩对整体业绩的持续影响程度，通过绩效考核制定相应的绩效薪酬标准，即"根据绩效表现及其贡献价值给付"。

（3）能力价值。能力价值主要是指员工履职胜任力，包括员工对岗位职责的履职能力，以及依托个体能力或团队能力为公司战略实施和持续发展所创造的高成长、超常规、大影响的工作突破，实质是基于结果验证的能力。能力贡献主要考量薪酬给付对象本身所承载的知识、技能和经验的高低、相对重要性及其转化出来的结果，明确能力薪酬标准，即"依据发展所需能力及其影响价值给付"。

（4）市场行情。市场行情主要是指劳动力市场供求状况，区域薪酬水平、同行业薪酬水平和竞争对手的薪酬水平。市场行情的掌握主要是通过薪酬调研来实现，目的是了解当前各岗位薪酬水平在外部市场的竞争性，结合公司市场地位、人力资源储备和盈利情况，选择合适的薪酬策略来调整薪酬水平，即"结合市场行情给付"。

### 4. 薪酬模式优化

薪酬模式优化主要以价值创造为核心导向，依据价值贡献来给付薪酬，并建立一厂多制的薪酬分配模式，以适应各类业务发展需求，具体包括以下五种模式。

（1）基于创造价值的薪酬分配模式。创造价值是指员工所创造的实质业绩贡献，是基于可评议、可测量的效益，且对公司业绩带来影响。基于创造价值的薪酬分配理念，要求对员工业绩贡献进行客观、公正评价，考量员工所创造的业绩贡献多少、相对重要性及个体业绩对整体业绩的持续影响程度，依据贡献价值评估结果，匹配相应的效益薪酬和奖励薪酬，即"根据业绩及其贡献价值给付"。通过价值与薪酬的联动，引导员工深入理解价值内涵，将价值创造作为提升薪酬和获得认可的主要途径。

基于创造价值的薪酬分配模式适用于承担经营指标或工作结果易于量化评估的岗位。包括：公司高层以及健康研究院、各中心、各事业部中层经理；业务部门一线管理人员或运营管理岗位；从事产品销售的一线业务岗位。其薪酬结构一般具有以下特点。

① 员工工资与业绩相关度较高，工资体系整体弹性较大。基本薪酬主要用于满足员工基本生活开支要求，一般占工资体系的30%—40%；效益薪酬主要与任务指标达成情况挂钩，如任务完成率、增量回笼等，占工资体系的40%—70%。

② 效益薪酬的挂钩因素应体现差异化，一般要结合给付对象的岗位职责和贡献类型来进行设计，如：任务完成率、产品销量、产品回笼等。

③ 针对不同类别人员，可结合业务实际，设置目标达成奖励、利润提成奖励、股权激励等工资项目。

（2）基于工作量的薪酬分配模式。工作量是指员工实际所付出的劳动量或承担的劳动强度，具体反映在劳动时间投入以及劳动成果产出。基于工作量的薪酬分配理念，要求对员工劳动量或劳动产出进行科学度量，体现按劳分配、多劳多得的原则，使不同员工之间以及员工在不同期间的劳动差别能在劳动报酬上得到合理体现，即"根据工作量给付"。通过工作量与薪酬的联动，引导员工主动通过提高岗位工作饱和度、工作效率以及加大劳动投入，来获得薪酬增长。

基于工作量的薪酬分配模式适合于岗位产出成果可以直接用数量计算的岗位或可经过转化为数量计算的岗位，比如：从事生产、物流的工作岗位；从事设计、客服的工作岗位。其薪酬结构一般具有以下特点。

① 基本薪酬根据市场行情和当地生活水平不同确定，占工资体系的20%—40%；效益薪酬根据个人工作成果的数量和质量确定，占工资体系的50%—80%。

② 效益薪酬主要取决于员工的主观努力，要充分体现 "多劳多得、按劳分配" 的原则。

③ 效益薪酬可采取多种设计方式，比如：简单按照单价×数量来计提；按区间进行阶梯式计提。

④ 针对生产物流人员，在效益薪酬中可设置一定额度的绩效工资，用以约束员工工作行为和管控工作质量，但比例不宜过高，一般不超过10%。

（3）基于获取资源的薪酬分配模式。获取资源是指员工通过个人努力，整合可产生价值的外部资源，与公司外部具有业务交融又具有独立经济利益的协作伙伴整组成一个为客户服务的体系，取得 1+1>2 的效果，通过整合为公司创造更大价值。基于获取资源的薪酬分配理念，要求对员工所获取的外部资源所产生的价值进行评价，根据价值大小给予分配相应的奖励，即 "根据整合价值给付"。通过资源整合与薪酬的联动，引导员工利用个人社会关系，获取有利于公司经营发展的各类资源。

基于获取资源的薪酬分配模式适用于公司所有岗位员工，作为正常工资体系的额外补充，获取资源包括且不限于表 2-53 所示的情形。

表 2-53 　　　　　　　　　　　　获取资源的情形

| 序号 | 获取资源情形 |
| --- | --- |
| 1 | 获取共建肛肠诊疗中心的合作资源 |
| 2 | 获取到其他企业的药品、大健康产品（功能性护理品、功能性食品、医疗器械）方面的转让或合作资源 |
| 3 | 获取到外部药品制造企业的转让资源 |
| 4 | 获取到外部单位或个人共建经营实体合作资源 |
| 5 | 获取到外部单位或个人的资金资源 |
| 6 | 承接外部 CMO 或 CDMO 业务 |
| 7 | 获取存量产品的转让或代理、贴牌合作资源 |
| 8 | 获取政府资金资助 |
| 9 | 获取费用减免政策资源 |
| 10 | 引入外部销售团队促进销售规模提升 |

| 序号 | 获取资源情形 |
| --- | --- |
| 11 | 利用关系资源解决棘手问题或化解危机事件 |
| 12 | 引入其他对公司有价值的智力资源、资金资源、产品资源、技术资源、渠道资源、人际资源、信息资源等 |

（4）基于项目合伙的薪酬分配模式。项目合伙制是指公司与员工成立合作组织，盘活内部存量资源或加速新项目拓展，双方共同经营、共同创业、共担风险、共负盈亏，从而与企业形成利益共同体。基于项目合伙的薪酬分配理念，要求员工必须有主动参与合伙的意愿，自愿且有能力承担相应的风险，并以技术、产品或现金出资，待项目获得收益后按照既定的股权比例予以利益分配。通过项目经营与薪酬的联动，引导员工积极参与经营活动，充分挖掘员工潜力，让员工在创造价值的同时实现个人成长，打造公司与员工利益共同体经营模式。

基于项目合伙的薪酬分配模式适用于公司所有岗位员工，合伙项目类型包括且不限于以下几种。

① 公司面临发展瓶颈或技术难关的项目。

② 有利于盘活公司存量资源和功能，提升经营效率的项目。

③ 符合公司战略方向或产业延伸方向的新业务。

④ 通过资源嫁接能提升公司现有平台价值的项目。

⑤ 通过外部资源整合，有利于提升经营效能、管理效率的项目。

⑥ 具有发展潜力，公司可进行战略性投资的项目。

（5）基于岗位价值的薪酬分配模式。岗位价值是指岗位本身在组织体系中所承担的责任、在组织价值链条中的相对价值。基于岗位价值的薪酬分配理念主要考虑薪酬给付对象所在岗位的责任大小及相对重要性，明确相应的岗位薪酬标准，即"根据岗位价值给付"。通过职责与薪酬的联动，引导员工不断提升综合素质，以符合岗位本身对个人能力和业绩要求，更好履行组织所赋予的岗位职责。

基于岗位价值的薪酬分配模式适用于职责分工明确、岗位价值等级清晰、不直接产生经济效益且技能水平高低会对业绩带来影响的岗位。包括：职能管理部室专业岗位、技术研发类专业岗位、设备一线岗位、后勤辅助类岗位。其薪酬结构一般具有以下特点。

① 岗位工作成果往往较难区分得非常清晰，难以用数字量化衡量。

② 依据岗位价值评估结果，建立岗位等级序列，岗位等级越高，代表该岗位价值越大。

③ 各等级岗位设置有相应的工资区间，区间内部划分职级，为该岗位员工提供工资增长空间。

④ 工资体系中绩效工资占比不高，占比为 20%—40%，主要与公司经营状况和个人绩效表现挂钩，工资整体偏稳定、弹性相对较小。

### 5. 薪酬水平优化

（1）价值导向。马应龙薪酬水平设计充分体现"价值"导向，实现"事""效""能"与薪酬的有效对接，提高薪酬管理的活跃性，确保实现薪酬吸引人才、留住人才和激励人才的作用。"事"和"薪"的对接，即在"减人不减资"机制指导下，在薪酬预算范围之内，每年根据各部门的用人计划和职责变化调整部门各岗位人员工资水平；"效"和"薪"的对接，即定期根据个人绩效表现来调整岗位工资档次；"能"和"薪"的对接，即适时对获得一定级别业务序列晋升的人员岗位工资级别进行调整。

（2）薪酬水平策略。薪酬水平策略分为四种：领先型策略、跟随型策略、滞后型策略和混合型策略。一般根据公司当前所处发展阶段、人才发展战略、选定竞争对手的薪酬状况，来选择合适的薪酬水平策略。

① 领先型策略。领先型薪酬策略是采取公司薪酬水平高于竞争对手或市场的薪酬水平的策略，同岗位最高薪酬可达到市场 75—90 分位水平。主要以高薪为代价，在吸引和留住员工方面都具有明显优势，并且将员工对薪酬的不满降到一个相当低的程度。

② 跟随型策略。跟随型薪酬策略是力图使公司薪酬水平接近竞争对手薪酬水平，同岗位最高薪酬可达到市场 75 分位水平。

③ 滞后型策略。滞后型薪酬策略是指公司薪酬水平低于竞争对手或市场薪酬水平的策略，同岗位最高薪酬约处于市场 50 分位水平。

④ 混合型策略。混合型薪酬策略是指在确定薪酬水平时，根据岗位或者员工类型来分别制定不同的薪酬水平决策，而不是对所有的岗位和员工均采用相同的薪酬水平定位。

公司现有岗位分为核心岗位、特殊岗位、通用岗位和辅助类岗位，根据各类岗位的战略价值采用不同的薪酬水平策略，具体如下。

核心岗位是指具有很高的战略价值，且劳动力市场上稀缺的岗位，即公司关键的中层管理岗位。此类岗位为薪酬优化调整的重点，采用与市场平均水平保持一致甚至引领市场薪酬水平的策略。

特殊岗位是指具有较高的战略价值、公司需求量较小且劳动力市场供给较为稀缺的岗位，即各部门的核心关键岗位，对任职资格条件要求较高，同时外部市场难以一时予以供应的岗位。此类岗位也是薪酬调整优化重点，采用与市场薪酬水平保持一致的策略。

通用岗位是指具有一定战略价值、公司需求量较大且劳动力市场供给较多的岗位，此类岗位原则上不是薪酬重点调整对象，可根据公司经营状况，采用追随市场薪酬水平的策略。

辅助岗位是指战略价值较低、劳动力市场供应充足的岗位，此类岗位原则上也不是薪酬重点调整对象，可根据公司经营状况，采用追随市场薪酬水平的策略。

（3）薪酬预算控制。

① "三低一高" 控制。针对公司整体和各业务单元，通过年度薪酬预算制定，实现薪酬总额的 "三低一高" 控制，即薪酬总额增长率≤销售收入增长率/经济增加值增长率/总成本增长率，人均薪酬逐年上升。

② "两高一低" 控制。针对公司整体和各业务单元，进行工资收入的 "两高一低" 控制，"两高" 是指人均工资收入、人均销售收入提高，但人均工资收入增长率不超过人均销售收入的 50%；"一低" 是指工资投入产出比，即工资收入/经营性净利润，逐年下降。

③ 工资总额控制。针对职能部室，制订年度工资调整计划，预测年

度工资总额，并在总额范围内实施进度控制。

### 2.4.4  定薪的关键点及注意事项

#### 1. 定薪关键点

一是薪酬支出应与企业经营状况相结合。在薪酬构成中，需设计与企业经营状况相联动的部分，保证薪酬支出的科学合理性。

二是薪酬结构设计要实现双向均衡。固定工资占比过高会导致享乐主义，但浮动工资过高则会损害企业人才战略的稳定性，那么在结构上必须实现收益保障和收益压力的双向均衡。

三是要基于人才战略进行薪酬水平设计。薪酬水平的高低应基于企业价值追求下的人才战略，背离了人才战略的薪酬设计，无论水平高低都不利于企业发展。

四是薪酬政策的人性化和可执行性。薪酬政策应该保持一定的规则性，这是规范化管理的基础，但在实际操作过程中，会有一些特殊人群是需要特定考虑。

#### 2. 定薪注意事项

一是薪酬调整需要稳妥渐进。薪酬的敏感性决定大幅度变革会导致企业人才战略的不可持续性和非稳定性，但绝对稳定的薪酬也是不存在的，所以薪酬调整必须是有策略性的推进。

二是要建立薪酬常态化调整机制。定薪工作不是一劳永逸的，在薪酬制度制定的同时需建立薪酬常态化调整机制，以保证薪酬政策的适应性。薪酬方案中应明确规定日常薪酬调整的依据、薪酬调整的频率、薪酬与考核的挂钩方式、岗位与编制管理机构、"减人不减资"的配套措施等，保证后续薪酬调整有据可依、有章可循。

三是充分考虑薪酬适配性。没有一个薪酬制度是完美的，适合企业的才是对的。在薪酬结构、薪酬水平、内部薪酬差距等问题上，要结合企业实际情况辩证认识并实施。

定薪是按照人的素质、岗位价值以及个人贡献来确定薪酬。通过分析岗位在公司战略体系中的价值、地位，重新建立岗位价值序列；通过岗位绩效任务设计，确定相应薪酬依据；通过开展薪酬调研，调整各类人员薪酬水平。建立与绩效相匹配且兼顾内部公平和外部竞争的薪酬体系，充分调动员工的积极性，保障公司战略目标的高效达成。

# 2.5 "四定"工程实施效果评估

## 2.5.1 评估指标体系

围绕定事、定岗、定人、定薪各环节的主要工作内容和目标，设计相应的评估指标体系。

### 1. 评估指标体系

"四定"工程评估指标体系如表 2-54 所示。

表 2-54           "四定"工程评估指标体系

| 序号 | 评估指标 | | 权重 | 计 算 方 法 |
|---|---|---|---|---|
| 1 | 定事 | 事项优化率 | 10 | 事项优化率=调整、精简事项数量/原所有工作事项数量 |
| 2 | | 新增职能占比 | 10 | 新增职能占比=新增职能数量/现所有职能数量 |
| 3 | | 价值提升率 | 10 | 价值提升率=现价值评估得分/原价值评估得分-1 |
| 4 | 定岗 | 部门优化率 | 10 | 部门优化率=调整、精简部门数量/原所有部门数量 |
| 5 | | 岗位优化率 | 10 | 岗位优化率=调整、精简岗位数量/原所有岗位数量 |
| 6 | | 编制精简率 | 10 | 编制精简比率=1-职能部门现编制数/原编制数 |
| 7 | 定人 | 人员优化率 | | 人员优化率=岗位人员调整数量/岗位人员总数 |
| 8 | | 人岗匹配度 | 10 | 在岗人员与岗位任职资格要求的匹配情况。 |
| 9 | 定薪 | 薪酬满意度 | 10 | 调查收集多方对薪酬水平、薪酬方案优化调整效果的评估意见 |
| 10 | | 人均薪酬增长率 | 10 | 人均薪酬增长率="四定"后人均薪酬/"四定"前人均薪酬-1 |

2. 指标含义

（1）事项优化率。该指标用于衡量公司整体/各部门业务工作事项的优化结果，优化类型包括：工作事项内容调整、工作流程优化调整、工作事项精简。

（2）新增职能占比。该指标用于衡量公司整体/各部门工作创新力度，反映了新增价值。

（3）价值提升率。该指标用于衡量公司整体/各部门价值变化，其中，公司整体价值评估结果为各部门加权求和。

（4）部门优化率。该指标用于衡量公司组织架构优化结果，优化类型包括：部门精简、部门功能发生较大调整、部门转型升级。

（5）岗位优化率。该指标用于衡量公司/部门组织架构优化结果，优化类型包括：岗位取消、岗位职责发生较大调整。

（6）编制精简率。该指标用于衡量公司/部门岗位定编优化结果，反映了人员使用效率的提升。

（7）人员优化率。该指标用于衡量公司/部门人员优化结果，反映了组织人员的流动性，优化率越高，在一定程度上代表组织越具有活力。

（8）人岗匹配度。该指标用于衡量公司/部门人员与岗位的适配性，匹配度越高，代表具有更强的履职能力，有助于工作事项的具体执行。

（9）薪酬满意度。该指标用于衡量员工对优化后薪酬体系、薪酬水平、发放方式的满意程度。

（10）人均薪酬增长率。该指标用于衡量公司/部门人员薪酬变化情况，人均薪酬增长在一定程度上代表了岗位价值提升和岗位减员成效。

## 2.5.2 评估分析及改进

"四定"工程的实施是一个从不断摸索到逐步创新的过程，每次"四定"项目实施完成后，要对照预定实施目标进行逐一评估，分析未达成原因，制定持续改进措施，同时要对整个"四定"项目实施过程进行全面复盘，予以针对性改进和调整，以保证下一次实施成效。

1. 确定指标目标值

在"四定"工作开展前，由公司人力资源部门组织各部门对业务工作事项、岗位设置、人员数量、人岗匹配度等进行全面摸底，基于公司人员效能指标要求，结合摸底结果，提出定事、定岗、定人、定薪的工作目标，如：定事优化率不低于30%、职能人员编制缩减不低于10%。

2. 评估分析实施成果

组织对各项指标实际达成情况进行评估，其中：量化指标直接核算，定性指标由相关人员予以综合评价；根据各环节工作评估结果，针对异常逐一分析原因，提出个性化的改进措施，并落实到各部门。

3. 复盘评估实施过程

对整个实施过程进行回头看，结合"四定"工程成果质量评估以及成果的深化应用情况，重新梳理"四定"实施的思路、流程、工具和方法，找出各阶段的关键点，总结取得的成功经验和存在不足，对实施工具和方法进行优化和完善。

# 3  "三力"系统

"三力"系统指的是压力系统、动力系统、活力系统的总称,是一切人力资源管理活动的导向,它立足于以人为本的管理理念,通过建立人才竞争机制、人才激励机制和目标管理系统,实现人力资源增值来支持"持续不断的高绩效、高增长"的要求。一个经济组织要实现又好又快发展,必须有压力、动力、活力三种力量的共同作用,形成能够推动战略目标实现的合力。其中,压力来源于目标,动力来源于激励,活力来源于竞争。因此,要相应建立可操作的目标管理系统、员工激励系统和具有竞争性的人力资源优化系统。上述三个系统简称为压力系统、动力系统、活力系统。

压力系统是一个目标管理系统,指的是通过推广目标管理模式,为集团及所属单位设定高标准、严要求的业绩指标,并层层分解到每个基层业务单位、每位员工,把组织的压力转化为每个人的压力,做到"千斤重担人人挑,人人头上有指标",从而促进员工能力的提升和企业经营业绩的提升。目标管理应体现"指标从高、任务从难、压力从大、时间从紧、跟踪从实、考核从严"的原则。

动力系统是一个员工激励系统,指的是通过建立一套有效的激励系统,充分调动每个员工的积极性和创造性,以实现把企业做强做大做久的目标。这一系统包括薪酬体系、共享体系、福利体系、奖罚体系、荣誉体系、关怀体系、晋升体系、认可体系、培训体系、其他体系十个体系,每个体系中又包括了多个激励项目。

活力系统是一个人力资源优化系统,指的是在人才选拔和人员淘汰的过程中建立竞争机制,坚持"凭能力吃饭,靠业绩晋升"的原则,做到

"能上、庸下、平让""用新、励旧、去庸",让合适的人、有能力的人去推动利润的增长,而将不合适的人、没有能力的人淘汰出局,从而增强整个组织的活力。

概括地说,"三力"系统的核心为:目标产生压力,激励提供动力,竞争制造活力。其主要目标是通过营造具备压力、动力和活力的环境,通过环境塑造人、改变人,充分调动员工的积极性,激发员工的潜力,以产生更大的效能。

"三力"系统输出的压力、动力、活力,以组织发展战略和价值观为原动力,以人性的特点为作用点,以人与组织的匹配为方向,通过人力资源价值链的管理和整合来调整力度的大小,通过约束机制来保证其平稳运行,这些要素共同构成了"三力"系统的运行机制。

## 3.1 压力系统

### 3.1.1 关于压力

1. 运行机制

压力系统通过目标管理运行。首先,通过设定目标来要求员工不断完成新的任务并产生压力,从而激发员工的能动性,减少懈怠的时间,以在一定程度上克服懒惰的天性;其次,通过将组织目标层层分解到每个基层业务单位、每位员工,把组织的压力转化为每个人的压力,实现组织目标与员工个人目标的匹配,指明压力的方向;再次,通过一系列的制度安排和政策力度来控制和体现压力的大小;最后,通过一套有效的流程与制度来进行整体监控和管理。

从传统的管理理论角度来说,压力系统就是绩效管理的一种模式,以企业的战略规划与目标为大方向,通过工作目标的分解与承担来形成并传导有效的压力,促进个人绩效的达成,并最终达成组织目标。压力系统的具体运行过程主要参考了目标管理的基本原理,从企业目标到部门目标、个人目标的层层分解及相关指标的设置来对各级人员带来压力。

（1）压力的来源——目标机制。目标机制是通过愿景与目标的牵引以及明确组织对员工的要求，使员工能够正确地选择自身的行为，最终将员工的努力和贡献纳入帮助企业实现目标、提升核心能力的轨道。目标机制的关键在于向员工清晰地表达组织的愿景和目标，以及对员工行为和绩效的要求，主要通过以目标管理为主的绩效管理体系来实现，对于提高人力资源配置效率和开发质量起着关键性作用。

（2）压力的作用点——懒惰之性。

① 懒惰对组织的影响。企业的核心使命是创造价值，获取利润，而员工作为生产要素当中劳动这一要素的载体，是通过付出劳动来帮助企业创造价值的，懒惰会导致员工减少劳动产出，无疑会影响企业的价值创造和目标达成。

② 为什么人都有惰性？每个人或多或少都曾有过"偷懒"的念头，这是因为我们的祖先有着数百万年的狩猎采集生活，经过长期的自然选择，演化成了"好吃懒做"的习性，继承了祖先基因的现代人类自然也就拥有了这种习性。食物的短缺驱使原始人类四处奔波、大量活动，除了觅食，最佳的选择不是活动，而是休息，同"好吃"一样，"懒做"在当时的环境中有生存优势，有助于节省能量，能够为下一次觅食保存充足的体能。他们天性更爱休息，却是压力环境下的伟大运动员，而平时浪费体力的人最终将无法生存繁衍，因而能够传递下来的人类基因中都是有"好吃懒做"这个习性的。

③ 压力系统解决懒惰问题的原理。现代人类继承了祖先好吃懒做的习性，却没有了相应的生存压力。压力系统是一个目标管理系统，通过设定目标来牵引员工不断完成新的任务，完成每个工作目标就相当于祖先的每次觅食活动。通过施加压力，激发人的能动性，减少懈怠的时间，从而在一定程度上克服人类懒惰的天性。

（3）压力的作用方向——个人目标与组织目标匹配。压力系统是一个目标管理系统，通过将组织目标层层分解到每个基层业务单位、每位员工，把组织的压力转化为每个人的压力，做到"千斤重担人人挑，人人头上有指标",实现组织目标与员工个人目标的匹配,从而促进员工能力的提升和企业经营业绩的提升。因此,实现组织目标与员工个人目标的匹配是压力系统的直接目的,也就是压力的作用方向。

2. 基本原则

(1)战略性原则。战略原则是指压力系统必须在企业战略规划的指导下,进行经营任务分解、任务实施过程的监控、反馈与改进等管理活动,通过达成一个个阶段性目标并最终达成企业的战略目标。

(2)科学性原则。科学原则要求压力系统的体系搭建、流程设计、操作方法等都必须要建立在科学的基础上,系统的运行要稳定可靠;要客观地考量工作业绩,要用事实说话,切忌主观武断,缺乏事实依据。

(3)针对性原则。针对性原则要求根据不同员工的能力、技能、经验、动机与需要等的差别,进行针对性的目标设计,以充分发挥压力的积极作用。

(4)时效性原则。绩效考核是对考核期内工作成果的综合评价,不应将之前的行为强加于本次的考核结果中,也不能取近期的业绩或比较突出的一两个成果来代替整个考核期的业绩。

(5)改善性原则。压力系统运行过程中,需要持续优化与调整,需要把阶段性表现及时反馈给直接责任单位,同时听取直接责任单位、人员的意见,对存在的问题及时修正或优化。

## 3.1.2 绩效管理体系

1. 公司的绩效管理体系

为保障绩效指标的有效分解和层层落实,有效传导压力,公司建立了基于关键职责目标(DOK,Duty Objectives Key)的绩效管理体系。

(1)公司绩效管理组织机构。公司成立董事会薪酬与考核委员会、绩效管理委员会和绩效管理办公室三级绩效管理组织机构,分别作为绩效管理的决策机构、管理机构和执行机构,具体如下。

①董事会薪酬与考核委员会是董事会下设的专门委员会,主要负责:审查公司经理人员考核方案,提交董事会通过后督导实施;审查公司经理人员的薪酬政策与方案并对董事会提出建议。

②绩效管理委员会是公司董事会薪酬与考核委员会的延伸机构,代表董事会行使绩效管理职权,主要负责:总体部署绩效管理工作,统筹规划、组织协调绩效管理工作的推进落实;组织对全局性、基础性、政策性问题的调研,提出解决方案并组织实施;负责审定各系统的绩效考核方案及考核指标设计;负责组织考核信息的收集汇总、交叉核实;负责绩效考核结果的终审裁定,接受申诉;负责组织绩效管理专项工作的督导检查,强化绩效沟通及跟踪;负责组织对各系统绩效管理的培训指导,优化绩效改进,促进公司整体绩效管理能力的提升等。

③绩效管理办公室是绩效管理委员会日常办事机构,设在人力资源中心,绩效办下设专业绩效考评小组,主要负责:绩效管理委员会基础事务性工作,具体协调绩效管理工作的推进落实;负责开展绩效管理专项调研,提交报告供绩效管理委员会参考决策;负责拟订或帮促拟订各系统的绩效考核方案及考核指标设计;负责收集、核实绩效考核信息,保证及时性、真实性、准确性和完整性;负责组织对相关考核对象绩效进行初步评议,并报绩效管理委员会审定;负责接受员工绩效申诉,核实相关情况并提交绩效管理委员会;负责具体实施绩效管理的专项督导、现场检查、培训指导等。

(2)公司绩效考核层级。绩效考核实行三级考核制和二级考核制相结合的方式,分层分块组织。实施主体包括董事会秘书处、绩效管理办公室以及各部门、各所属公司。董事会秘书处负责公司本部高层管理人员的考核,由董秘处组织高管开展述职并初评,绩效管理委员会终评;绩效管理办公室负责公司本部各部门负责人及所属公司总经理的考核,由分管领导初评、绩效管理办公室复评,绩效管理委员会终评;各部门及所属公司负责人及考核对象的直接上级负责对部门或公司内员工的考核,达到二级考核即可。以公司本部各层级管理人员的考核为例,见表3-1各部门管理人员的绩效考核审批权限。

表 3-1　　　　　　　　　　　各部门管理人员的绩效考核审批权限

| 部门名称 | 公司总经理 | 分管领导 | 一级部门负责人 | 一级部门副职 | 一级部门助理、总监、执委级 | 二级部门负责人、业务组组长 |
|---|---|---|---|---|---|---|
| 健康研究院 | 院长助理 | 院长助理、二级部门负责人 | — | — | 二级部门负责人和员工 | 二级部门员工 |
| 线上营销总部 | — | 总经理、副总经理、总经理助理、渠道总监 | 副总经理、总经理助理、渠道总监 | 分管二级部门负责人和员工 | 分管二级部门负责人和员工 | 二级部门员工 |
| 线下营销总部 | — | 总经理、副总经理、总经理助理、渠道总监 | 副总经理、总经理助理、渠道总监 | 分管二级部门负责人和员工 | 分管二级部门负责人和员工 | 二级部门员工 |
| 业务支持部 | — | 部长、副部长 | 副部长、普通员工 | 普通员工 | — | — |
| 生产中心 | — | 总经理、副总经理、总经理助理、车间主任 | 副总经理、总经理助理、二级部门负责人、车间主任 | 分管二级部门负责人和员工 | 分管二级部门负责人和员工 | 二级部门员工 |
| 资产营运中心 | | 总经理、副总经理 | 副总经理、二级部门负责人 | 分管二级部门负责人和员工 | — | 二级部门员工 |
| 财务管理中心 | — | 副总经理、总经理助理、共享财务部负责人 | 总经理助理、二级部门负责人 | — | 分管二级部门负责人和员工 | 二级部门员工 |
| 互联网医疗事业部 | 副总经理、执委 | — | 副总经理、执委、二级部门负责人 | 分管二级部门负责人和员工 | 分管二级部门负责人和员工 | 业务组员工 |

| 部门名称 | 公司总经理 | 分管领导 | 一级部门负责人 | 一级部门副职 | 一级部门助理、总监、执委级 | 二级部门负责人、业务组组长 |
|---|---|---|---|---|---|---|
| 信息中心 | — | 总经理、副总经理、总经理助理 | 副总经理、总经理助理、二级部门负责人 | — | 分管二级部门负责人和员工 | 二级部门员工 |
| 大健康事业部 | — | 副总经理、总经理助理、部门员工 | — | 总经理助理、部门员工 | — | — |
| 董事会秘书处 | 副主任 | 副主任、部门员工 | — | 部门员工 | — | — |
| 总经理办公室 | — | 主任、部门员工 | 部门员工 | — | — | — |
| 人力资源中心 | — | 总监、副总监、总监助理 | 副总监、总监助理、部门员工 | 分管部门员工 | 分管部门员工 | — |
| 品牌经营部 | 副部长 | 副部长、部门员工 | — | 分管部门员工 | — | 业务组员工 |
| 质量保证部 | — | 部长、副部长 | 副部长、部门员工 | 分管部门员工 | — | — |
| 合规管理部 | — | 副部长、部门员工 | 部门员工 | — | — | — |
| 法律事务部 | — | 部长、部门员工 | 部门员工 | — | — | — |
| 审计监察部 | — | 部长、副部长、无副部长分管的部门员工 | 部长、副部长、部门员工 | 分管部门员工 | — | — |
| 行政服务中心 | — | 部长、部长助理、部门主管 | 部长助理、部门主管、部门员工 | — | 部门员工 | — |

（3）绩效考核周期。各层级人员绩效考核周期分为年度考核、年度考核+季度考核、年度考核+季度考核+月度考核、季度考核+月度考核、季度考核+月度考核五种形式。如表3-2所示。

表3-2 考核周期示意表

| 考 核 周 期 | 被 考 核 人 |
|---|---|
| 年度考核 | 公司本部高层管理人员 |
| 年度考核+季度考核 | 公司本部管理人员（含技术员）、大区总监、办事处经理 |
| 年度考核+季度考核+月度考核 | 生产中心下属部室负责人、车间主任 |
| 年度考核+月度考核 | 省级商务经理、推广经理 |
| 季度考核+月度考核 | 区域经理、OTC 经理、商务代表、OTC 代表、RX 代表、设备工程部一线员工、车间一线工人 |

## 3.1.3 绩效管理流程

1. 绩效目标设计

（1）设计依据。绩效目标的设计遵循平衡性、准确性和可衡量性的设定原则。平衡性体现在绩效目标既要反映长期绩效，也要反映短期绩效；既要体现收益，也要体现风险。准确性体现在选取的绩效目标能准确体现重点工作的完成情况。可衡量性体现在选取的绩效目标可以在现有管理水平下被观测和检验。

在上述原则的指导下，公司绩效目标的设计主要基于年度经营纲要的重点要求，围绕"构建以客户为中心的价值驱动机制，完善价值创造体系"的指导思想，以价值为绩效管理的导向，结合各部门及所属公司的价值点，通过价值创造体系的运转完成绩效目标的设计。

（2）设计方法。绩效目标值确定要遵循"高标准"的原则，基于战略目标进行进一步分解和细化，一方面参考同行业标杆企业的完成情况，制定足够高的目标；另一方面，兼顾员工的实际工作能力和工作水平，保证在一定概率内可以实现。此外，绩效目标值确定要参考内部标准与外部标准。内部标准有预算标准、历史标准、经验标准等，外部标准有行业标准、竞争对手标准、标杆标准等。

公司经营指标的目标值通常基于方针管理目标进行分解和细化，按照不低于上年增长率的原则制定。

（3）设计流程。绩效目标确定主要基于年度经营纲要，各层级的目标设定必须体现经营纲要的要求，并在此基础上分解制定。主要步骤包括：搜集分析信息、初设目标、沟通修订、上会审批、确定目标并下发。具体如下。

① 搜集分析同行业信息，研判行业发展趋势，明确公司战略方针，结合往年完成情况对现有能力进行客观评估，确定大体的发展思路。

② 初设目标，根据公司内外部环境的分析，基于经营方针的目标内容，结合各单位的价值贡献点，初步设立经营目标，形成各层级的年度绩效责任书初稿。

③ 与各单位探讨目标的合理性与可衡量性，尽可能量化目标，做到高标准、可衡量，对于不符合要求的目标，及时修正调整。

④ 上会审批。由公司通过绩效管理委员会，对各单位的绩效责任书进行审议，通常包括高层年度绩效责任书、本部各部门及所属公司绩效责任书、本部中层及所属公司总经理绩效责任书等，明确目标、计分方式、权重等要素。

⑤ 确定目标并下发。组织各中高层签订年度绩效责任书，并存档备案，为后期绩效跟踪作准备。

（4）指标类型。根据绩效任务的不同，绩效目标可分为经营指标、专项工作、协同工作、督办事项、管理指标和附加指标等类别。定性指标可以明确量化，精准衡量，定量指标无法直接通过数据进行核算和评价，需要对指标进行细分和细化，尽可能做到可衡量。如表3-3所示。

表 3-3

公司绩效目标体系

| 类别 | 定义/细分类别 | | 举　例 |
|---|---|---|---|
| 经营指标 | 规模指标 | 规模贡献指标 | 销售回笼、销售收入、净利润 |
| | | 成长贡献指标 | 主导产品销售额/销售量、新产品/新业务的利润/毛利贡献占比、新产品引进/开发数量 |
| | 效率指标 | 投入产出指标 | 投入产出比、销售费用率、产值成本率、综合毛利率 |
| | | 人均效能指标 | 人均销售收入、人均产值、单工时产值 |
| | 营运指标 | 营运指标 | 一次合格率、成品率、质量投诉、质量事故、安全事故、原材料单耗、现款回笼占比、应收账款余额占比、产销匹配度、存货周转率、总资产周转率等 |
| 专项工作 | 专项工作是保证对公司战略目标和各部门经营目标达成的举措，通常为结合公司经营策略和各板块价值点确定的重点工作 | | 完成某产品的研发；完成某方案的制订和落实等 |
| 协同工作 | 协同工作是非本单位主导，但要求本单位参与或配合完成的工作，通常由主导单位评价 | | 协同完成某产品的上市；协同开展对子公司的帮扶 |
| 督办工作 | 纳入督办工作范畴的工作事项通常包括公司年度经营纲要和绩效责任书中明确提出的工作事项；董事会及其专业委员会、总经理办公会议、董事长或总经理召集的专题会议议定事项；董事长或总经理批示事项及临时交办事项；董事长或总经理认定的其他需督办事项等。普通员工的督办事项除了上述会议涉及的督办工作，还可以是各基层单位内部临时布置的一些重点工作 | | 限期内完成某制度的发布 |

续表

| 类别 | 定义/细分类别 | | 举　例 |
|---|---|---|---|
| 管理指标 | 工具运用 | 要求各单位充分利用绩效管理和预算管理两大管理工具，实现工作事项和资源配置的对接与平衡 | 部门预算超出限额 |
| | 风险管理 | 要求各单位强化各自领域内的风控管理，提升风险应对能力，不发生重大风险事件 | 未报送风险事件 |
| 附加指标 | 附加指标包括加分考核项目和扣分考核项目，属于对既定绩效指标的补充。加扣分项目统一于季度末/年底视贡献度或情节严重程度给予酌情加扣分 | | 发生一起重大事故；获得国家级奖项 |

① 高层管理人员目标设定负责人是董事长，辅助机构是董事会秘书处，内容包括经营指标、专项指标、管理指标和附加考核。公司本部各部门与所属公司目标的设定方式与高管绩效目标设定类似，不同的是各部门和所属公司的经营目标设定的负责人是绩效管理委员会，辅助机构是绩效管理办公室，内容包括经营指标、专项工作、协同工作、管理工作和附加考核。公司本部中层管理人员和所属公司总经理的目标分为部门/公司目标和个人专项两个部分，个人专项通常为价值创造、协同工作以及公共关系维护等能体现个人价值贡献的内容，根据公司经营重点的不同定期调整。以公司本部部门负责人为例，部门负责人的工作目标分为部门工作和个人专项，分别占到总分的70%和30%。如表3-4所示。

表3-4　　　　　　　　　　部门负责人绩效责任书

| 序号 | 评价维度 | 指　标　内　容 | 权重 |
|---|---|---|---|
| 一 | 部门管理 | | |
| 1 | 部门绩效 | 部门绩效责任书完成情况 | 70 |

| 序号 | 评价维度 | 指 标 内 容 | 权重 |
|---|---|---|---|
| 二 | 个人专项 | | |
| 1 | 公共关系维护 | 围绕拓展与维护公共关系所开展的、以个人为主导的主动性工作，且工作成果能有效助力业务经营或提升公司品牌形象，季度末申报 | 10 |
| 2 | 价值创造 | 以个人为主导的、围绕部门价值创造所开展的创新性工作，包括但不限于提升岗位价值、拓宽工作职责、优化业务流程、提高工作效率等，应突出价值点，季度末申报 | 10 |
| 3 | 协同性工作 | 围绕公司重大战略专项所开展的、以个人为主导的协同性工作，应明确体现个人在协同其他部门开展战略专项工作中的贡献，季度末申报 | 10 |

② 基于绩效管理"向基层延伸"的工作方针，公司单独建立了销售和生产一线人员绩效管理与考核方案，细化基层考核流程和考核内容，结合公司中层及以下管理人员的考核办法，使绩效管理覆盖到公司每一名员工。除中高层管理人员外，普通员工个人按照岗位工作性质可分为管理人员、销售人员和生产人员，目标设定的形式分为固定项目型和非固定项目型，这里的"项目"指考核项目和考核内容，不包括考核目标值，因此三类人员的目标设定方式也有所区隔。

管理人员经营目标设定的负责人是各部门负责人，内容包括经营指标、专项工作、督办工作等，与部门目标是递延关系。

销售人员经营目标设定的负责人是线下营销总部总经理、大区总监、办事处经理、办事处经理助理、省级商务经理、推广经理、区域经理、OTC 经理等，内容采用固定项目型，主要分为量化指标和专项工作两部分内容，量化指标考察工作结果，专项工作则重点考察工作过程，具体内容及权重分配根据其担任职务的不同而有所差别，具体由一线营销人员的绩效考评小组确定。销售人员视岗位类别不同，分为大区总监、办事处经理、办事处经理助理、省级商务经理、推广经理、区域经理、OTC 经理、商务代表、OTC 代表、RX 代表。

生产人员经营目标设定的负责人是生产中心综合管理部、车间主任，内容采用固定项目型，主要分为量化指标和专项工作两部分内容，量化指标考察工作结果，专项工作则重点考察工作过程，具体内容及权重分配根据其担任职务的不同而有所差别，具体由生产中心各下属部室、车间考核小组确定，视各岗位类别和各车间工作重点不同，采用不同的绩效考核表。

### 2. 绩效目标分解

绩效目标的分解包括年度分解到季度、部门分解到员工两个维度。

（1）年度分解到季度。绩效目标从年度分解至季度。各单位年度绩效责任书应分解至每个季度，同时将每季度临时新增的重点专项工作也放到季度绩效责任书中，确保各项工作按期达成。从年度分解到季度的主要步骤包括：确定目标分解的原则、各单位拟定初稿、审核修改、确定目标并下发。具体如下。

① 确定目标从年度分解到季度的原则，通常线下经营指标各个季度按照90%、100%、95%和100%的比例下达，线上经营指标按照80%、90%、95%和100%的比例下达；专项工作按照方案的推进计划下达，并根据实际完成情况适时调整。

② 根据年度绩效责任书以及绩效目标分解的原则，由各单位拟定各个季度的绩效责任书初稿。

③ 对比年度和分解到季度的绩效责任书，将年度重点工作一一对应到季度的计划，结合实际工作的完成情况，进行季度目标的修正。

④ 确定季度目标，并进行书面化确认。

（2）部门分解到员工。绩效目标从部门分解至员工。各部门及所属公司的主要经营指标和重点专项工作均应落实到相关岗位和人员，并对关键事项进行重点传达，确保上下保持一致。重点骨干人员的绩效指标分类和部门或所属公司保持一致，普通员工考核指标分为经营指标、专项工作、督办事项、附加指标四类，督办事项除了各单位绩效责任书中涉及的督办工作，还可以是临时布置的一些重点工作，要求各单位将督办机制往基层推广。由绩效管理办公室成员不定期组织专项检查，确保目标任务分解到位。各单位目标分解到员工个人的主要步骤包括：整体目标的传达、充分讨论、目标初设、对比检查、可行性分析、确定目标。具体如下。

① 整体目标的传达。各单位的绩效责任书确认后，要正确理解目标的内涵，避免产生歧义，并明确具体事项的实际责任人。

② 充分讨论。在理解目标的基础上，上下级之间、平级之间应进行充分讨论，确定彼此的工作边界。

③ 目标初设。根据整体目标，基于讨论的结果，初步设立个人的目标。

④ 对比检查。将个人目标与整体目标进行对比检查，确保目标一致。

⑤ 可行性分析。将个人目标进行逐一分析，根据个人能力、工作环境以及相关资源等的情况，分析目标是否可行，对无法完成的任务进行调整或加大资源投入的力度。

⑥ 确定目标。确定目标的最后责任人及完成时限，并进行书面化确认。

3. 绩效目标跟踪

（1）跟踪目的。绩效目标跟踪是确保目标能如期达成的重要环节。通过绩效跟踪，一方面可以及时了解公司重点专项工作的进展情况，便于调整计划；另一方面，可以为后续相关人员的评价提供依据。

（2）跟踪内容。

① 经营指标：包括指标完成进度、未完成原因分析、异常现象说明、改进计划及下一阶段指标绩效预测。

② 管理指标：包括指标完成进度、未完成原因分析、异常现象说明、改进计划及下一阶段指标绩效预测。

③ 专项工作：包括当月任务进展情况（进度）、预期成效实现程度（质量）、资金支出进度（成本）、绩效偏差及原因分析、下月计划。

④ 常规工作：各项常规工作中的职责履行情况。

（3）职责分工。

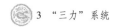
各部门职责分工如表3-5所示。

表3-5 绩效目标跟踪职责

| 序号 | 部门 | 职　　责 |
|---|---|---|
| 1 | 绩效管理办公室 | 负责统筹绩效目标跟进管理工作；督促各部门、重点工作责任人按要求完成绩效信息报送；组织开展绩效任务完成情况的现场核查；利用各类绩效沟通平台进行绩效信息收集、分析和预测；提交绩效目标跟踪结果，并提供管理意见 |
| 2 | 财务管理中心 | 负责统计和提供公司经营指标和部分管理数据，对指标异常现象进行分析预测；掌握重点专项工作的资金支出情况和效能评估 |
| 3 | 审计监察部 | 负责针对出现的经营数据异常、"红牌"以及其他突出问题，及时跟进开展绩效审计 |
| 4 | 总经理办公室 | 负责协调内、外部资源，支持业务部门开展相关工作；收集并及时向总经理反馈公司经营活动中存在的问题，并提出改进建议 |
| 5 | 董事会秘书处 | 负责核查公司专项工作（含督办工作）完成进度和质量 |
| 6 | 各部门 | 负责按时填报绩效目标跟踪表单，提供相关绩效材料；配合完成绩效现场核查工作 |

（4）跟踪方式。绩效目标跟进采取绩效会议、专题会议、绩效信息报送、绩效现场核查四种形式，具体如表3-6所示。

表3-6 绩效目标跟进方式

| 序号 | 跟进方式 | 具体内容 |
|---|---|---|
| 1 | 月度绩效会 | 由总经理组织召开，各部门依次汇报上月重点工作完成情况、未完成原因说明、当月重点工作计划及所需资源支持 |
| 2 | 季度/年度绩效会 | 由绩效管理委员会组织召开，审议各部门上季度绩效任务完成情况和当季度绩效责任书 |
| 3 | 高管季度/年度述职会 | 由董事会秘书处组织召开，各高管汇报各自负责的经营指标及重点工作完成情况、存在问题及对策、下阶段工作计划安排 |

| 序号 | 跟进方式 | 具 体 内 容 |
|---|---|---|
| 4 | 中心半年/年度总结会 | 由绩效管理办公室组织召开，各中心依次汇报半年/年度主要经营指标（管理指标）及重点工作完成情况、存在的问题以及原因分析、具体改进计划及需公司给予的资源支持 |
| 5 | 专题会议 | 由董事长或总经理组织召开，各与会成员针对议题分别发表观点和意见，商讨制订解决方案 |
| 6 | 绩效信息报送 | 各部门或相关人员按要求提供所承担绩效任务的进展情况以及对协作性工作的评价，包括重点工作月度跟踪、绩效指标完成自评、跨部门绩效评价 |
| 7 | 绩效现场核查 | 绩效管理办公室通过资料查阅、现场观察、与相关人员访谈等方式，对绩效指标完成情况进行核实，提出评价意见 |

4. 绩效目标考核

（1）绩效评价方式。在考核评价方式上，采取评委多维评价的方式，以受众为导向，提高对被评价的要求，评价方式包括以下几种。

① 资料核查。适用于可直接通过查阅过程资料、输出成果和结果数据来给予评价的指标项目。如：建立人才库等。

② 专项评议。适用于联合该项工作的主导部门给予客观公正评价的指标项目。如：战略成本管控、人力资源经营、风险管理等。

③ 客户评议。适用于有明确客户对象的指标项目，且客户能根据实际感受对服务效果给予评价。如：行政服务满意度、子公司帮扶、大健康产品交付等。

④ 综合评议。适用于需要上级领导、客户、协作方、绩效办等多方参与评议的指标项目，如：品质文化建设、督办工作等。

（2）绩效信息渠道。为保证绩效跟进管理的有效性，公司建立了全面的绩效信息系统，逐步丰富和规范绩效信息的渠道来源，具体如表3-7所示。

表 3-7                                          绩效信息渠道来源

| 序号 | 渠道来源 | 提供数据/信息 |
|---|---|---|
| 1 | 财务管理中心 | 提供公司经营指标财务数据，如销售回笼、收入、产值、成本、费用、利润、存货周转率、经济增加值等；提供重点专项工作的资金支出数据和效能评估等；提供对各部门季度预算管理工作执行情况的考核结果，以及下一步的工作建议和要求 |
| 2 | 审计监察部 | 提供销售一线业务行为的监控检查中发现的销售违规、违纪问题；提供设备、工程等相关项目招标工作进展信息；提供公司内部审计中发现的问题和整改计划；提供针对各部门内控建设工作考核结果等 |
| 3 | 质量保证部 | 提供与产品质量相关的考核数据信息，包括产品一次合格率、产品成品率、退货损失、PONC 等质量技术指标；提供质量改进项目的立项信息、日常跟踪记录及评审结果；提供生产一线人员培训计划目标达成情况；提供与工时定额变更的相关信息等 |
| 4 | 法律事务部 | 提供涉嫌违反监察事项行为的调查和处理结果；提供各相关部门专利申报工作的完成情况等 |
| 5 | 信息中心 | 提供需从销售、生产、财务等信息系统中提取并统计的考核数据；提供针对各部门信息报送情况的考核结果等 |
| 6 | 人力资源中心 | 提供员工对管理者工作态度和行为的评价结果；提供人员相关的考核数据，包括：各类人员引进数量、培训学时、人才流失率；提供对各部门绩效管理执行、员工管理规范性的评价结果等 |
| 7 | 董事会秘书处 | 提供高管述职会、品管会、董事长专题会的会议纪要内容以及掌握的其他绩效信息 |
| 8 | 总经理办公室 | 提供各部门日常工作反映的难点及需求；提供月度绩效会、总经理办公会、总经理专题会的会议纪要内容以及掌握的其他绩效信息 |
| 9 | 各经营单元 | 作为内部客户或某项业务工作的主导部门对其他相关部门的工作效率和质量进行评价，并提供相应评价信息；提供下一阶段的工作计划及需要公司给予的支持 |
| 10 | 分管领导 | 提供所管辖单元专项工作进度和完成质量方面的评价信息等 |

（3）评价计分方法。绩效目标值及权重确定后，需要明确绩效考核的评分方法。绩效考核评分方法是结合指标权重，衡量实际绩效值与评价标准值偏离程度，对不同的等级赋予不同分值的方法。具体如表 3-8 所示。

表 3-8 绩效考核评分方法

| 指标类别 | 主要评分办法 |
|---|---|
| 规模指标 | 实行正向评分制，超额完成工作可适当加分，但每项最高得分不得超过标准分的 130%，且指标完成率 50% 为得分下限，即任务完成率未达到 50%，则该项得分为 0 分，任务完成达到或超过计划的 50%，按照相应计分办法计分 |
| | 不存在挑战指标的规模指标主要采取增量计分或进度计分：<br>（1）增量计分法：得分＝权重×（0.6+0.4×实际增量/计划增量）<br>（2）进度计分法：得分＝权重×（实际完成数/计划完成数） |
| | 对于既存在平行指标又存在挑战指标的规模指标，采取分段的增量计分法和进度计分法：<br>（1）增量计分法：① 当实际完成低于去年同期，得 0 分。② 当去年同期<实际完成≤平行目标，采用基于平行目标的增量计分法（即：得分＝90%×权重×（0.6+0.4×实际增量/计划增量））。③ 当平行目标<实际完成<挑战指标，即可得到权重的 90%，超额部分采用区间进度计分法（即：得分＝权重×（90%+10%×（实际完成值−平行目标）/（挑战目标−平行目标）））。④ 当实际完成≥挑战指标，采用基于挑战指标的增量计分法，110%权重。（即：得分＝110%×权重×（0.6+0.4+1.5×超额增量/计划增量））<br>（2）进度计分法：① 当实际完成低于去年同期，得 0 分。② 当去年同期<实际完成≤平行目标，采用基于平行目标的进度计分法（即：得分＝90%×权重×实际完成/平行目标）。③ 当平行目标<实际完成<挑战指标，即可得到权重的 90%，超额部分采用区间进度计分法：（得分＝权重×（90%+10%×（实际完成值−平行目标）/（挑战目标−平行目标）））。④ 当实际完成≥挑战指标，采用基于挑战指标的进度计分法，110%权重。（即：得分＝110%×权重×实际完成/挑战目标） |
| | 部分规模指标由于存量较大或者新业务不确定性较大，按照进度或者增量计分时，达到目标可得满分，超过目标不加分，只有超过存量或者达到某特定目标值才可以加分，例如政府资金、理财收益。 |

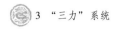

续表

| 指标类别 | 主要评分办法 |
|---|---|
| 效率指标/营运指标 | 营运指标和效率指标主要用百分点计分法、扣减计分法或零/一计分法：<br>(1) 百分点计分法：控制在一定范围内的百分率指标，基本采用百分点计分法，指标控制在目标比率内，得满分；优于或劣于目标比率百分点的，扣一定分值，具体以各单位绩效责任书为准<br>(2) 扣减计分法：个别指标由多个不可拆分或相关性较大的小指标构成，采用扣减计分法，指标全部达成，得满分，有一个小指标未达成，扣0.3—0.5分，具体以绩效责任书为准，例如"三低一高"指标<br>(3) 零/一计分法：安全事故和质量事故、信息安全事故、合规事故等采用零/一计分法，发生重大事故即得0分，其他事故按照事故大小及影响程度酌情扣分 |
| 专项工作 | 对于有明显量化指标的专项工作，规模类的基本采取进度计分法，比率指标一般采用百分点计分或视完成情况扣一定比例的分值，一般来说，未完成的工作至少扣权重的30% |
| | 对没有量化、但在时间、进度等衡量尺度上具有较强刚性且属于重点任务范围内的，通常只有"按时完成""延期完成"与"没完成"几个标准，因此只适用"标准分""在标准分范围内酌情扣分"和"0分"几档评分标准 |
| | 对没有量化、弹性又较大的专项工作，已完成的工作通常有"按要求完成""完成质量有瑕疵""完成效果较差"等几个标准，其中"按要求完成"得满分，"完成质量有瑕疵"的至少扣权重的10%，"完成效果较差"至少扣权重的30%，具体视完成质量和对后续工作的影响评价。部分工作当期考核未扣分或扣分力度较小，但后期产生了较大的不良影响，可追加扣分 |
| | 对未完成的工作根据工作完成进度、未完成原因以及对工作的影响程度扣分，原则如下：因客观原因未完成，且离目标差距很小，不影响后续工作进度的，扣权重的10%；主观上付出较大努力，积极采取应对措施，但受到不可预测的客观原因的影响，未按进度完成绩效任务，影响后续进度的，扣分＝权重×30%；主观上付出较大努力，积极采取应对措施，但对客观原因造成的影响预计不足，未按进度完成绩效任务，影响后续进度的，扣分＝权重×50%；主观上付出一定努力，采取部分应对措施，但无实质性推动，影响后续进度的，扣分＝权重×70%。上一个考核周期内未完成，下一个考核周期内仍未能完成的，须加重扣分 |
| 协同工作 | 主要由绩效管理办公室组织相关部门进行评价，根据评价结果综合评分 |

| 指标类别 | 主要评分办法 |
|---|---|
| 督办事项 | 督办事项由督办工作小组根据每月/每季度的绩效跟踪情况进行评价，因督办事项的数量不同，且工作重要性也不同，改变过往平均单个事项分值的做法，未完成督办事项的，可不受分值限制，具体由绩效管理办公室或类似机构视工作重要程度、完成进度、影响程度等酌情扣分 |
| 管理指标 | 工具运用主要是绩效管理和预算管理工具的运用，根据预算管理考核细则和绩效管理考核细则扣分，分别由绩效管理办公室和预算管理办公室或类似机构提供扣分依据 |
| | 风险管理主要根据风控办公室的考核细则和风险事件情况进行扣分，由风控办公室执行，若发生的风险事件影响较大，可不受该项分值限制，具体由绩效管理委员会决定 |
| | 法律事务部就合同管理进行评价 |
| 附加指标 | 加分考核项目是为鼓励被考核部门积极完成基本考核项目之外的、客观上具有较大的不确定因素、难度较大且能够为公司作出较大贡献的工作而设，加分必须满足以下条件：<br>（1）所承担的公司重点专项工作完成情况超出预期效果，并得到公司领导认可<br>（2）公司主要经营指标完成超出进度目标 50% 以上的<br>（3）提出创新方案或建议，经实施取得显著效果的<br>（4）超出部门（岗位）职责为公司作出显著贡献的<br>（5）防范与处理重大危机事件，为公司挽回重大损失的 |
| | 扣分考核项目是为处罚被考核人因履行职责不到位影响公司经营运作或者对公司品牌形象、企业声誉带来不利影响，或者给公司造成损失的，以及所辖范围内发生重大事故或出现危机事件，给公司带来负面影响的工作，根据扣分事项对公司负面影响的程度酌情扣分 |

## 5. 绩效反馈机制

（1）绩效警示。在日常经营和绩效目标跟进过程中，如发现有绩效未达标、业绩异常、重点专项工作进度迟缓、发生重大事故、工作失职造成损失、违法违纪等情况时，按照人格化责任制要求，结合实际绩效表现，对主要负责人或当事人给予绩效提示、绩效警示、"黄牌" 警告或 "红牌" 警告等不同程度的跟进处理。

① 经营指标进度完成情况不理想，低于预设的警戒标准。

② 重点专项工作整体进度未达到预期，对公司经营发展带来影响。

③ 其他事项：因工作失误、失职或个人行为不当给公司造成损失或者对公司品牌形象、企业声誉带来影响。

（2）绩效审计。当公司出现业绩指标异常、绩效"红牌"、重大类型业务变化、业务重组、资金使用效益不高、运营效能低下等情况时，绩效管理办公室可向绩效管理委员会主任、副主任提请启动绩效审计，通过后由审计监察部负责组织实施。绩效审计工作按照以下程序开展。

① 由审计监察部起草审计方案，确定审计内容、流程及办法等具体事项。

② 由审计监察部编写审计通知书或工作联系函，并下发至被审计对象，收集证据资料等，完成审计前的准备工作。

③ 成立审计小组开展实地审计工作，实施必要的审计程序，形成相应的内部审计工作底稿。

④ 由审计小组汇总审计结论和意见，编写绩效审计报告。

⑤ 由审计小组将绩效审计报告发送审计对象，沟通并充分征求其意见，复核、修改审计报告。

公司绩效管理委员会审议绩效审计报告，并根据审计结果对主要负责人进行相应的责任追究。如存在违反监察事项的行为，移交法律监察部调查处理。

（3）绩效沟通。

① 一般员工绩效沟通。考核结束后，各部门负责人需要与员工进行绩效沟通，可视部门情况灵活采用绩效面谈、绩效会议沟通、绩效反馈表书面沟通等方式进行，绩效沟通提倡采用"三明治"法。既先要充分认识和肯定被评估人的工作成绩，再客观准确地指出其工作中的不足（这时要充分听取被评估人的意见，让其畅所欲言），最后对他的工作要提出具体的改进意见和目标要求，并通过面谈帮助其找出具体的改进措施，双方

达成一致，以作下一季度考评依据。

② 末位员工绩效沟通。考核结束后，年度绩效考核结果在所在层级排名后 10% 的员工的绩效沟通一律采取绩效面谈的方式进行，绩效面谈完成后统一填写《员工绩效面谈表》，由面谈双方或三方签字确认，统一交送人力资源中心，人力资源中心有对评估结果进行审核和要求修正的权力，并负责组织安排对评估结果较差的员工再次进行面谈。

### 3.1.4 绩效考核结果应用

绩效考核作为绩效管理的一种手段，一方面通过对员工的绩效考评来反应员工的工作情况，但更为重要的目的是为了对相关绩效管理工作进行分析，发现员工绩效完成过程中出现的问题和偏差，并深度地发掘原因，从而推进相关工作的开展。因此，绩效考核结果的应用主要体现在以下两个方面。

1. 外在表现

（1）与员工薪酬相挂钩。

① 各中心、部室（含中心下属部室）先根据绩效考核得分在公司内部进行博弈，确定本中心（部室）应发效益工资；再根据中心、部室内部员工的绩效考核得分在部门内部进行博弈，确定本人应发效益工资。

② 销售一线大区总监、办事处经理及省级商务经理考核结果作为其个人月度、季度绩效工资和年度绩效工资的发放依据；其他一线人员，由大区或办事处根据实际情况，制定相应的奖惩办法，报线下营销总部综合管理部审批执行。

③ 生产一线人员考核结果作为其月度计件工资的发放依据。

（2）与员工晋升、评先以及淘汰相挂钩。

① 考核结果与员工晋升挂钩，在同等条件下，各类行政序列晋升、业务序列晋升优先考虑考核结果在所在部门或层级排名靠前的员工。

② 公司对考核处在末位的员工，根据一定的规则进行考察，并对不符合公司要求的员工采取淘汰的措施。同时，对收到绩效警示的员工，在

年度评先时实行"一票否决",取消参与评比先进资格;对收到绩效"黄牌"警告的员工,启动问责程序,年内不得提拔使用或转任重要岗位;对收到绩效"红牌"警告的员工,启动罢免、降级、调岗或淘汰等程序。

（3）建立绩效档案。

① 建立全员个人绩效考核档案,不定期对各层级人员的绩效管理工作进行跟踪和指导,为员工职务晋升、先进评选、激励性福利发放、末位淘汰等提供基础数据支持。

② 建立重点工作绩效责任档案,掌握工作项目各阶段相关人员责任和绩效表现等信息,包括加扣分事项、理由等,并进行实时记录、更新和存档备案,为工作责任追溯、员工晋升、先进评选等提供重要依据。

2. 内在本质

绩效管理体系的本质是通过绩效考核的结果,去发现工作中的不足和失误之处,并对成功的经验进行总结,进而改善工作绩效,提升绩效水平。

（1）绩效考核结果是衡量员工个人能力水平的重要指标。虽然由于某些客观的情况和绩效考核天然的缺陷,绩效考核结果不能完全反映出员工个人的真实水平,但通过与其他核查工作以及评估办法的配合开展,它能基本反映出员工的个人能力素质,为上级对员工的评价提供最原始的参考依据。

（2）绩效考核结果是团队执行力建设的重要衡量指标。团队执行力建设的根本目的在于不断提高团队的绩效目标达成率,绩效考核结果能够较为全面地映射出团队的执行力水平。同时在考核的过程中,与团队内成员的绩效约谈也能暴露出团队建设中的缺陷和偏差,为执行力建设朝向正确的方向提供必要的参考。

（3）绩效考核结果是反映工作进展的直接指标。通过每季的核查,并在部门间进行横向的联系比较,使公司能够充分地掌握当前工作,特别是重点工作进展中出现的问题,并快速地找出其症结所在,并采取有效的应对措施。同时,季中的核查,也是对各单元工作进展的提醒,促进各单元仔细地审视工作的完成情况，并采取必要的手段解决当前所面临的问题。

（4）绩效考核结果是衡量公司产出水平的重要指标。通过对各单元产出的衡量，进而与预算管理系统相联系，以一种较为客观的形式计算出公司投入产出的比率，对各单元资源利用率有所掌握，为资源的合理分配提供一定的参考。

绩效考核结果最为重要的是各单元所提交的工作完成情况分析。绩效管理办公室需对工作情况完成分析进行深入的研究，并与相关部门就所描述的情况进行核实和探讨，就反映较为突出的重点部分撰写研究报告提供给董事会和公司高层在工作的布置中予以注意和调整，从而提升推动公司整体绩效完成的水准。

### 3.1.5 压力系统案例

1. 案例介绍

## 合理传压力，合力创业绩[①]

**一、实施背景**

（1）甲项目是仿制药一致性评价项目，公司要求 2019 年完成生产现场核查工作。2019 年 2 月 19 日，国家药审中心下发了补充资料的通知，要求公司在 2019 年 7 月 4 日前提交补充研究资料。同时，2019 年 3 月 15 日，国家药监局核查中心通知将于 4 月上旬对该产品进行生产现场动态核查。我们不仅需要在短期内提交符合要求的补充研究资料，还面临着国家药监局高标准、严要求的注册生产现场核查，这是公司近十年来接受的最高规格现场核查。必须采取有效措施才能保证圆满完成上述任务。

---

[①] 参见熊伟、刘珍、李晗编：《2018—2019 年马应龙践行"三力"系统优秀案例集》，内部资料。

（2）乙项目是生产技术转移品种，公司要求 2019 年完成补充研究资料的提交。2018 年 10 月 16 日，国家药审中心要求公司对乙项目的杂质进行严格控制。我们遇到的难题是转让方的《药品 GMP 证书》被吊销，无法再向公司提供原料药。该技术转让项目面临项目终止的局面和前期投入研发资金无法挽回的风险。

综上所述存在的问题，公司决定以"三力"系统中的压力系统为切入点，通过总体目标的层层分解，把部门压力转化为每个人的压力，实现部门目标与个人目标的匹配，激发员工解决问题的能力和提高工作效率，力争按期完成上述工作目标。

## 二、解决思路

（一）总体思路

针对上述两项工作目标，公司严格贯彻压力系统中的高压性原则，即"指标从高、任务从难、压力从大、时间从紧"。以必须获得这两个在研项目的注册批件为挑战目标，产生足够的压力来推动业绩提升，激发员工高昂的斗志和高度的责任心，发挥主观能动性，以最少的时间，最高的质量来完成预定的任务。结合对"三力"系统机制的理解，我们提出了以下思路。

（1）通过将部门的总体目标层层分解到每个员工，把部门的压力转化为每个人的压力，确保部门目标和个人目标高度一致，在部门实现战略目标的同时，每个成员的贡献与价值也能得到充分体现，成员的综合素质以及业务能力得到全面的提高。

（2）在任务分配时充分与员工进行沟通讨论，确保员工的目标与整体目标相互关联。同时预先讨论可能遇到的问题并找出相应的解决方案，提高风险意识。在目标分解、落实到人时，充分考虑执行人的能力、素质等问题，为员工提供相应的培训或指导等，使员工的专业技术能力和团队的整体素质都得到提升。最后在落实目标前也要充分考虑达成目标所需的合作对象和外部资源，做到有备无患。

（二）要达成的目标

（1）甲项目：在 3 月底前完成现场核查的迎检准备工作，补充研究工作争取提前在 5 月 1 日前完成。

（2）乙项目：在 9 月前提交补充研究资料。

### 三、具体做法

（一）设定目标，细化分解

（1）设定总体目标。两个项目在先后接到国家药监局的相关要求后，公司立即召开项目组会议将相关要求进行及时的传达，结合该两个项目的年度绩效目标，明确指出这两个目标的完成不仅关系到公司年度工作绩效任务能否按期完成，更关系到企业研发实力的体现以及今后公司的战略发展。我们坚持"压力从大，时间从紧"的原则，要求以最少的时间、最高的质量完成预定任务。

（2）采取 WBS 方法将目标分解至岗位。总体目标确定后，我们参照工作分解结构（简称 WBS）将其逐层分解，即用树状结构将涉及工艺、分析部分的工作分配到相关岗位上，最后将每个成员要独立完成的单元分解成几个具体的实施过程，我们的分解过程如下：首先，针对两个项目的药学部分的补充研究，工艺研究岗负责补充资料中涉及的工艺研究，特别是乙项目原料生产厂家由项目经理负责落实解决；质量研究岗负责质量研究并拟定完善后的质量标准。其次，针对甲项目的生产现场核查，工艺研究岗主要负责审核生产物料、生产工艺验证的相关资料，质量研究岗主要负责质量研究资料以及实验室检测分析仪器配套管理资料的完整性、科学性和可追溯性，在正式核查前进行三轮自查，汇总结果提交到研发中心成立的现场核查小组审核，最后召集公司各相关部门成立现场核查迎检小组进行最终确认。

（3）依据个体差异实施工作安排。任务分配到各专业岗位后，有针对性地根据不同员工的能力、技能、经验等差别，合理分配具体工作，确认个人工作目标，并检查个人工作目标与部门工作目标的一致性。

（二）压力传导，形成合力

在部门目标分解到个人，部门压力向个人传导的过程中，我们意识到应避免员工因压力过大而产生"寒蝉效应"。首先，根据不同成员之间能力与经验的差别，分别设置足够高的目标，激发员工的潜能；其次，充分与员工沟通，共同讨论问题出现的可能原因或目标实现的关键成功因素，帮助员工疏导压力，提升员工分析问题、解决问题的能力，使团队全员形成合力，共同达成部门的战略目标。

（三）技术扶贫，提升技能

以"夯实技能人才培养机制，促进岗位技能水平提高"为宗旨，重点落实高技能人才的培养工作。对于新进员工，采取"师带徒""技术扶贫"策略，安排导师进行规则培训、流程介绍、手把手实验指导，并鼓励新员工提问，针对其在某一方面技能知识的缺失重点补课，比如新员工不知道如何进行方法学研究，师傅指导应考察专属性、重复性、精密度等方面着手解决。并对其在独立操作时遇到的问题及时指导，帮助解决，使新员工快速进入工作状态；对于国家出台新的药政法规和指导原则，公司会不定期地在内部小组群以文件的形式共享，供大家学习讨论；对于业内含金量高的学术会议，我们会派员参会，获取新知识、新动向，再对内部人员进行转训和讲解，以便全体研发人员都能掌握最新的研发技术和法规。通过上述措施引导员工不断追求知识、技能及整体素质的提升，从而达到部门与员工共同发展进步的双赢目标。

**四、实施效果**

（一）目标达成情况

（1）甲项目在 2019 年 4 月 10—14 日接受了国家药监局组织的生产现场核查，并顺利通过，并于 4 月 29 日向国家药审中心提交了补充研究资料，9 月 10 日获得国家局颁发的一致性批件。本项目超前完成了公司制定的 2019 年年度考核目标（完成生产现场核查，跟进审评进度）。

（2）乙项目于 2019 年 9 月 27 日向国家药审中心提交了补充研究资料，10 月 30 日获得了国家局颁发的注册批件。本项目超前完成了公司制定的 2019 年年度考核目标（完成补充研究资料提交）。

（二）形成的管理成果

通过合理运用"三力"系统中的压力传导管理的模式，设置具有一定挑战性的总体目标和高标准的要求，并将总体目标根据不同成员能力、经验等差别进行分解，将压力层层传导到个人，同时在任务分解过程中充分与成员进行沟通，分析可能存在的问题及解决方案，以及需要的专业知识技能与外部资源等，在过程中潜移默化地提高成员应对风险的能力和专业技术水平。

在上述两个项目的实施过程中，形成了一套有效的工作模式，即："目标细分—压力传导—团队沟通—目标达成"，案例对其他部门具有一定的借鉴作用。

2. 案例点评

该案例主要围绕压力向下传导和消化，通过不断优化运作流程，提高产品研发效率，高质量、高效率地完成公司下达的年度绩效任务指标，并取得两个产品的注册批件。

（1）该案例具有较强的实效性。其问题的解决是从部门实际出发，关系到部门甚至是企业的发展前景；其问题的解决能够马上为公司带来显著的经济效益和社会效益。

（2）该案例具备较强的推广性。此案例着手解决的问题是如何能保质保量地按期完成公司下达的年度经营目标，将总体目标细化成若干个具体小目标，通过设定高标准、严要求的年度绩效指标，并层层分解到每个员工的个人绩效责任书中，在工作完成时间、完成质量等方面"扎紧袋子"，这样就能很好地把组织压力转化为个人压力，促使员工时时刻刻提醒自己要保质保量完成目标任务。

（3）该案例具有一定的创新性。强调了在压力传导过程中需要建立有效的沟通交流机制。传导压力绝不是简单地分配工作，责任下放，而是要与员工进行沟通讨论，分析目标达成中的关键因素和难点，协商解决的方案，需要的内外部资源等，使个人和团队的压力方向一致，在达成总体和个人目标的同时，个人以及团队的整体素质也会全面提升。

（4）该案例重点强调了在压力传导过程中的沟通交流。传导压力绝不是简单地分配工作，责任下放，而是要与员工进行沟通讨论，分析目标达成中的关键成功因素和难点，协商解决的方案，帮助员工疏导压力。

## 3.2 动力系统

### 3.2.1 关于动力

#### 1. 运行机制

动力系统是将企业动力转化为企业绩效的助推器，其核心就是企业的激励机制。其主要目的是挖掘员工的真实需求，设计科学的激励机制，为解决员工的"利己与付出"这个矛盾，有效提高企业运行效率和创造性，提升企业效益，达到组织与个人的和谐统一。根据其作用对象和作用方式，可以将其分为物质动力机制、精神动力机制、组织动力机制、文化动力机制。

（1）动力的来源——激励机制。激励的本质是让员工有去做某件事情的意愿，这种意愿以满足员工的个人需要为条件。当今员工的需求日益复杂和多变，组织需要通过多元的激励要素以及全面的薪酬体系去激发员工的潜能，驱动员工创造高绩效。激励机制主要通过分层分类的多元化激励体系和多元化的薪酬体系以及全面薪酬设计来实现。激励机制对于提高人力资源配置效率和效益起着决定性作用。

（2）动力的作用点——利己之欲。

① 利己对组织的影响。员工为企业付出劳动，或者配合他人工作，本质上来讲是一个利他行为，但是由于企业为员工提供了相应的回报，因而形成了互惠关系。公平理论认为，当员工认为得到的回报不够多时，就会通过减少付出来达到心理平衡，因此，利己与付出是一对天然矛盾，不恰当的处理会严重影响组织的效率。

② 为什么人有利己之欲？同懒惰一样，利己也是从祖先的基因中继

承而来的本性。在生存竞争环境严酷的远古时期，无条件利他的天性，即帮助无血缘无地缘关系的陌生人——没有存活的可能。试想，无条件把食物给别人吃，不与其他人争夺异性，就不能生存和繁衍，这种品性的基因，缺乏竞争优势，在漫长的进化过程中，会逐渐被淘汰，而传递下来的人类基因都是包含利己特性的。

③ 动力系统解决利己问题的原理。前面提到，人的本性是利己的，而员工为企业付出劳动或配合他人工作是一种利他行为，非血缘近亲人类之间的利他行为，通常是互惠利他而不是无条件利他。因此，只有建立平衡、适当的互惠关系才能保证员工的工作积极性。动力系统作为一个激励系统，正是通过激励的方式向员工提供所需的回报，在企业与员工之间，员工与员工之间建立一种良性的互惠关系，从而提高员工的工作积极性和团队合作的意愿。

（2）动力的作用方向——个人期望与组织期望匹配。动力系统是一个员工激励系统，指通过落实一套系统的激励办法，在组织和员工之间建立起平衡的互惠关系，协调组织与员工对收益的合理预期，形成真正意义上的利益共同体，从而充分调动每个员工的积极性和创造性，以实现企业的期望与员工的期望匹配。因此，实现组织期望与员工个人期望的匹配是动力系统的直接目的，也就是动力的作用方向。

2. 基本原则

（1）战略适应原则。在动力系统的设计中，明确战略目标是一个关键环节。战略目标经过分解传达到各个部门以及岗位，将企业的目标转化为员工的奋斗目标，企业战略目标的明确和分解是激励系统设计的前提和基础，偏离了战略目标，整体激励系统将无法达到应有的效果。

（2）公平公正原则。亚当·斯密认为员工的动机不仅受到报酬的绝对值影响，而且受到报酬相对值的影响。科学的激励方法是缩小奖项，扩大受奖面，但同时又必须公平公正。公平公正是激励的一个基本原则，其掌握的好坏会直接影响到激励效果。如果不公正，不仅收不到预期效果，反而会造成许多消极后果。因而激励要尽量做到民主化和公开化,采用统一的评判标准,既要为广大的员工创造平等的竞争环境和条件,又要避免搞平均主义,要使赏罚与功过相一致,不能小功重赏,也不能大过轻罚。

(3)针对性原则。激励的起点是满足员工的需要,但员工的需要存在个体的差异性和动态性。因此,激励要因人而异,因时而异,要根据不同员工的个性心理特征,采用相应的激励方法,并且要努力满足员工最迫切的需要,方能取得好的效果。一方面管理者对员工进行激励时切忌犯经验主义,在激励上不存在一劳永逸的方案,更没有放之四海皆准的法宝,所以要具体问题具体对待。另一方面员工的思想、情感、心境及其需要在不同的阶段和不同的时机是不一样的,管理者必须深入进行调查研究,及时了解员工的需要层次和需要结构的变化趋势,有的放矢才能取得实效。

(4)及时性原则。在激励中如果巧妙地运用"时机"往往效果倍增,若反应迟钝、优柔寡断,不但会错失良机,起不到激发人们积极性的作用,还有可能将事情办糟。激励只有及时,才能使员工迅速看到做好事的利益和做坏事的恶果,才能做到"赏一劝百,罚一警众",产生震撼和轰动效应。及时的前提在于正确、明确和准确,如果激励事实失误、性质不准,及时不仅毫无意义,而且可能带来不良后果。

(5)持续改进原则。企业在设计激励系统时还要遵循持续改进的原则,考虑到成本和收益的平衡问题。设计方案必须具有系统性和持续性,而且在实施的过程中能够根据实际情况进行有效的调整。

### 3.2.2 物质激励

物质激励的内容包括薪酬体系、共享体系、福利体系、奖惩体系等。

1. 薪酬体系

公司实行"一厂多制"的薪酬分配基本模式,根据岗位的性质设置不同的薪酬制度,具体为:高管人员的年薪制、管理人员的岗位工资制、销售人员的底薪提成制、生产人员的计件工资制,并在此基础上对特殊人才实行面议工资制。具体内容如表3-9所示。

表3-9 公司薪酬体系

| 薪酬制度 | 适用人群 | 核心内容 | |
|---|---|---|---|
| | | 薪酬结构 | 支付依据 |
| 年薪制 | 公司高级管理人员及健康研究院、各中心、各事业部管理团队 | 基本年薪 | 对岗位价值进行货币化评估，为固定收入部分 |
| | | 业绩年薪 | 在增量任务完成方面贡献的货币化评估，体现在经营创新、增量业绩方面所作出的努力和贡献 |
| 岗位工资制 | 健康研究院、各中心、各事业部、各职能部室管理技术人员 | 基本工资 | 为员工付出的基本劳动付酬，根据员工的出勤每月计发，保障员工的基本生活，主要根据当地最低生活保障和最低收入水平确定 |
| | | 岗位工资 | 为岗位价值大小付酬，体现岗位价值差异，激励员工承担更多岗位责任，依据岗位价值评估结果确定具体数额 |
| | | 绩效工资 | 为绩效付酬，根据员工取得的工作绩效支付薪酬，体现员工绩效水平差异，鼓励员工追求卓越绩效 |
| 底薪提成制 | 销售人员 | 底薪 | 保障员工的基本生活 |
| | | 新员工补贴 | 学历为本科及以上且入职不满6个月的新员工可以享受 |
| | | 销售提成 | 根据员工销售业绩支付提成工资 |
| 计件工资制 | 车间生产工人 | 保底工资 | 保障员工的基本生活 |
| | | 计件工资 | 根据员工工作产量计发薪酬 |
| | | 考核工资 | 根据员工整体工作表现支付考核工资 |
| 面议工资制 | 特殊人才 | — | 根据引进人才的具体情况确定特殊薪酬，不在上述薪酬制度范围之内 |

## 2. 共享体系

（1）企业利润共享。公司全面实行考核工资与企业利润挂钩的操作模式，让员工充分共享企业发展和利润成果。具体来说，行政系统和资产营运中心员工绩效工资与公司本部经营性净利润挂钩；销售中心员工绩效工资与销售中心销售毛利挂钩；生产中心员工绩效工资与生产中心生产毛利挂钩。

（2）经营成果共享。公司鼓励员工参与企业经营管理活动，并对其作出的贡献价值进行评估，共同分享经营成果，实现关键人才的长效激励。如表3-10所示。

表3-10　　　　　　　　　　　　　　　共享激励项目

| 共享激励项目 | 主 要 内 容 | 导向 |
| --- | --- | --- |
| 项目股份经营制 | 1. 项目范围：公司实行股份形式经营的项目有新开发项目、投资经营项目、闲置资源利用项目及其他经公司总经理办公会审议同意立项的项目<br>2. 立项程序：由项目发起人提出立项报告，提交所在部门同意，经公司资产营运中心审核，报公司总经理办公会审议通过后正式立项。立项报告应包含以下内容：立项的可行性分析报告、项目经营者情况、经营者投资方式、各项目经营主体的权利与义务、项目实施计划、项目的收益分配方式、风险控制办法、阶段目标和费用使用进度、项目终止条件等<br>3. 项目运作：项目经营者可以用货币出资，也可以用实物、知识产权、土地使用权可以用货币估价并可以依法转让的非货币财产作价出资（法律、行政法规规定不得作为出资的财产除外）<br>4. 经营管理：项目运作采用项目经理负责制，项目经营管理纳入公司整体经营管理体系，由公司总经理办公会统一决策。项目管理体制仍维持公司目前的管理体制，根据项目的性质分类，具体管理工作交由所属部门进行管理。公司对项目经营实行阶段性经营成效问责制。公司员工在参与项目运作过程中，不得影响原职责范围内工作<br>5. 结果评估：项目经营结果的评估由项目所在部门参照实际情况及相关市场价格提出评估意见，公司财务管理中心、人力资源中心会同资产营运中心进行综合评价报公司总经理办公会进行最终评定<br>6. 收益分配：项目结束后，由公司组织项目团队与财务管理中心等相关部门进行收益核算。项目经营成本含项目运作费用、项目团队直接人工成本等。项目收益由各项目投资人按投资比例进行分配 | 加大对员工的激励，充分挖掘员工的潜力，让员工在创造企业价值的同时与企业共同成长，为员工创造机会 |

| 共享激励项目 | 主　要　内　容 | 导向 |
|---|---|---|
| 经营层持股 | 1. 持股对象：为所属企业高级管理人员（以下简称经营者）及核心人员（系指所属企业的中层管理人员和对所属企业的业绩及业务流程具有关键性作用的核心人员或卓越贡献人员，由所属企业董事会确定）<br>2. 持股方式：所属企业可以采取直接持股、期权激励或两者结合的方式持股，也可以采取法律法规认可的其他方式持股<br>3. 持股方案审批程序：将实行经营者及核心人员持股书面申请及持股方案报公司资产营运中心进行初审；初审通过后，资产营运中心将初审意见及所属企业的申请报告、持股方案转报公司总经理办公室，提交公司总经理办公会审批；方案经公司审核通过后，由所属企业按照公司章程规定提交本企业董事会审议，审议通过后再提交本企业股东（大）会审议<br>4. 退出机制：企业经营者及核心人员持股可以通过股份转让（包括转让给公司或公司所属其他企业、继任者、其他自然人或法人）、股份回购等方式变现退出。在通过股份转让方式退出时，公司（或公司所属其他企业）、继任者依次有优先受让权，当优先受让人放弃受让时，才能转让给其他自然人或法人 | 将经营者的利益与出资人的利益有机结合，有效调动所属企业经营者的积极性 |
| 骨干员工分红 | 1. 参与对象：岗位价值含金量较高或符合人才标准且岗位胜任能力较强的员工<br>2. 分红方案：每年按公司经营团队业绩年薪的一定比例进行计提，在薪酬预算范围内制订年度骨干员工分红方案，经公司绩效管理委员会审议通过后执行 | 鼓励骨干员工参与企业管理，体现骨干员工主人翁精神 |
| 经营悬赏制 | 1. 立项管理：每年年初由绩效管理委员会审议编写《年度经营悬赏计划书》，明确重大项目的具体内容、完成标准、支持条件、奖励方式和悬赏金额，并根据总体推进时间计划在一定人员范围内进行公布、招标悬赏<br>2. 项目验收：重大项目已达成工作目标者，经项目小组或个人提请人力资源中心审定，由绩效管理办公室根据《年度经营悬赏计划书》明确的完成标准进行验收，报绩效管理委员会审批后，按照悬赏计划执行奖励 | 充分调动员工的工作主动性、积极性，鼓励员工创造更大价值，共同分享企业效益 |

## 3. 福利体系

公司制定了《员工福利管理办法》，不断健全员工的福利条件和待遇，为员工营造和谐的工作氛围。

（1）目的。员工的福利待遇又称为劳动福利，它是公司为满足员工的生活需要，在工资和奖金收入之外，向员工提供的货币、实物及其他服务的劳动报酬，它是薪酬的一个重要组成部分，是工资和奖金等现金收入之外的一个重要补充，体现了公司对员工的责任与关怀。

（2）福利结构及适用范围。公司员工享有的福利分为一般性福利和激励性福利，其中一般性福利又细分为保障性福利、补贴性福利、教育性福利、服务性福利和设施性福利。一般性福利对象为：公司所有员工；激励性福利对象为：荣获国家、省、市级荣誉称号和奖励的员工个人，荣获公司、股东单位荣誉和奖励的员工个人，为公司倡导的增量推进工作作出突出贡献的员工个人（包括完成公司的经营悬赏计划，公司临时交办且有奖励承诺的专项工作，为公司带来新增值、资源和贡献等）。

（3）一般性福利。

① 保障性福利。保障性福利项目如表 3-11 所示。

表 3-11 保障性福利项目

| 保障性福利项目 | 主 要 内 容 |
| --- | --- |
| 基本社会保险和住房公积金 | 公司按照国家和当地政府社会保险的有关规定为签订正式劳动合同的员工缴纳养老保险、医疗保险、工伤保险、失业保险、生育保险等基本社会保险，并根据武汉市住房公积金管理办法规定为员工缴纳住房公积金，其中，员工个人应缴纳部分由公司代扣代缴 |
| 商业医疗保险 | 公司为在岗员工办理《武汉市职工重大疾病医疗互助保障》，为在岗女员工办理《女性安康团体重大疾病保险》 |
| 休假 | 在岗员工休假严格按照国家政策规定执行。休假包括：国家法定节假日、年休假、婚假、病假、产假（男员工看护假）、丧假等 |
| 年度体检 | 公司每年免费为员工提供一次全面的身体检查，并建立相应的健康档案；对灯检人员每半年检查一次视力，对粉尘量大的岗位人员每年检查一次尘肺 |
| 集体宿舍 | 公司为家住武汉市外的单身在岗员工提供集体宿舍 |
| 租房补贴 | 公司为达到一定级别的人才发放租房补贴 |

② 补贴性福利。补贴性福利如表 3-12 所示。

表 3-12                                                   **补贴性福利项目**

| 补贴性福利项目 | 主 要 内 容 |
|---|---|
| 住房补贴 | 公司每月按在岗员工住房公积金缴费基数的 2.5% 为其发放住房补贴 |
| 交通补贴 | 公司每月车间生产一线岗位、辅助岗位和后勤服务岗位员工发放车贴 |
| 燃油补贴 | 公司为达到一定级别的管理干部发放燃油补贴 |
| 通信补贴 | 公司为达到一定级别及特殊岗位人员发放通信补贴 |
| 高温津贴 | 公司为高温天气环境下工作的员工发放高温津贴 |
| 节日物资 | 公司在端午节、中秋节和春节，为公司在岗员工发放节日物资 |
| 降温物资 | 公司在高温季节为在岗员工和离休干部发放降温物资 |
| 就餐补贴 | 公司为在岗员工提供食堂就餐补助，并为就餐员工提供免费水果 |
| 开门红包 | 公司在每年春节后第一个工作日，为每位到岗员工发放开门红包 |
| 劳保用品 | 公司为所有在岗员工免费发放劳动保护用品，为在岗女员工按季度发放女工用品 |
| 其他 | 公司按照当地政府规定发放在岗员工独生子女特保费及保育补助费 |

③ 教育性福利。教育性福利项目如表 3-13 所示。

表 3-13                                                   **教育性福利项目**

| 教育性福利项目 | 主 要 内 容 |
|---|---|
| 马应龙大学 | 公司依托马应龙大学平台为在岗员工提供丰富、专业、有针对性的学习课程，包括系统而全面的岗前培训、在职培训、升职培训，免费内、外训机会等，持续搭建课程体系、师资体系、评估体系和实施体系，使培训贯穿员工工作的始终，员工自身可不断得到增值 |
| 转岗培训 | 公司定期对待岗待就业员工进行转岗再就业培训，培训期间公司按武汉市最低工资标准发放工资，并向受训员工提供至少两次岗位工作机会 |
| 马应龙月刊 | 公司通过《马应龙》期刊，为员工搭建一个感受认知公司企业文化、相互学习交流的平台 |

④ 服务性福利。服务性福利如表 3-14 所示。

表 3-14                                服务性福利项目

| 服务性福利项目 | 主 要 内 容 |
|---|---|
| 工作制服 | 公司免费为生产一线员工和后勤服务类岗位员工提供统一的工作制服 |
| 医疗服务 | 公司为员工设立医务室，提供医疗服务，办理相关医疗事宜 |
| 内购特权 | 公司为在岗员工提供员工内购平台会员特权 |

⑤ 设施性福利。设施性福利如表 3-15 所示。

表 3-15                                设施性福利项目

| 设施性福利项目 | 主 要 内 容 |
|---|---|
| 阅览室 | 公司为在岗员工设立阅览室，提供免费借阅服务 |
| 文体活动场所 | 公司为在岗员工提供文体活动场所，并适时组织丰富多彩的文体活动，以活跃工作氛围、增强员工的团队意识 |

（4）激励性福利。激励性福利如表 3-16 所示。

表 3-16                                激励性福利项目

| 激励性福利项目 | 主 要 内 容 |
|---|---|
| 带薪假期 | 荣获国家级、省、市级荣誉称号和奖励的员工个人，以及荣获公司、股东单位荣誉和奖励的员工个人，在下一年度可享有三天的带薪假期 |
| 旅游津贴 | 公司在年底为当年退休员工奖励一次性退休旅游津贴 600 元 |
| 增量助学奖励 | 在岗员工子女考取国家统招重点本科，公司根据员工在增量推进工作中取得的成绩进行衡量，给予一定额度的助学奖励 |
| 家属参观周 | 公司每年指定一周为"家属参观周"，邀请员工家属参观公司，了解员工的工作环境 |
| 继续教育支持 | 公司鼓励员工继续教育并提供资源支持，为获得高于岗位任职资格要求且与岗位相关专业的学历提升，视学习成绩和工作业绩给予一定额度奖学金等 |

（5）福利费用管理。公司福利费实行单独管理，全年计划额度控制，专款专用。福利费由人力资源中心负责管理，财务管理中心负责核算，做

到有计划、有检查、有总结，并接受公司工会的监督。预算内发生的费用，实行先审后批的原则，即由经办人和部门负责人签字后经人力资源中心审核后，交财务管理中心主办会计对该项费用计划进度及原始票据的真实合法性进行审核后，报分管领导审批，财务管理中心负责人或财务总监在授权范围内核准。对员工个人的单项单次费用在 2000 元以上的，须经公司总经理或董事长审批。

4. 奖惩体系

公司制定了《员工奖励管理办法》，对在管理、生产、技术、质量、研发、财务、营销、资本经营等方面充分发挥自身资源优势为公司创造了巨大经济效益或良好社会效益的员工给予一定的奖励；同时，对违反经营管理秩序，违反安全质量、环境保护、财务管理、资产管理、投资管理规定，违反劳动纪律、人事纪律，违反廉洁从业规定和职业道德的行为，根据严重级别给予相应的处罚。

（1）奖励项目。员工的奖励项目如表 3-17 所示。

表 3-17 员工奖励项目

| 主要奖励项目 | 主 要 内 容 |
| --- | --- |
| 经营悬赏奖 | 解决了关系或制约公司发展的重大问题，对公司现在或未来经营发展起到了较大的促进作用 |
| 增量进步奖 | 利用资源优势或通过不断努力，直接或间接为公司创造增量贡献，并带来明显的经济效益或社会效益 |
| 效率提升奖 | 充分利用现有资源要素创造额外价值，或通过优化经营要素投入产出结构，提高资源利用效率或投入产出效率 |
| 创业创新奖 | 运用科学的理论和方法，通过研究及实践活动在新事业开拓、经营管理、产品研发、技术工艺等方面取得具有实用价值的创造性成果 |
| 特别贡献奖 | 对于悬赏奖励、专项奖励、评先奖励中贡献特别重大的项目，提请给予董事长特别贡献奖励 |

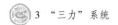 

（2）违纪违规行为。员工的违纪违规行为如表3-18所示。

表3-18 员工违纪违规行为

| 违纪违规类别 | 涉　及　行　为 |
|---|---|
| 违反经营管理秩序 | 违反公司议事规则或决策规定，导致公司利益遭受损失的行为 |
| | 信息披露中违反国家法规和公司规定的各类行为，如披露虚假或错误信息、信息披露不及时导致公司利益受损等 |
| | 未按公司销售工作的管理制度执行，给公司造成经济损失的各类行为 |
| | 在供应商确定、物资采购、验收、入库、货款支付中的违规行为 |
| | 从招标申请到签订合同整个工作过程中可能存在的违反公司招投标管理制度的各类行为 |
| | 从工程项目、产品研发、信息系统建设的整个过程中梳理可能存在的违纪行为 |
| | 在产品、设备、工艺技术引进中可能存在的损害公司利益的行为 |
| | 违规签订合同、在执行中被对方追究责任等损害公司利益的行为 |
| | 在法律纠纷案件的处理前、中、后过程中可能存在的违纪违规行为 |
| | 在印章、档案管理及其他违反经营管理秩序等方面损害公司利益的行为 |
| 违反财务、资产和投资管理规定 | 违反会计法规制度以及公司财务管理制度的各类会计工作行为 |
| | 资金调动及使用、资金业务办理、资金借贷、资金理财等活动中的违规行为 |
| | 在资产重组、合资合作经营以及存量资产处置中违反公司规定和要求或明显侵害公司利益的各类行为 |
| | 违规从事担保活动，或对担保项目监管不力，使公司利益受损的各类行为 |
| | 存货财产安全管理的违规行为，比如存货保管的侵占、原材料浪费等行为 |
| | 固定资产财产安全管理的违规行为（含生产、办公资产），比如擅自处置废旧物资等所致的资产流失、信息失真，资产租赁、资产抵押或处置时价值低估等行为 |
| | 商标等无形资产管理的违规行为，比如商标疏于管理，被其他企业侵权；无形资产处置时的价格低估等 |
| | 违反公司投资工作要求及流程，或工作不到位导致公司利益受到损害的各类行为，包括财务投资、项目投资和证券投资等方面 |

| 违纪违规类别 | 涉 及 行 为 |
|---|---|
| 违反组织劳动纪律、人事纪律 | 违反组织劳动纪律的行为，包括不服从工作分配、脱岗、旷工、迟到早退、寻衅滋事等 |
| | 违反组织人事纪律的行为，包括人事任免、招聘录用、调动晋级、薪酬发放等方面 |
| | 在出国或对外交往中的违反国家法规和公司纪律的行为 |
| 违反廉洁从业规定和员工职业道德 | 利用职务便利直接为自己谋取利益的行为，包括贪污、职务侵占、受贿、行贿、挪用公款等 |
| | 利用职务便利间接为自己谋取利益的行为等，包括配偶、子女或其他特定关系人员等行为 |
| | 工作中的超标准消费、违规消费、奢侈浪费等方面的行为 |
| | 导致公司内幕信息、商业秘密、与知识产权相关信息泄露的各类行为 |
| 其他方面 | 负有监督管理职责的人员玩忽职守、滥用职权、徇私舞弊等方面的行为 |
| | 被监督的单位和人员在接受监督时的抵制及打击报复行为 |
| | 各级管理者对管辖范围内违纪违规行为的失察和不作为 |
| | 因工作失职，给公司稳定和生产经营造成影响和损失的行为 |

### 3.2.3 精神激励

精神激励的内容包括价值观体系、荣誉体系、关怀体系等。

#### 1. 价值观体系

公司不断提炼、总结马应龙文化的精髓，形成一套完善的价值观体系，并通过潜移默化的影响，使员工对事物的评判达成共识，有着共同的价值目标，指导员工采用科学的方法从事生产经营活动，在企业中营造了一种团结友爱、相互信任的和睦气氛，使企业职工之间形成强大的凝聚力和向心力。公司的价值观体系如表 3-19 所示。

表 3-19 价值观体系

| 项目 | 核心内容 | 释　义 |
|---|---|---|
| 企业精神 | 龙马精神 | 夫"马"者，驰骋于地，动如风，柔顺而勤劳，象征地，属坤卦，其文化内涵为"地势坤，君子以厚德载物"。在马应龙，则马之德范长存于真勤二字，"以真修心，以勤修为"。<br>夫"龙"者，经行于天，潜入水，显从云，象征天，属乾卦，其文化内涵为"天行健，君子以自强不息"。在马应龙，则龙之精神体现为天人合一的宇宙观、仁者爱人的互主体观、阴阳交合的发展观和兼容并包的文化观<br>夫"应"者，意为"呼应"，同声相应，同气相求。在马应龙，形而下者为马，需躬身笃行，形而上者为龙，需孜孜以求<br>马应龙的企业精神是，追求马的德范与龙的精神相呼应，追求行为与理念相统一，追求务实与务虚相统一，追求天人关系的和谐，即天人合一，追求人际关系的和谐，即仁者爱人 |
| 哲学观 | 以真修心，以勤修为 | "以真修心，以勤修为"的哲学观是马应龙 400 多年历史文化积淀的结晶<br>"真是第一精神。"炮制药品时务求真材实料，为人处世时务求真心实意，待人接物时务求真诚信达，学习探索时务求真理真谛，讨论钻研时务求真知灼见，评价总结时务求实事求是<br>"勤是第一方法。"天道酬勤，一分耕耘，一分收获。任何方法，无论多么精巧，都必须以勤为起点。做任何事，务必勤勉努力，务必脚踏实地，务必一丝不苟，务必自强不息 |
| 价值观 | 资源增值 | 资源增值，是企业经营的内在价值要求。是否实现资源增值是衡量企业及个人价值的主要标准<br>注重工作效率和成果<br>注重投入产出效果<br>突出"贡献"价值 |
| 经营观 | 稳健经营，协调发展 | 注重长期效益，追求可持续发展<br>尊重规律、规则，反对投机<br>推行稳健的财务政策，追求有效的经营成果<br>科学决策，程序化经营<br>树立科学的发展观，注重利益主体、经营要素、经营能力的协调<br>将量化控制作为主要管理手段，沟通协调作为核心管理环节 |

| 项目 | 核心内容 | 释 义 |
|------|----------|-------|
| 经营宗旨 | 为顾客创造健康，为股东创造财富，为员工创造机会，为社会创造效益 | 1. 内在逻辑：经营宗旨包括四个方面的内容，相互之间紧密联系。其内在逻辑是只有为顾客创造了健康，才能实现股东的财富增值，进而为员工提供发展机会，最终实现社会效益<br>2. 实质内涵：经营宗旨的实质是，通过马应龙的经营，使各种利益主体获得可持续的、公平的、最大化的利益，构成稳固的利益关系平台<br>3. 延伸意义：利益主体多元化；利益追求长远化；分配原则公平化；投入回报最大化，综合起来是人性化 |
| 质量理念 | 零缺陷 | 1. 零缺陷的四项基本原则：<br>质量的定义即符合要求<br>质量的系统是预防<br>工作的执行标准是零缺陷<br>质量是用不符合要求的代价（PONC）来衡量的<br>2. 我们的品质价值观：<br>第一次就把事情做对<br>3. 我们的质量方针：<br>全员参与、全过程受控，以高品质的产品和服务培育客户忠诚<br>4. 我们的质量目标<br>产品零缺陷、服务零缺陷<br>5. 我们的工作哲学是：<br>预防为主，坚持"第一次就把事情做对"的态度，使质量成为一种生活方式 |

2. 荣誉体系

荣誉体系上，公司制定了《先进评选方案》，以马应龙"四种观念"为指导思想和行为准绳的原则，设置1个团队奖（"龙马精神奖"）、4个个人奖（"创新奖""效益奖""市场奖""服务奖"），以及若干个非常规奖项，以弘扬先进，树立标杆，激励公司广大员工在工作中开拓创新，为公司的发展创造价值，此外，党、团、工会系统设置了"优秀党员"

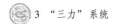

"优秀团队""优秀女工""双创"等奖励。

（1）先进团队、先进个人。先进团队、先进个人的奖励办法如表3-20所示。

表 3-20　　　　　　　　　　　　先进团队、先进个人奖励

| 项目 | | 奖 励 办 法 |
|---|---|---|
| 先进团队 | 龙马精神奖 | 1. 在每年年终总结暨表彰大会上进行公开表彰，并给予一定额度的现金奖励<br>2. 被评为"先进团队"的，如违反法律、法规或严重违反公司规章制度，则取消待遇享受资格 |
| 先进个人 | 创新奖 | 1. 在本年度的年终总结暨表彰大会上进行公开表彰，并给予一定额度的现金奖励<br>2. 作为行政序列或业务序列晋升的依据<br>3. 有资格参加上一级组织的评奖，如宝安集团的先进个人，省、市级的劳动模范、五一劳动奖章的评选等<br>4. 被评为"先进个人"的，如违反法律、法规或严重违反公司规章制度，则取消待遇享受资格 |
| | 服务奖 | |
| | 市场奖 | |
| | 效益奖 | |
| 非常规奖项 | 开拓标兵 | 1. 在每年年终总结暨表彰大会上进行公开表彰，并给予一定额度的现金奖励<br>2. 在县域市场开发中取得重大贡献的，给予奖励<br>3. 作为行政序列和业务序列晋升的依据 |
| | 精益标兵 | 1. 在每年年终总结暨表彰大会上进行公开表彰，并给予一定额度的现金奖励<br>2. 在精益工作取得重大贡献的，给予奖励<br>3. 作为行政序列和业务序列晋升的依据 |
| | 匠人匠心奖 | 1. 以精益求精的精神在工作中取得了卓越的贡献，并影响他人，通过360度评估与访谈，确定匠人匠心的人选<br>2. 在每年年终总结暨表彰大会上进行公开表彰，并持续三年给予一定额度的现金奖励<br>3. 作为行政序列和业务序列晋升的依据<br>4. 匠人可获得培养匠生、担任老师的机会，参加公司组织的各类相关活动 |

（2）党工团荣誉激励。党工团荣誉激励内容及措施如表3-21所示。

表3-21　　　　　　　　　　　　党工团荣誉激励

| 项目 | 核 心 内 容 | 奖励措施 |
|---|---|---|
| 七一评先 | 通过民主程序，公开评选该年度内的各级先进党支部、优秀党员、优秀党务工作者 | 表彰、奖金 |
| 五四评先 | 通过民主程序，公开评选该年度内的各级先进团支部、优秀团员和优秀团干 | 表彰、奖金 |
| 三八评先 | 通过民主程序，公开评选该年度内的各级优秀女工、优秀女工工作者 | 表彰、奖金、郊游 |
| "双创"劳动竞赛评比 | 每年根据公司实际组织开展"创新业绩、创高效益"劳动竞赛活动，并评选"双创"竞赛先进集体和个人 | 表彰、奖品 |
| 家庭支持奖 | 通过民主程序，结合员工自身的业绩和表现，每年对关心支持公司发展和员工工作的员工家属进行评比表彰 | 表彰、奖品 |

### 3. 关怀体系

建立了员工生病看望、去世慰问、离退休春节走访慰问、员工结婚祝福、老员工生日庆祝、特困员工救助等多种方式关怀制度。员工关怀体系的项目内容如表3-22所示。

表3-22　　　　　　　　　　　　员工关怀体系项目

| 项目 | 核 心 内 容 | 组织部门 |
|---|---|---|
| 困难补助 | 公司时刻心系员工，对员工身患重大疾病、遭遇不可抗拒突发性灾难、家庭有特殊困难等情况，给予特别困难补助。特别困难补助遵循"有限资助、定期与不定期"相结合的原则，补助标准为300—2000元 | 工会 |
| 住院慰问 | 公司对住院员工进行慰问，慰问标准为200—500元 | 工会 |
| 去世慰问 | 公司员工去世，公司慰问标准为500元；在岗员工的直系亲属去世，公司慰问标准为300元 | 工会 |

续表

| 项目 | 核心内容 | 组织部门 |
|---|---|---|
| 结婚礼金 | 在岗员工结婚公司给予 200 元的礼金 | 工会 |
| 生日礼品 | 年满 55 岁的在岗男员工和年满 45 岁的在岗女员工,每年可享受公司赠送价值 200 元的生日礼品 | 工会 |
| 退休慰问 | 公司每年对退休员工进行春节走访慰问,慰问时间为春节前一个月内,慰问标准为 200—500 元 | 工会 |

## 3.2.4 工作激励

### 1. 职业发展体系

公司追求"稳健经营,协调发展",所谓协调发展,很重要的一个方面便是重视员工的职业发展和生涯规划,注重企业与员工的共同成长。公司为员工提供了行政序列和业务序列两条发展通道,具体如表 3-23 所示。

表 3-23 职业发展体系

| 职业发展通道 | 核心内容 |
|---|---|
| 行政序列 | 公司推行岗位分析和岗位价值评估体系,根据不同岗位价值水平将管理岗位分为八个级别,根据员工管理能力和工作业绩,每年进行管理干部选聘工作,采取竞聘制、选任制、任期制选拔合格的管理干部。 |
| 业务序列 | 公司为员工提供业务序列晋升通道,引导员工通过提升岗位专业技能水平和创造业绩贡献,获得职业发展,同时也为公司培养和造就一批具有较高水平的专业型人才。 |

### 2. 工作认可体系

公司建立了多种形式的组织沟通渠道,保障员工能充分表达自己的意见,与公司管理层保持良好沟通,以获得充分的认可。工作认可体系如表 3-24 所示。

表 3-24 工作认可体系

| 项目 | 主要内容 | 频次 |
|------|----------|------|
| 绩效面谈 | 上级在下达季度工作任务时，征询员工意见，共同制定目标任务；在工作任务实施过程中，上级与员工沟通了解工作进展情况，听取员工意见和想法；在工作任务完成后，上级对员工季度绩效情况进行验收，与下属进行面对面的绩效反馈，提出评估意见和改进建议。 | 每月 |
| 员工思想动态季度报告制度 | 公司每季度会定期组织员工思想动态调研，将员工集中反映的问题提交至相关部门，由相关部门定期给予回复和解决。 | 每季度 |
| 总经理信箱 | 公司鼓励员工直接将与工作有关的任何建议通过电子邮件方式发送到总经理信箱或员工意见箱，定期整理后及时给予答复。 | 随时 |
| 集思会 | 公司每年举办员工集思会，鼓励员工指出当前各个方面工作存在的不足，并对下年度工作提出意见和建议。 | 每年一次 |
| 工作例会 | 公司各部门均推行周工作例会和月度工作例会制度，员工可充分参与部门管理，提出在部门工作规划、实施方面的建议。 | 每周 |
| 合理化建议 | 公司鼓励员工积极提出合理化建议和技术改进项目，推动技术进步，改善经营管理，增强企业内部活力，促进企业发展。 | 随时 |
| 满意度调查 | 公司关注员工的意见，每年组织员工满意度调查，充分收集员工对工作环境涉及各个方面的评价意见，汇总分析后提出具体改进措施。 | 每年一次 |

## 3.2.5 动力系统案例

### 1. 案例介绍①

**一、实施背景**

安防应急中心于 2019 年 6 月份正式投入使用，安防应急中心归集了公司安全、消防与抢险、救援的设施和设备，以此硬件条件为基

---

① 参见熊伟、刘珍编：《2018—2019 年马应龙践行"三力"系统优秀案例集》，内部资料。

础，安全保卫人员将集中办公，实现各岗位安全信息即时共享，彻底改变之前总值班、保卫、监控分散办公的局面，从根本上完善"安防应急一体化"工作模式，形成以监控室为接警指挥中心的总值班、保卫的三方联动安防管理方式。该工作模式为全面提升公司安防系数提供了基础，为了实现这一安全管理目标，提高保卫班组人员业务能力和职业素养迫在眉睫。

目前，保卫人员存在的主要问题是：部分人员执行力不够，工作积极性与主动性不够；部分人员体能、技能水平与应急救援能力达不到岗位要求，工作结果未能达到工作目标。

## 二、解决思路

（一）总体思路

通过"动力的针对性"和"活力的流动性"解决保卫团队目前存在的问题，具体思路如下。

（1）实施绩效对赌，强化全员的责任感与使命感。以班组为单位，部门与班组签订绩效对赌合约，明确重点工作绩效目标；采取部门和班组按照一定比例的方式出资，构成对赌奖励资金池。通过对赌，实现人人头上扛指标，工作结果与个人利益挂钩。

（2）系统培训，全面提升保卫人员能力素质。根据"安防应急一体化"对保卫班组各岗位的工作要求，制订系统培训方案，旨在从安全技能、个人体能、安全管理能力等方面提升保卫人员素质，达到岗位工作要求。

（3）适时推出竞争-淘汰机制。制定岗位工作标准，通过培训—测试，结合绩效考核，让不能适应岗位要求的人员离开岗位，不断引进高素质人员，优化保卫团队。

（二）要达成的目标

通过上述办法，我们期望能够达到以下目标。

（1）保卫班组本部满意度指标大于78%。

（2）提升公司安防系数。归集安防应急物资，"安防应急一体化"工作模式运行顺畅，安全工作流程明确，实现安全管理标准化，形成安全管理标准化文件。保卫班组人员体能与技能提升，应急处置与救援能力提高。

（3）优化队伍，提高效率。实施竞争与淘汰，优化保卫队伍；提高工作效率提升团队工作效率与品质，减编2个。

### 三、具体做法

围绕上述解决思路，具体做法如下。

（一）开展绩效对赌，覆盖班组全员

（1）标准化工作方案。制订《后勤事务部管理与服务标准化工作方案》，从现场、服务、事件处理三个方面明确各班工作内容，确定班组管理与服务标准化工作计划、工作方法，以及保障措施，制定部门和班组标准化工作目标。

（2）绩效对赌工作方案。制订《后勤事务部管理与服务绩效对赌工作方案》，组织部门全员宣讲对赌政策，明确对赌目标、挑战目标以及对赌奖励力度。

（3）部门、班组、个人按比例出资。以班组为一个团队单位，实施部门与班组绩效对赌，部门与班组按4：1的比例出资构成对应班组的绩效奖励资金池；以班组主管或骨干人员作为团队负责人，团队负责人出资不得少于所在团队匹配资金总额的30%，班组人员必须全员参与。以此来激励团队负责人和各班组成员积极投身到标准化工作中，真正做到指标人人扛、出资全员担，全体员工向同一工作目标努力。

（4）对赌协议。部门与班组全员签订对赌协议，通过签约的仪式感强化员工对绩效对赌的正确认知；设置专人管理绩效对赌奖金池，确保绩效对赌工作公开、公正。

（5）兑现奖励。制订《后勤事务部管理与服务标准化工作评比方案》，设置评比工作小组，从现场、服务、事件处理三方面内容进行考评，对照绩效对赌工作目标和挑战目标的完成情况得出评比结论，根据结果与团队、个人兑现绩效对赌奖励。

（二）系统培训技能与体能，提升应急处理能力

1. 针对业务需求，实施技能培训

（1）对保卫人员进行理论考试，合格者选派参加消防技能培训。

（2）考虑到产业园用电方面的业务处理需求，选派保卫骨干人员参加电工技能培训。

（3）根据应急救援的技能要求，结合保卫人员应急技能薄弱环节，选拔保卫骨干人员进行驻外培训，学成回来后，有计划地开展传、帮、带工作，提高保卫人员在日常工作中对安全异常情况的处理能力。

2. 针对个体差异，开展体能培训

分析上年度保卫人员体能测试结果，针对保卫人员整体体能水平不高的情形，制订培训工作方案。通过以下措施进行体能提升训练。

（1）提高训练频次。将两周一次集中训练调整为每周训练，组织保卫人员进行拳术、棍术、长跑等体能训练。

（2）增加训练层级。根据保卫人员上年度体能测试结果，按体能强弱将保卫人员分为两组，设置不同的训练目标，提高保卫人员整体身体素质。

（3）集中训练与个人自学相结合。对于拳术、棍术项目，录制培训视频发给保卫人员自行学习，强化训练，提高保卫个人对拳术、棍术的熟练度。

（4）实行"三练一考"。实行每周一次集训，三次集训后，每月（第四周）一次小考，每季度一次大考，对测试数据实时跟踪，及时调整培训内容和强度。

3. 精益求精，科学严谨，演练与验证相结合

（1）制订演练方案，验证应急预案。在应急演练的科学性和可行性方面，首先组织保卫学习应急预案，掌握基本的应急处置方法，然后制订专项应急演练方案，根据实际工作中可能出现的应急状况调整难度系数，根据演练结果，检验各类应急预案的可行性。

（2）实行分组竞赛与"四演四练"。将保卫人员分组进行演练，对于演练过程，实行"四演四练"：演救援经过、现场氛围、设备使

用、职责分工；练安全警觉、反应能力、现场指挥、应急预案。完成演练后组织各小组组员进行对比分析，互相吸取经验教训，并对薄弱环节进行强化训练，提高保卫人员应急处理能力。

（三）归集物资，优化流程，提升安防系数

完成安防应急中心的搬迁工作，归集应急物资，运用精益工具开展 6S 打造，实施一体化工作模式，为提升安防系数提供硬件条件；组织岗位知识培训，培养一专多能人才，优化三方联动工作流程，为提升安防系数提供人才支撑。

（四）标准化管理，淘汰人员，优化队伍

（1）安全管理标准化。将安全巡查、安全检查、消防管理、安全异常情况处理等工作标准化，形成保卫岗位标准化工作文件，提升和完善保卫岗位安全工作要求。

（2）岗位培训与考核淘汰。将保卫岗位标准化工作文件运用到岗位培训，组织保卫人员学习并按照标准化工作流程开展日常工作。通过总值班、保卫与监控互相监督机制观测各岗位人员标准化工作的履职情况，结合岗位安全业务能力考察，形成保卫人员岗位考核结果，将不合格保卫人员退出岗位或淘汰，招聘年轻、有经验、有技能的新人补充，优化保卫队伍。

**四、实施效果**

（一）目标达成情况

1. 2019 年保卫班组本部满意度 88%，超额完成指标 12.8%

2. 有效提升安防系数

从硬件设施、制度与流程、人员技能等方面全面提升公司安防系数。

（1）硬件设施。完成安防应急中心搬迁，运用精益工具完成安防应急中心可视化，打造一眼就可以发现正常、异常的工作环境，将安全问题可视化。归集安防应急物资，缩短保卫拿取应急救援物资距离 780 米。增加同步监控点位 32 个，增加监控点 210 个，将监控点位重新编码、上墙完成可视化，有效提高人员培训效率，减少监控画面提取时间。

（2）制度与流程。形成标准化文件 7 个，岗位维持基准 15 个。梳理监控点位，根据不同时段安全工作重点设计同时监控点位方案，形成以技防为主，人防为辅的安全工作方式。全面实施安防一体化工作模式，优化三方联动工作流程，缩短应急响应时间 5 分钟。

3. 安防技能水平提升

保卫人员在体能、技能均得到提升，具体数据如下表所示。

| 内容 | | 1500 米（分钟） | 拳术（分值） | 消防器材使用（秒） |
|---|---|---|---|---|
| 2018 年 | 平均成绩 | 8.73 | 59 | 29.52 |
| 2019 年 | 平均成绩 | 7.48 | 73 | 19.84 |
| 成绩提升率 | 平均成绩提升 | 14% | 24% | 33% |
| | 最佳成绩提升 | 13% | 8% | 8% |
| | 最差成绩提升 | 14% | 139% | 26% |

4. 提升工作效率，优化保卫队伍

优化队伍，淘汰不符合岗位要求 4 人；提高工作效率，减编 2 个，每年可节省人工成本约 14 万元。

（二）形成了何种管理成果

（1）形成绩效对赌的管理模式。通过绩效对赌，提高奖励与惩罚幅度，将班组绩效目标切实与每位员工的利益挂钩，激发员工工作动力，引导团队员工形成合力，共同达成工作目标。

（2）形成"抢单"与"淘汰"的良性竞争模式。开展技能、体能与应急处置能力培训，提高岗位工作要求，并拿出对保卫人员有吸引力的"总值班"工作，实施"抢单模式"，提供给优先达到岗位要求、各项技能过关的保卫人员。对于达不到岗位要求的人员实施淘汰。让班组员工形成比、学、赶、超的良好氛围，让保卫工作更有活力，从而提高保卫班组工作效率。

2. 案例点评

（1）该案例思路清晰、结构严谨，针对保卫岗位存在的绩效激励与压力不足的情况，提出绩效对赌，放大激励与压力，将绩效目标与个人利益切实挂钩，有效传导压力，调动班组员工能动性。能够抓住工作重点，有效促进员工积极参加岗位和技能培训，成为"多能工"，确保安防应急一体化工作模式运行顺畅，形成了以技防为主，人防为辅的安全管理方式，实现了三方联动，达成了提高安防系数、提升工作效率与品质、减少人工成本的目标。

（2）保卫人员培训内容针对性强，始终围绕岗位工作要求开展培训工作。坚持组织应急预案学习，能够根据实际情况调整难度系数进行应急演练，不仅可以让员工灵活运用所学的应急处理知识，还可以反过来检验应急预案是否合理，一举两得。能够做好数据管理，记录员工各项培训指标，通过数据分析员工培训效果。经过系列培训，有效提升了保卫人员技能、体能和应急处理能力，具有较强的实效性与推广性价值。

（3）将"三力"管理工具与"精益 6S"管理工具相结合，运用精益6S 完成现场的布局、规划与可视化打造，为实现工作目标提供硬件支撑；形成标准化工作文件、岗位维持基准和可视化标准，为实现工作目标提供制度支撑；运用"三力"管理工具，实施绩效对赌方案，强化绩效压力，提升团队凝聚力，引导员工全力以赴达成工作目标；提高工作要求，开展岗位培训与考核工作，及时淘汰达不到岗位要求的人员，及时引进新员工，优化员工队伍，为实现工作目标提供人员支撑。有了硬件、制度以及人员的支撑，必然能够有效促进工作目标的达成。

整体而言，保卫班组能够将业务工作和班组面临的实际问题与"三力"系统工作有效结合，寻找系统解决方案，且从最后效果看，该方案的推行取得了较好的成效，提升了班组工作效率与品质，为公司创造了效益，具有一定的完整性、实效性、推广性与创新性。

## 3.3  活力系统

### 3.3.1  关于活力

1. 运行机制

在经济学当中"人"被认为是利己的、自私的。当个体所在环境资源紧缺和自身利益受到侵占时，个体往往会被激发起竞争意识，去争夺资源，保证自身的发展需求，因此，引入竞争机制需要考虑资源的稀缺性来带动组织的竞争氛围，如关键岗位的稀缺，只提供给符合岗位要求的人才；而对于不符合岗位发展要求的人员则淘汰出局，减少资源的占用。活力系统在运行的过程当中，需要注意两个方面的内容：一是竞争机制的设计必须遵守公平、公开和公正的原则，以正向引导为主，做到赏罚分明，提高员工完成组织任务的积极性；二是竞争机制设计的主要目的是调动员工主动性和积极性，使员工在竞争中获取优势，为组织创造更大的价值。

（1）活力的来源——竞争机制。活力来源于竞争机制。企业不仅要有目标机制和激励机制，不断推动员工提升自己的能力和业绩，而且必须有相应的竞争，让不适合组织成长和发展需要的员工离开组织，同时将外部市场的压力传递到组织之中，从而实现对企业人力资源的激活和优化，防止人力资本的沉淀或者缩水。竞争机制主要通过竞聘、末位处置、人员退出制度来实现。竞争机制对于提高人力资源开发质量和配置效益起着独特的作用。

（2）活力的作用点——好胜之心。① 好胜之心对组织的影响。只有表现更好的人才能获得胜利。好胜心会让员工更加投入地工作，提高工作质量和效率，更好地实现组织目标；好胜心也会促使员工不断提升自身能力，从而在竞争中获得优势，而人力资源质量的提高，会直接加强组织的核心能力。

② 为什么人有好胜之心？人之所以好胜是因为多数人都在一定程度

上具有英雄情结，这也是我们从祖先的基因中继承而来的。最初的狩猎除了能填饱肚子，也是一条实现英雄情结的道路，特别是当合作捕猎大型动物时。这也是为什么即使其他食物能够满足食欲，也有一些人要去捕猎大型动物，因为让全体部落成员共享一餐肉曾经是部落中数一数二的勇士才能完成的壮举。更成功的猎人通常具有超常的智谋和勇气，可以成为部落的首领，获得更多、更好异性的青睐，有机会繁衍更多的后代，因此，他们的基因也就更容易传递下来。英雄情结是人的一种本能，再经过长期的文化滋养，使得现代人的英雄情结和好胜心甚至比祖先更强。

③ 活力系统激发好胜之心的原理。英雄意味着超常，取得一定的成就之后，潜力的不断开发与野心的不断提升相辅相成，而人在追求超常中通常敢于承担风险，不惜吃苦、不避吃苦。活力系统是一个人力资源优化系统，通过建立有效的竞争机制，引导员工围绕组织的需求开展有序竞争，在竞争中激发员工的好胜心，从而不断提升自身能力，同时通过竞争来盘活存量人力资源，优化人力资源配置，引进高素质人才，淘汰不符合组织需求的人员。

（3）活力的作用方向——个人发展与组织发展匹配。活力系统是一个人力资源优化系统，指的是在人才选拔、退出中引入竞争机制，坚持"凭能力吃饭，靠业绩晋升"的原则，做到"能上、庸下、平让""用新、励旧、去庸"。组织发展以组织整体效率和长期绩效的提升为目标，个人发展以个人职业生涯的发展为主要目标，活力系统通过鼓励并帮助员工提升自身能力，让合适的人、有能力的人去推动业绩的提升，而不合适的人、没有能力的人则淘汰出局，从而增强整个组织的活力和运行效率，实现个人发展与组织发展匹配。因此，实现组织发展与员工个人发展的匹配是活力系统的直接目的，也就是活力的作用方向。

2. 基本原则

（1）战略规划原则。组织在运行活力系统之前，需要明确公司的发展战略目标，根据战略目标进行有针对性的市场调研和分析，及时掌握内外部环境的变化，如外部商业模式的创新、产品技术的更迭和内部运营、生产效率的变化，对人力资源需求的影响。同时，在活力系统运行过程当中，也要考虑各部分内容之间的相互联系和作用，提前做好系统的计划和部署，如在企业转型或高速发展阶段产生职位空缺时，能够及时获取优质的人力资源进行匹配，对于中高层岗位有合适的人才继任。

（2）结构平衡原则。活力系统运行过程当中要注重人力资源结构性平衡的原则。企业在转型和发展中往往会出现人力资源存量与实际需求之间的结构性失衡现象。一方面是人员总体数量不少，但符合岗位能力和素质要求的人员不足，出现结构性缺员现象，即新业务、关键岗位出现人才需求空缺的同时，传统业务、辅助性岗位却存在大量富余人员；另一方面，人力资源在学历、年龄和层级存在结构性失衡现象。

（3）持续优化原则。组织生命周期理论认为，企业同人一样具有生命周期，分为初创期、成长期、成熟期和转型期四个阶段，每个阶段的发展战略和特点不同，决定了管理形式和采用的人力资源策略也相应有所差异。企业在不同发展阶段对于人力资源的要求是动态变化的，因此需要根据战略目标和内外部经营环境制定相适应的人力资源政策和计划，保证人力资源始终在动态中寻求最优配置，持续激发组织活力。

（4）创造效益原则。人力资源投入一般会产生三种成本，分别是人力成本、沉没成本和人力资本。在实际经营期间，有部分岗位和人员是有投入但是没有实际产出，与实际报酬不匹配，此时人力成本直接转变成了沉没成本，减少了人力资源价值创造，占用了资源。人力资本是存在于人体之间，具有经济价值的知识、技能和体力等质量因素之和，比物质、货币等硬资本具有更大的增值空间。作为"活性资本"的人力资本，具有创新性和创造性特点，具备有效配置资源、调整企业发展战略等市场应变能力。因此，活力系统需要紧紧围绕将公司人力资源在最大程度上转变成人力资本这个目标来运行，使人力资本不断增值，为企业创造更多的效益。

**3. 活力系统的内容**

"活力系统"的核心内容为：在人才选拔和人员淘汰的过程中实行竞

争机制，坚持"凭能力吃饭，靠业绩晋升"的原则，做到"能上、庸下、平让""用新、励旧、去庸"，让合适的人、有能力的人去推动业绩的提升，而不合适的人、没有能力的人则淘汰出局，从而增强整个组织的活力。

"活力系统"包括选拔系统和淘汰系统。选拔系统主要从选拔的资格、选拔的标准和选拔的流程三个维度进行规范；淘汰系统则主要从淘汰依据和淘汰办法两个维度进行规范。

### 3.3.2 选拔系统

1. 选拔标准

公司各级人员的选拔均是以"三识三力三观"的人才标准为依据，分级分类制定人员选拔评价标准，具体维度和要求见"四定"工程中定人章节。

2. 选拔方式

（1）竞聘制。指通过竞聘的方式公开选拔管理干部，主要程序如下。

① 发布竞聘公告，明确竞聘的岗位、工作职责、任职资格、竞聘程序、时间、地点等内容，凡符合竞聘岗位任职资格要求的员工均可报名参加竞聘。

② 人力资源中心对报名人员任职资格进行审查，淘汰不符合任职资格的人员。

③ 人力资源中心组织成立竞聘评估小组，召开竞聘会，由竞聘评估小组对竞聘人员进行现场评分，确定1—2位候选人。

④ 公司总经理办公会或品牌管理委员会对候选人进行审议，确定任职者。

⑤ 对拟任职者进行公示，公示期为三个工作日。

⑥ 公示结束后，公司正式发文任命。

（2）选任制。指由选任岗位所在单位申报或上一级单位领导提名进

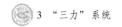

行选聘干部的方法，主要程序如下。

① 拟选任岗位所在单位提名、申报或上级单位领导推荐。

② 人力资源中心对提名人员任职资格进行审查，并组织进行考察、测评和民意调研，出具评估报告。

③ 总经理办公会或品牌管理委员会审议提名人员，并结合评估报告最终确定任职者。

④ 对拟任职者进行公示，公示期为三个工作日。

⑤ 公示结束后，公司正式发文任命。

（3）任期制。指对部分管理干部实行固定任期，在任期结束后根据任期内工作业绩进行重新聘任的办法，主要程序如下。

① 任期结束前一个月，由人力资源中心组织对任职者任期内履职情况、工作业绩、能力、品德等进行考察、调研和民意测评，提出评估报告。

② 总经理办公会或品牌管理委员会结合评估报告，提出是否继续聘任的意见。

③ 对不予继续聘任的人员，由人力资源中心组织进行面谈反馈，并重新进行选拔；对拟继续聘任的人员进行公示，公示期为三个工作日。

④ 公示结束后，公司正式发文任命。

（4）资源竞单。公司创造条件推行各项资源竞单，每年颁布竞单资源范围，由各级组织方开展各项竞单工作。

① 竞单标的。根据资源标的不同，可分为存量资源和增量资源，其中存量资源包括产品资源、市场资源、订单资源、产业资源和岗位资源等，增量资源则是外部引入的包括产品、市场、产业等各项资源。具体如下。

产品资源。原则上公司所属产品资源均应纳入竞单范畴。

市场资源。公司现有市场资源均可启动竞单机制，可按照大区或办事处所辖市场区域进行竞单，也可采用打包或分拆方式实施抢单。

订单资源。公司生产订单可实施竞单，生产中心以车间、生产线等形式参与内部竞单。

岗位资源。公司所属的各级各类岗位均应纳入竞单范围。经公司批准实施竞单的岗位由人力资源中心发布岗位资源启动岗位竞单，经批准允许部门自行组织的，由各部门自行发布岗位资源启动岗位竞单，公司负责督导落实。

存量产业资源。公司明确纳入存量资产处置范畴的产业资源可纳入竞单范围。

② 竞单级别。竞单依据竞单资源组织方不同分为公司级竞单、运营级竞单和项目级竞单。公司级竞单由公司统筹实施，组织方参与部门由公司根据资源类别进行安排；运营级竞单由各业务单位统筹实施，项目级竞单由各项目小组统筹实施，组织方可由业务单位或项目小组自行确定。

公司级竞单资源包括：产品资源、尚未明确划分的市场资源、存量资产资源、本部行政序列岗位、子公司总经理、主要项目负责人等公司认定的相关资源、增量资源。

运营级竞单资源包括：各单位已承接的产品资源或市场资源的内部拆解竞单、由业务部门发布的订单资源、本部除行政序列以外的其他岗位、子公司除董事长、总经理的其他高管岗位等。

项目级竞单资源包括：项目小组内的各项资源竞单。

③ 抢单方式。抢单分为内部抢单、外部抢单和混合抢单。组织方在发布抢单资源时应明确可抢单团队资质，内部抢单要求团队负责人为公司在册员工，其他员工不限；外部抢单要求团队负责人为公司外部员工，其他员工不限；混合抢单公司在册员工和外部员工均可参与。

内部抢单应按照本规定要求明确抢单方案，提交抢单计划书；外部抢单和混合抢单组织方可根据市场情况，参照抢单计划书格式要求，在价值导向、共担共享、公平公开原则的前提下，灵活设置抢单方案和抢单计划书内容。

④ 议单流程。分为初评、复评、终评三个环节。复评和终评环节可根据竞单标的确定是否需合并。

初评。初评是由初评小组审核团队提交的抢单计划书，并从战略、财务、人事等职能角度对预算、预案内容进行审核。公司级竞单初评小组由董事会秘书处、人力资源中心、财务管理中心及相关部门负责人组成。运营级竞单和项目级竞单初评小组由其组织方自行确定。

复评。项目组可根据初评反馈意见修订抢单计划书后参与复评。复评包括现场陈述和现场评议环节。组织方根据项目情况设置现场陈述环节。抢单团队需现场陈述抢单计划书内容，并接受沟通问询。公司级竞单复评小组由公司领导、相关职能部门组成。运营级竞单和项目级竞单复评小组由组织方自行确定。

终评。依据实际情况确定是否需要单设终评环节。对于公司级产品资源和市场资源应提交品管会终评，提交终评的候选团队一般不少于 2 个。公司级岗位资源视具体情况提交品管会或办公会终评。运营级竞单应提交总经理终评。终评完成后，组织方应与竞标团队确认竞单项目承诺书和项目实施方案，包括预算、预案、薪酬、对赌等相关内容。

⑤ 项目跟单。跟单包括业绩跟踪和风控跟踪。业绩跟踪由绩效管理部门实施，一般按季度实施跟踪，对于重点项目可根据实际情况实施月度或周跟踪机制。对于出现业绩偏差的项目应及时组织相关部门跟进分析、评估，协助项目团队制定下一阶段调整举措。项目的风控跟踪由审计、品牌等相关职能部门按照风险管理办法规定，纳入常态化工作范畴。

⑥ 对赌机制。对赌是指业务团队与组织方签订的基于竞单资源的业绩约定。对赌可分为薪酬对赌、资源对赌、期权对赌、奖金对赌、超值分享计划等。竞单方案一般应设有对赌机制。对于创业型项目可实施期权对赌，成长型项目设置薪酬对赌或超值分享计划，成熟型项目设置奖金对赌。具体对赌条款由竞单组织方予以明确。

（5）岗位 AB 角。基于关键岗位人才梯队的建设需要，公司推行岗位 AB 角的人才培养模式，有效落实各部门关键工作事项，确保关键工作事项的连续性、稳定性和顺畅性。AB 角的选拔流程及要求如下。

① A 角选拔。各部门先梳理部门关键工作事项，再落实到具体岗位和人员，选定该人员作为 A 角。

② 评估部门内是否有合适的 B 角人选，如果有，可直接按照 AB 角模式运行，如果没有，要选拔和培养 B 角。

③ B 角的培养对象的选拔。要求符合 A 角岗位的任职资格条件、符合公司"三识三力三观"的人才标准；由各部门对照 B 角选拔条件，在征求 A 角意见后，在与 B 角充分沟通后，确定 B 角人选，如当前没有能胜任的 B 角，由部门负责人担任。

④ 各部门按照上述盘点流程组织盘点，向人力资源中心提交《"事岗人"盘点表》，其表如表 3-25 所示，由人力资源中心审核后，汇总提交公司领导审阅。

表 3-25　　　　　　　　　　　"事岗人"盘点表模板

| 关键工作事项 | 工作承接岗位 | 当前岗位员工 | 工作胜任程度 | 拟采取的优化措施 | 当前有无能胜任的 B 角 | 经选拔后的B 角人选 | B 角当前胜任程度 |
|---|---|---|---|---|---|---|---|
|  |  |  | 完全胜任<br>基本胜任<br>暂不胜任 | 培训学习<br>岗位轮换<br>人员淘汰 | 有<br><br>无 |  | 完全胜任<br>基本胜任<br>暂不胜任 |
|  |  |  |  |  |  |  |  |
|  |  |  |  |  |  |  |  |
|  |  |  |  |  |  |  |  |

填表说明：a. "关键工作事项"原则上须符合下列条件：直面"三维"服务对象（客户、股东、员工）的工作事项；战略重点专项工作；工作价值含量较高、一般难以快速掌握的工作事项。各部门可从部门定事表中"重要程度"为"A"的工作事项中选择，如多个关键工作事项均由一个岗位承接的，可合并填写。

b. "工作胜任程度"指当前岗位员工胜任该关键工作事项的程度，分为"完全胜任""基本胜任"和"不胜任"，如该岗位员工"暂不胜任"，应先行采取优化措施，再启动实施 AB 角。

c. A 角和 B 角不限于一般岗位员工，可为部门负责人和其他级别的行政序列管理人员，如当前没有能胜任的 B 角，且选拔后也无合适的一般岗位人员的，应暂时由行政序列管理人员顶上，再采取优化措施后，选拔合适 B 角培养。

（6）内部兼职。公司总结多年来柔性用工经验，研究制定《柔性用工管理办法》，规范公司各种柔性用工形式，明确适用情形、渠道来源、聘用流程以及用工报酬等；柔性用工的实施过程遵循专职与兼职相结合、固定用工与兼职用工相结合的原则，对内做到"人尽其才、才尽其用"，对外做到"不求所有、但求所用"，逐步实现从刚性用工向刚柔互补转变、从侧重引才向引用结合转变。在《柔性用工管理办法》中，清晰界定了内部兼职的7种形式，包括：产权型兼职、培养型兼职、补位型兼职、不饱和兼职、项目型兼职、专业型兼职、业余型兼职；调研收集各部门可用于内部兼职的岗位，并将部分项目型、专业型和业余型兼职岗位作为竞单资源予以发布。各种兼职形式具体如下。

① 产权型兼职。是指公司本部因产权管理需要，派员工到所属公司兼任法定代表人、董事（长）、监事、高级管理人员、财务负责人等职务的兼职类型。

② 培养型兼职。是指公司因培养复合型管理人才需要，将核心骨干人才派往本部其他部门或所属公司兼任相关行政序列岗位工作的兼职类型。

③ 补位型兼职。是指公司本部出现部门负责人（含中心下属部门负责人）岗位空缺，暂无合适人选的，可由该岗位的直接领导或其他部门人员暂时兼任的兼职类型。

④ 项目型兼职。是指公司本部需要运作临时性大型项目时，需要相关部门人员参与的，可与其他部门人员共同组建虚拟组织或项目团队，临时兼任阶段性工作的兼职类型。

⑤ 不饱和兼职。是指两个部门均存在岗位工作不饱和的情形，由其中一个部门的岗位人员兼职从事其他部门工作的兼职类型。

⑥ 专业型兼职。是指为充分发挥专业技术特长，除承担本职工作外，兼职从事与本专业密切相关工作的兼职类型。

⑦ 业余型兼职。是指因个人兴趣爱好或为丰富生活体验，除承担本职工作外，利用业余时间，兼职从事与本专业不相关工作的兼职类型。

### 3.3.3 淘汰系统

1. 淘汰依据

（1）岗位任职资格条件。通过岗位说明书来明确各岗位的任职资格要求，定期对现有岗位员工的基本条件、能力素质进行审核和评估，内容包括学历水平、专业背景、工作经验、专业能力、个性特质等，对于达不到要求的员工，采取调岗、辞退等方式予以淘汰。

（2）绩效考核结果。实施绩效考核的全方位覆盖，依据员工的个人绩效表现的考核结果来进行相应的淘汰处理，包括中高层履职评价结果、一般员工年度绩效考核结果、新进人员试用期考核、销售人员业绩考核等。

（3）人才盘点结果。定期实施全面人才盘点，盘点结果为末端人才的，纳入淘汰对象范围，逐步淘汰出现有岗位。

（4）违规违纪处理机制。对于违反公司规章制度或法律法规人员，根据情节严重程度给予岗位淘汰或公司淘汰。

2. 淘汰办法

（1）绩效警示制度。公司全面推行绩效警示制度，对于绩效表现不佳的员工，给予绩效提示、绩效警示、黄牌警告、红牌等不同级别的警示，其中：对于收到"红牌"的员工，启动罢免程序。由绩效管理委员会审议后，提交公司总经理办公会或品牌管理委员会讨论，并作出调整决定意见。

（2）任期届满履职考评制度。公司制定《部门经理任期管理办法》，实行部门经理任期届满履职考评制度，考评采用任期述职评价的方式进行，述职内容包括：本任职期主要经营指标完成情况、重点专项工作进展情况、其他工作履职情况。绩效管理委员会根据部门经理的任期述职，对部门经理任期内履行岗位职责情况进行评价，评定为"优""良""中""差"四个等级。提请总经理办公会或品牌管理委员会按照下列方式进行调整。

① 任期内被给予"红牌"，启动罢免程序的，一律免去现职。

② 任期届满履职考评被给予"中"的，原则上不再继续聘任，实行换岗。

③ 任期届满履职考评被评定为"差"的，不得继续聘任，需实行转岗或退岗。

（3）末位淘汰机制。

① 销售人员末位淘汰。将一线人员考核结果与人员淘汰相挂钩，具体如表 3-26 所示。

表 3-26　　　　　　　　　　　销售人员末位淘汰机制

| 岗位 | 淘汰周期 | 淘汰范围 |
|---|---|---|
| 大区经理、办事处经理 | 每年 | 年度考核得分排名处于后 20% |
| 省级商务经理 | 每半年 | 连续两个周期考核得分排名处于同类岗位后 20% |
| 区域经理 | | |
| OTC 主管 | | |
| 商务代表 | | 低于全国整体任务完成率的大区，所属商务代表考核得分排名处于后 10% |
| 处方代表 | | 连续两次处于"双低"且低于既定产出标准 |
| OTC 代表 | | 低于全国整体 OTC 任务完成率的办事处，所属 OTC 代表考核得分排名处于后 10% |

② 其他人员末位淘汰。对于员工上半年考核或年度考核在所在部门或层级排名后 10% 的，经绩效面谈小组直接面谈后，给予一个季度的机会，若下个季度排名仍旧在所在部门或层级排名后 10% 的，则采取降职、降薪、调岗、解除劳动关系等淘汰处理措施，由部门负责人或绩效管理办公室视实际情况，提出具体处理意见，经所在部门分管领导和人事分管领导审批通过后，由人力资源中心作出相应调整或处理。

### 3.3.4 活力系统案例

1. 案例介绍

## 双轮驱动拓展新零售①

### 一、实施背景

为应对医药电商的发展趋势，销售中心成立了新零售小组，以此来统筹规划马应龙药品的新零售平台，搭建新的线上销售根据地。通过开设天猫马应龙医药旗舰店进行自运营，积累运营经验和用户信息，为后续开设京东、拼多多等官方旗舰店、扩大线上销售奠定基础。

作为一支新的业务团队，在筹备时间紧、使命责任重的情况下，新零售小组面临以下急需解决的问题。

（1）如何在短时间内迅速组建一支具有战斗力的队伍？人员从哪里来？

（2）公司下达了首年（2019年7月至2020年3月）较高的销售目标，同时确保旗舰店与阿里自营共增长。在前期上线产品不多、运营经验不足、发展前景不明朗的情况下，该采取哪些策略保证销售目标的有效实施和达成？

（3）如何获得更多实战的、可操作的、有效的技术方法支持，确保新零售小组能够稳定、长期发展？

结合上述实际存在的问题，新零售小组以"三力"系统的活力流动性为切入点、压力传导性为着力点、动力针对性为落脚点展开了相关工作。

### 二、解决思路

（一）总体思路

充分运用公司先进机制，盘活现有资源。

---

① 参见熊伟、刘珍编：《2018—2019年马应龙践行"三力"系统优秀案例集》，内部资料。

（1）推行柔性用工，快速构建起适应新零售小组发展的组织体系，建立与业务模式发展相适应的专业化队伍，激发组员活力。

（2）优化绩效考核，建立可以分解、落实的业务目标和管理目标，适时传导压力，确保运营策略的重点工作、重点环节能够落地和实施。

（3）采取人单合一模式，加强项目管理。做到项目前责任人目标清晰、项目中跟踪有效、项目后总结提高，并匹配相应的激励，调动起全员的创业热情，为团队成长提供持续动力。

（二）要达成的目标

目标 1：快速组建团队。

目标 2：完成公司下达的业绩指标。

目标 3：打造一个可持续发展的模式。

### 三、具体做法

（一）推行柔性用工机制，激发人员活力，健全组织功能

新零售小组的组织功能主要包括运营类、设计类、客服类，若小组成员全部对外招聘则会花费较大的时间成本和经济成本。因此，采取内部柔性用工机制选择匹配的人员，是快速构建满足新零售业务组织体系的最佳选择。通过综合考量，新零售小组选择在岗位关联度较大的品牌管理部和电商事业部中运用柔性用工机制，在不影响本职正常工作和有余力的前提下，由两部门通过以下原则选择适当人员承接相关职能需求。

（1）业务匹配原则。根据新零售业务特点和业务需要明确柔性用工人员应具备的条件。

（2）意识统一原则。选择理解和认可马应龙新零售业务发展理念的柔性用工人员。

（3）技能匹配原则。选择具有专业技能特长的高素质柔性用工人员。

基于以上原则组建团队，使组员们对新零售小组的前景拥有共同的发展目标和一致的使命感，作为公司全新业务体系的开拓者，更是

掀起了新零售小组"全员创业"的热情。通过柔性用工机制，不仅为组员提供了自身成长和进步的机会，激发了工作活力，同时也将不断健全新零售小组运营所需的组织功能。

目前，新零售小组除专职人员4名外，运营管理（包括文案策划、媒介合作）、美工设计、售前和售后客服等岗位均由品牌经营部及电商事业部人员兼职，后续专职人员的新增将根据旗舰店业务量的增加再进行相应的调整。如表1所示。

表1 　　　　　　　　　　　　**新零售小组成员构成**

| 职能 | 人员来源 | 专职/兼职 | 人数 |
|---|---|---|---|
| 运营管理 | 品牌经营部 | 专职+兼职 | 5人 |
| 美工设计 | 品牌经营部 | 兼职 | 2人 |
| 客服（售前+售后） | 品牌经营部+电商事业部 | 兼职 | 15人 |

（二）运用绩效管理机制，传导正向压力，促进目标达成

根据新零售小组各岗位特点和工作重点，制定正向激励的绩效考核体系。建立在业务层面和职能层面可分解、可落实的业务目标和管理目标。其中，业务目标注重店铺业绩指标、运营指标的达成，需要做到专业运营、专业管理、专业队伍；管理目标要确保各项经营方针的落地和实施，落实重点工作、重点环节、重点策略。如表2所示。

表2 　　　　　　　　　　　　**新零售小组各岗位考核内容**

| 店铺指标 | 考核内容 | 考核岗位 |
|---|---|---|
| 访客数 | 1. 商品标题优化<br>2. 付费推广对店铺引流 | 运营 |
| 客单价 | 1. 关联销售的推荐<br>2. 组合产品的设置合理 | 客服<br>运营 |
| 商品跳失率<br>转化率 | 详情页、主图创意设计 | 美工 |

续表

| 店铺指标 | 考核内容 | 考核岗位 |
|---|---|---|
| 新媒体运营指标 | 每日、每周、每月粉丝增加数量 | 运营<br>内容营销 |

运用绩效管理机制，对小组人员的工作量和工作成果进行评估，通过压力传导调动全体组员的积极性，使各项工作能够正常有序地进行，进而促进经营目标的达成。

（三）实施人单合一模式，以激励促动力，追求高效运营

在旗舰店的日常运营中，新零售小组针对运营策划、美工设计等创意类工作，开展项目式管理，积极开展人单合一模式，大力实施抢单机制，鼓励内部抢单。同时，通过强化项目过程管理，设置相应的激励措施，有效激发了组员们的内生动力，并实现高效运营。例如：在运营组产生运营设计需求后，向组内设计人员进行发单，由设计人员甲和设计人员乙评估后进行抢单确认，并组织协调各类资源进行设计创作。如图 1 所示。

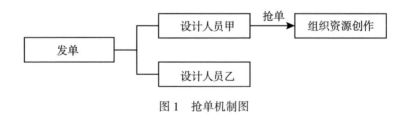

图 1　抢单机制图

通过抢单机制，不但丰富了各类创意表现形式，并在一定程度上增强了店铺的行业竞争力。如：通过打造马应龙特色的店铺视觉风格减少客户跳出率、策划 "店长推荐" 小视频和小漫画等旗舰店特有的栏目突出店铺差异化，真正做到 "人无我有、人有我优"。同时，抢单机制还为组员们提供可充分发挥其能力的舞台，对于组员来说，"实现自我" 也是一种非常有效的激励。

**四、实施效果**

（一）目标达成情况

1. 店铺各项指标超预期达成

马应龙医药旗舰店于 2018 年 7 月 25 日正式开店，到 11 月 17 日，旗舰店直接零售额提前 4 个月完成公司考核指标，店铺收藏人数51028 人。各项指标表现良好，超过同期开业的同类型医药旗舰店（月销 30 万元左右，店铺收藏人数 2500 人），更远超同期开业的某知名 OTC 企业旗舰店和某老字号医药旗舰店等。DSR 各项指标均高于行业指标 4.05%—13.28%，店铺基础服务考核 4.41 分，售后指标方面均符合阿里健康考核指标要求。开业两个月，店铺销售排名 OTC药品类目第 31，马应龙品牌天猫类目销售排行第 5。据统计，旗舰店销售额增长迅猛，如："双十一"当天 0 点开售 7 分钟销售已达到平均日销均值，21 分钟超 9·9 大促销售纪录，"双十一"当天整体达成近 10 天的日均销售。

通过前期运营，已远超和阿里健康的签约目标。同时，旗舰店的发展也带动了阿里健康自营店的业绩增长，实现了马应龙新零售业务的"双轮驱动"。目前整体开局良好，并已调整各项经营指标。马应龙强大的品牌流量为店铺各项指标快速提升带来较大的帮助，店铺各项指标月度均继续保持稳定增长势头，其中核心指标商品浏览量及客单价增长较大。

2. 历练了一支队伍

通过柔性用工、训战结合的形式，新零售小组从无到有、从有到精，每个人都能通过新的磨砺让自己迅速成长，历练出了一支富有开拓精神、充满活力的战斗队伍，为新零售小组的长期发展提供了有力的基础支持。通过全职人员与柔性用工人员组合，也实现了新零售小组业务组织体系建设的"双轮驱动"。

3. 形成了一个可复制的模式

新零售小组的工作实践为公司拓展新兴业务提供了管理经验。在业务上，通过天猫马应龙医药旗舰店的经营，形成了可向京东、拼多多等其他平台进行快速复制的运营模式,进而为提升公司整体业绩贡献力量;在管理上,围绕柔性用工机制、人单合一模式,以点带面,向其他业务单元提供了实践经验和参考案例。

(二)形成了何种管理成果

(1)形成了柔性用工机制和人单合一模式的实践管理经验。

(2)基于柔性用工、抢单机制,向公司其他业务单元提供了快速开展新业务的实践经验和参考案例

## 2. 案例点评

(1)该案例为压力系统和活力系统,其中柔性用工机制和人单合一模式是在提升组织活力方面采取的针对性举措,在公司内部有一定的创新性。

(2)本案例通过对3个关键问题的论述,完整地描述了新零售小组作为一支新的业务团队,如何从无到有、从组建到运营的整个过程。针对发展过程中的3个关键问题,通过逻辑清晰的阐述,详细介绍了解决问题的思路、方案和取得的成果,体现了"三力"系统的先进性和实战性。

(3)公司大力推广柔性用工机制和抢单机制,新零售小组的实践为公司各部门提供了真实、直观、有成效的案例,对先进机制的实施和应用起到助推作用。

(4)在业务上,通过天猫马应龙医药旗舰店的经营,形成了可向京东、拼多多等其他平台进行复制的运营模式,进而为提升公司整体业绩贡献力量;在管理上,围绕柔性用工、抢单机制,以点带面,向公司其他业务单元提供了实践经验和参考案例。

(5)新零售小组探索和应用"三力"系统精髓,用创新举措落实创新理论。通过资源整合创新、营销创新、制度创新、激励创新等,践行和丰富了"三力"系统理论,做到了理论指导实践、实践丰富理论。

# 3.4 "三力"系统运行效果评估

## 3.4.1 评估标准

评估标准主要包括以下几个方面。

1. 压力系统评估

（1）目标分解程度。① 集团下达的责任书，分解到每个高管、每个部门、每个下属机构，并签订责任书。② 每位员工签订绩效合约，并制订具体行动计划。

（2）目标跟踪频率。采用例会、目标跟踪单、质询会、改进行动报告等方式定期进行目标跟踪。

（3）目标考核覆盖面。认真组织季度考（月考）、半年考、年终考，并做好沟通反馈工作。

（4）考核结果应用。奖励、升降、淘汰、培训等考核结果的应用与员工个人业绩挂钩。

2. 动力系统评估

（1）薪酬体系完善程度。建立规范的薪酬福利体系，各级各类人员有相应的薪酬结构。

（2）重点群体激励。针对销售、研发等重点员工群体，根据岗位性质和工作特点制订适用的激励方案。

（3）重点项目激励。重点项目、专项工作有明确的奖励方案。

3. 活力系统评估

（1）流动方式。普遍采取竞聘制、提名制、组阁制、内部公开招聘等具有较强竞争性和灵活性的方式完成人力资源配置。

（2）流动依据。根据员工业绩、胜任力评价结果和岗位任职资格要求确定员工流动方向。

（3）流动性质。① 员工内部流动常态化且具有计划性。② 离职员工中，公司主动淘汰的较多，员工主动离职的较少。

### 3.4.2 评估内容和步骤

评估步骤可分为信息收集、诊断分析、报告与设计三个步骤。

（1）信息收集。每年度末，绩效管理办公室基于评估标准对"三力"系统运行情况启动评估工作。首先要进行相关资料的与信息的收集工作。信息来源可以是绩效责任书、考核结果、会议纪要、人员晋升、薪酬调整、岗位调整、离职信息等相关文件，也可以是与相关人员的访谈记录等。

（2）诊断分析。收集齐相关信息资料后，由绩效管理办公室组织相关单元共同开展诊断分析工作，重点分析"三力"系统落实过程中的阻力和问题。

（3）报告与计划。根据诊断分析的结果，由绩效管理办公室填写并提交"三力"系统的运行情况，在下一阶段的计划中对发现的问题予以修正或完善。

"三力"系统实质上是对人力资源管理四种机制的总结、提炼和升华，压力系统即牵引和约束机制，通过明确组织对员工绩效的期望和要求，使员工采取正确而有效的行为，帮助企业完成目标；动力系统即激励机制，通过对员工需求的把握和满足，激发员工的内驱力，产生寻求特定目标的行为；活动系统即竞争与淘汰机制，通过将外部市场的压力传递于组织当中，实现对企业人力资源的激活，防止人力资本的沉淀或缩水。

# 4 "两条"策略

"两条"策略是人才产生的通道，目的在于引导人力资源经营的方向，促进人才流动，形成流动的增长力。人才资源是未来经济增长第一资源，是创新活动中最为活跃、最为积极的要素。按照人才成长规律，营造良好的人才发展环境，广泛吸引和努力造就一批世界水平的高层次人才和高水平创新团队，是价值创造战略的重要任务。不仅需要在体制层面上创造公平竞争的环境和利于创新的肥沃土壤，让各类人才脱颖而出，更应当落地落实人才内在价值的挖掘，形成源源不断的人才"泉眼"。

"两条"策略，即人才引进和人才培养，主要在"四定"的基础上，明确人才的经营导向，根据企业的发展目标来选择合适的员工，即通过一系列的评鉴引进企业所需要的人员。形成人才集聚效应和知识溢出效应，不断优化人力资源配置，实现真正的"合适的人做合适的事"，它为人力资源经营提供了清晰的导向，即让更多的人才在公司的价值创造平台上实现增值。

人才资源作为生产要素，同其他资源一样，也遵从市场配置规律，其主要驱动机制是供求机制，在企业转型过程中具体表现为增量业务和存量业务人才资源的供给和需求不平衡，导致人才从一个领域流向另一个领域。人才流动实质上是人才作为理性人的选择行为，是人才就其本身蕴含的人力资本价值所进行的交易行为。这种交易行为有两个结果值得注意。

1. 持续人才引进带来的 1+1>2 的人才集聚效应

"引进一个人才，带来一批创新思维，孵化一批新业务模式，培育一个新兴团队，催生创新'核裂变'。"由人及团队、企业、业务模式、商业模式、创新，这个逻辑实际上就是人才集聚效应的逻辑。人才集聚效应是指在自我价值实现和利益的影响下，人才流动导致在某一时间段内大量的人才在某一业务领域形成聚类的现象。人才间的聚集使得相互间紧密合作，对经营创新和绩效增长有着积极的作用，使得聚集后的人才对业务领域价值创造作用要大于每一个人才单独作用的总和。

当今社会，城市越发达，经济水平发展越高，人口聚集现象越明显，所以说人才聚集也是评判企业在行业内领先地位的一大特征。人才的聚集能够增加科研水平和创新能力，同时同类别的人才之间也会产生竞争感，每个人才都希望自己是出类拔萃的，他们会不断地学习和提升自己的知识或技能，形成一种很好的竞争环境。因此，在人才聚集的同时也提升了企业发展的整体竞争能力。

2. 长期人才培养反哺的知识溢出效应

"教育和人才是永不退出的投资。"在企业中，教育就是培养人才，就是面向人、理解人、激发人。人才培养过程包含知识、技能，以及情感态度价值观的培养。

对于价值创造活动来说，更为重要的不是人才和知识在业务领域的聚集，而是这些资源的流动与交流，而保障流动与交流的条件是企业的人才发展机制。在现实环境中，企业搭建平台营造环境，促使知识、技能拥有者将自己所有的或部分的知识通过正确的渠道在适当的环境下正确地传递给知识接收者，知识接收者能够很好地理解这些知识、运用这些技能，将这些知识为己所用，并加以改进和创新。双方相互交流、模仿、互动、竞争，建立一个循环的回流机制。在这种模式下，一方面知识、技能在企业中的集聚和扩散作用随着人才流动而在各个业务单元，或者是新老业务间循环进行，不仅提升了人才的知识技能水平、促进了人才的情感态度价值观在企业中达成共识，而且有助于企业价值创造体系的可持续发展和经营效益的进一步增长；另一方面各类资源要素高效便捷流动，知识溢出效应显著，推动企业成为创新人才培养高地。

## 4.1 人才的定义

人才是具有一定科学文化知识、才能和品德，能担负一定的工作并作出贡献的人，是人力资源中素质能力较高的劳动者。人才具有各种不同的层次、类型和衡量标准。各级各类学校教育的任务就是培养各种类型、层次的人才。

人才资源侧重于将人才作为资源，它可以进行流动与配置，具有极强的战略意义。对企业来说，企业的人才资源指的是企业中所有那些体现在企业员工身上的才能，包括员工的专业技能、创造力、解决问题的能力，以及管理者的管理能力，在某些情况下，甚至还包括员工的心理素质，因为员工的心理素质在很大程度上将影响其才能的发挥。面对快速变化的商业环境，管理的不确定性不断增加，企业持续增强组织的灵活性，加强组织内部团队协作，提高组织对外部环境适应力，在搭建人才管理体系中，定义人才成为整个流程的起点。

### 4.1.1 人才的特点

人才具有杰出的素质与能力或者具有一定潜力的原因在于人才具有创造性、进步性、相对性和动态性四个主要特点，这也是他们与一般人相区别的关键点。

#### 1. 创造性

进行创造性劳动是人才与普通员工的根本区别。能力人人皆有，但每个人的能力所发挥作用的大小、水平的高低却是有差别的。只有那些具有敏锐思维和创新性，能在难题和新问题面前充分发挥才能来解决问题的人，才称得上是人才。因此，创造性是人才的根本特点，也是社会的第一需要。

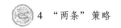 

**2. 进步性**

进步性是人才的本质属性之一。如果仅仅通过是否具有天赋、才能及是否成功、杰出等因素来判断、定义人才是不科学的。人才并不是单纯地依靠天赋进行判断的，更多的是对其现阶段的整体素质进行判断。

**3. 相对性**

人才总是相对某一参照系来说的，也就是说，人才的与众不同主要体现在其中一个或多个专业领域，有一种领域上的局限性。文学家中的人才是相对于文学领域来说的，而对于军事领域、科技领域都不能相提并论。所谓专家，是指在某一个领域内具有深厚造诣的人。因此，人才既可能是某一领域的杰出者，也可能会在其他某一领域具有相对多的缺点，我们应该用一种宽容、包容的心态来评价一个人是否是人才。

**4. 动态性**

不同类型、不同层次的人才在一定的条件下可以相互转化，因此人才是一个动态的概念，总是处于不停地变化中。例如，企业家与政治家在一定条件下可以相互转化，低层次的人才与高层次的人才在一定条件下可相互转化等。

### 4.1.2 人才标准

人才标准是人才管理活动可量化、可衡量的关键成果和目标，同时它也是打通战略与人才之间关系的连接器。经由战略的分解，马应龙以"三识三力三观"和"四化"作为人才标准。

**1. 三识三力三观**

（1）三识包含学识、见识、胆识，是人才的基本素质。其中，学识是指具有良好的教育背景和专业领域的知识结构，具有持续参与继续教育的经历，有一定的行业专业地位；见识是指具有多岗位工作经历，具有跨领域工作的能力，具有行业内或专业领域内知名企业工作经历，工作履历具有社会含金量；胆识是指善于把握社会或企业变革机遇，在变革中有所作为，在公司推行的重点项目中扮演重要角色，且项目成效显著。

（2）三力包含思想力、行动力、创造力，是人才所具备的能力。其中，思想力是具有敏锐的洞察力，具有独立思考的能力，能作前瞻性的判断，并提前规划，将其转化为明确的工作目标；行动力是具有较强的执行力，能将工作目标转化为具体行动计划，并通过各种努力将其付诸实施，促使既定的工作目标顺利达成；创造力是思想力和行动力相结合的有效转化，通过二者的结合，能推动原有领域提升一个台阶，或超越现状开辟新领域，推动持续成长。

（3）三观包含道德观、职业观、工作观，是一个员工最基本的职业必备素质要素。其中，道德观是忠于职守，忠于岗位、组织，坚守本分；职业观是责任担当，敢于负责、勇于承担；工作观是爱岗敬业，并全身心投入工作。

2. 四化

"四化"是"三识"的进一步细化，是人力资源结构优化的具体操作依据，体现的是策略层面的人才标准。"四化"，即知识化、专业化、职业化及年轻化。

（1）知识化。指要具有完备的、系统的知识结构，匹配的学历水平和持续学习的能力。

（2）专业化。指专业背景与岗位属性一致，要求具备相关专业的系统教育背景和丰富的相关岗位工作经验以及专业技能水平，具有一定的行业专业地位，以及与岗位相匹配的国、内外专业技术资格或认证资质。

（3）职业化。指良好的跨领域、跨专业的履职经历，具有行业内或专业领域内知名企业工作经历，工作履历具有社会含金量。

（4）年轻化。指符合岗位要求的前提下优先选拔年轻人员。

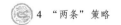

3. 两者之间的联系

知识化源于"学识"中对系统的专业学历以及知识转化与创新能力要求；专业化源于"见识"中对岗位资质背景、岗位工作经验、专业技术能力要求和"三力"中对洞察、执行和创新的能力要求；职业化源于"见识"中对岗位职业经验要求和"三观"中对责任承担要求；年轻化源于"胆识"中对挑战困难的勇气和信念要求。

### 4.1.3 人才评鉴

人才是区别于普通员工的人群，其拥有创造性、进步性等特点。因此，针对人才的管理方法也应有所区别。在具体管理上，企业需要对内部人员进行盘点，了解人才的数量和质量的层级；随后对人才各个阶段的选配开展评鉴，设置更具有激励性的流动通道，采取更有针对性的培养方式，推动人才不断发挥自身能力。

人才评鉴是衡量员工能力和贡献的标尺，同时它也是对员工进行准确评价，让员工感受到有效激励与职业发展引导的牵引器。人才评鉴的目的是了解人才身上所具有的素质和能力，以及人才使用过程中与组织的匹配度。在人才发展体系中，人才管理离不开持续跟踪、评鉴和反馈。

1. 差异性体现

人才评鉴，也是人才素质测评或人才评价，三者存在细微差别，在人才管理过程中呈现差异化的特征。

（1）人才测评。是以现代心理学和行为科学为基础，通过心理测验、面试、情景模拟等科学方法对人的价值观、性格特征以及发展潜力等心理特征进行客观的测量与科学评价。"测评"是用"尺子"去衡量人的特征，强调用科学的方法形成客观的评估结果，将考评重心由外在知识技能有效扩展到内在素质、能力与态度，能够准确地识别出卓越员工与平庸员工，为企业选拔外部人才和合理配置内部人才提供科学依据。单纯的人才测评，有时会局限于"就人说人"，与应用场景的结合不够紧密。

（2）人才评价。"评价"是指对某事或某人进行判断和分析后输出结论，包括对一个事件或现象的评价、对人的行为的评价、对一个价值观或观点的评价等。在人才管理的场景里，有胜任度评价、履职评价、离任评价和绩效考核评价等。"评价"是基于一定的依据，对评价对象定性、定量地下结论。基于评价目的，该结论会产生一定的直接或间接影响。

（3）人才评鉴。强调在客观的观察、测评后，对人形成全面、客观的反映。相比于"测评"，人才评鉴的内容更广泛全面，通常包含德、能、勤、绩四个方面，基于不同的应用目的，可选取不同的评鉴重点。而评鉴方式有考，有测，有评，有审。相比于"评价"，人才评鉴更强调"照镜子"，即反映客观情况、减少主观意志影响。同时，其更关注时间效力，强调动态评鉴，而不是贴标签，甚至盖棺定论。

2. 准确性评价

准确性是人才评鉴的根本，为提高评鉴结果的有效性，我们须对评鉴工具的专业度进行了解，包括信度、效度与难度。

（1）信度。指评鉴所得结果的一致性。一致性越高，稳定性越大，评鉴结果越可靠；相反，如果每次评鉴结果都存在较大差异，那么这个评鉴工具的可靠性是值得怀疑的。一般来说，人才评鉴都要求信度在 0.7 以上。信度通常以两次评鉴结果的相关系数来表示，如果相关系数为 1，则表明评鉴工具——如试卷完全可靠；相关系数为 0，则表明该试卷完全不可靠。

（2）效度。是指评鉴的有效性和准确性，即评鉴是否鉴到了它要测量的内容。效度是一个相对概念，而非绝对概念，即效度只有高低之分，而没有全部有效和全部无效之分。目前已有的评鉴工具、简历分析及面试者主观经验等都是从一个侧面对候选人进行了解，均可以揭示一定的内容，若要实现较高效度，可采取多种评鉴工具相互校验佐证的方式。

（3）难度。是指测评者回答问题时的难易程度，难度是相对的，受测评者整体水平影响。一般认为，试题的难度指数在 0.3—0.7 比较合适，整份试卷的平均难度指数最好掌握在 0.5 左右，高于 0.7 和低于 0.3 的试题不能太多，否则会严重影响评鉴的区分度。

3. 全局性贯穿

（1）有力支撑人才管理决策。无论是进行人才增量选配评价，还是进行人才存量家底盘点，都可以根据需要进行更为全面的扫描评鉴，为人才聘任、选拔、配置、培养、激励等管理决策提供依据。动态系统的人才评鉴数据，应以系统、全面、清晰的"人才账本"最大可能地扩展管理者对人才的可视范围，并提供多种专项分析，帮助其进行宏观整体的把握和决策。与此同时，企业可以结合对外部人才市场的持续关注，分析外部人才培养效率、供给关系和使用成本，从而明确组织内部人才队伍建设的重点，更好地引进和培养，防范人才断档风险，打造组织的核心能力和人才优势。

（2）推进人才有益流动。人才管理的目的，是在合适的时间将合适的人放在合适的位置上。对于人才配置和内部人才流动，需要在一定的需求分析及预测的基础上，进行规划和牵引。在人才盘点数据翔实准确和及时更新的条件下，若企业出现特定的人才需求，可以快速基于关键字段查询，缩小目标人群范围，结合自荐、推荐与组织遴选等方式引进合适人选。这样的人才数据库，使企业的人才可视范围扩大到全员，真正形成人才池。

（3）推进人才加速培养。人才培养既要关注共性，也要关注个性。共性问题的解决，需要基于准确的诊断，将人才资源有效组织，变"自由散步"为"列队跑步"，即以统一的行为改变促进能力和绩效提高。个性问题的解决，则需要因人施策，以个体化、多样性、学习与实践交互、更多的体验式、探究式课程呈现，实施员工职业发展生涯规划。各级人才身处其中，互评互促，成为组织人才生态的有机组成部分，培养目标是"以能力为中心"，培养过程是"以学习者学习为中心"，多重结网赋能。

## 4.2 人才引进

正如供给侧结构性改革是推动经济结构调整和转型升级的强大动力，人才的引进同样可以置于公司发展的角度充分考量，从需求出发，制定引才政策，吸引更多高层次人才加入，为公司转型升级和业务发展提供强有力的人才支撑。

引进高层次人才，重点围绕公司重点产业及战略性新兴产业发展需要，符合公司健康方案提供商的战略定位。公司鼓励采用刚性和柔性相结合的方式引进符合公司产业发展需要的高层次人才，其中刚性引进是指采取专职聘用方式从外部引进人才，柔性引进是指从国内外以兼职聘用、技术攻关合作、专家顾问服务等方式引进人才。人才引进工作力求公开透明、程序规范，坚持品德、知识、能力和业绩并重，实行统一政策和统一标准。

### 4.2.1 引进对象范围

引进对象主要针对公司人力资源现状，重点充实和优化关键业务部门、新兴业务部门，以及整体素质较为薄弱的部门和岗位，以替换无法满足工作要求的人员，强化和充实公司重点业务的力量。引进对象应符合"三识三力三观"和"四化"的基本人才标准，引进范围重点包括行业内领军型人才、世界级研发人才、高端专业人才和有着丰富岗位经验和实践背景的专业人才。

1. 刚性引进高层次人才

（1）国家"万人计划"、国家杰出青年科学基金获得者及相应层次人才、国家有突出贡献中青年专家、已取得国内外同行认可的重大科研成果、掌握具有自主知识产权和核心技术的人员。

（2）享受国务院特殊津贴专家，湖北省科学技术进步奖一、二等奖获得者（第一完成人），湖北医学领军人才。

（3）国家实验室、国家重点实验室、国家级工程（技术）研究中心、国家级企业技术中心等国家级公共研发平台科学家，以及海内外相当资历和知名度的杰出人才。

（4）具有国内外先进水平，引领医药产业、大健康产业发展，能带来重大经济和社会效益的一流创新团队核心成员。

（5）中国医药工业 50 强企业中担任（或曾担任）中高级职务的工程技术专家、经营管理专家。

（6）中华技能大奖获得者或全国技术能手（包括在国家级一类竞赛中获得"全国技术能手"称号的技能人才），国家、省级技能大师工作室牵头人。

（7）国家、省级政府表彰的高技能人才。

（8）因业务发展需要引进的其他高层次人才。

## 2. 柔性引进高层次人才

（1）两院院士、海外院士。

（2）政府部门和相关机构的专家。

（3）高校、研究机构或中介机构的知名学者或专家。

（4）医药业界知名学者或专家。

（5）有一定社会影响力的企业家或专家。

（6）围绕公司经营和业务发展需要，能给公司创造显著价值增值的高层次人才和其他各类特殊人才。

### 4.2.2 引进对象确定程序

## 1. 人力资源需求的确定

人才引进是组织为了生存发展的需要，及时寻找、吸引并鼓励符合要求的人员到本组织中任职和工作的过程。引进的需求不是无故产生的，一般当组织出现职位空缺或者是人岗不匹配时，就出现了获取人力资源的需求。一般来说，组织的人力资源需求主要有三种来源。

（1）人力资源规划。组织根据其战略发展需要制定的人力资源长期的获取规划，即对可能的人员需求、供给情况作出预测，并据此储备或减少相应的人力资源。人力资源规划是组织获取新的人力资源的主要需求来源。

（2）人才评鉴。通过人才评鉴，组织能够掌握人岗不匹配的情况，即员工个人能力水平和职位要求存在较大的差距。对此类员工及其所在职位而言，都存在再次配置的需求，组织可以根据人才评鉴的结果重新配置人力资源。这种配置工作需要组织具有工作分析的基础，即通过系统分析的方法来确定岗位的具体职责、工作范围及岗位所需要的胜任素质。

（3）职业生涯发展。当组织能够满足员工的个性化需求和职业生涯发展的目标时，组织的整体绩效也会得到提升。因此，组织在"用人"的同时，也应关注"育人"。为组织发展培育全方位人才也是组织获取未来竞争优势的重要途径，从这个角度出发，组织应通过有计划的工作轮换、晋升及其他形式实现人力资源的再配置与再开发。

## 2. 人才引进计划的制订

高层次人才引进需由用人单位向人力资源部门提出书面申请，提交以下申报材料。

（1）用人单位根据人才发展纲要和年度编制规划确定人才引进计划，每年初制定《年度招聘与人才引进计划表》报人力资源部门审核、公司审批同意后实施。

（2）对于因业务发展需要临时新增的人才引进需求，可临时新增计划，填报《人员需求申请表》，报公司审批同意后执行。

（3）用人单位需对所需引进的人才进行精准描述，构建岗位人才画像。

## 3. 信息发布

人力资源部门根据公司人才发展规划，用人单位年度招聘与人才引进计划、引进岗位的性质、计划到岗时间、人才引进成本的预算等，选择合

适的人才引进渠道，发布人才引进信息。

### 4.2.3 引进方法

人才引进的具体实施办法是深化落实引进一批与标杆管理相结合，对照标杆企业引进优秀人才，加大人才引进渠道的拓展力度，加强人才甄别技术和方法的研究与应用工作，加快特殊人才引进"绿色通道"建设工作。

1. 拓展引进渠道

（1）将引进对象聚焦在标杆企业相关领域的人员，并设置次标杆企业（总体有欠缺，但某方面为标杆的企业，以扩大引进人员候选范围），实行人才的定向引进。

（2）关键和重点岗位通过与猎头公司合作进行定向引进，并通过挖掘同类型企业优秀人才、参加高级人才专场封闭招聘会等多种形式，扩大人才的选取面，必要时跨出武汉地域局限，主动出击到京沪穗等发达地区参加高级人才招聘会，引进高素质人才。

（3）建立内部员工引荐机制，对于内部员工引荐的人才一经录用，对内部员工进行奖励。

（4）创新高校困难资助方式，将资助与实习生管理、管培生引进等工作进行有效结合。

（5）建立公司外部人才后备库，实现关键人才引进的常态化。对于进入人才后备库而公司短期没有需求的人才，根据岗位重要性和人才综合素质，划分为不同星级，建立日常维护的制度和流程，按不同星级采取不同的维护方式，保障公司对人才需求的及时到位与效率。

2. 准确识别引进对象，提高引进成效

（1）加强人才甄别方法的研究和应用，对拟引进人才采取委托专业机构进行背景调查、人才测评、集体面试等方式进行评价，提高引进人才的成活率。

（2）强化提高引进人员的质量。健全人员招聘筛选流程，分系统、分岗位地建立人员甄别模型及面试评价方法，采用结构化面试、电脑测评、书面考试、命题作业、现场调研报告等多种测评手段，多方位、多角度地进行考察评价。

3. 构建人才引进"绿色通道"

（1）构建高层次人才引进"绿色通道"，破除现有人员编制限制，建立高层次人才编制外引进许可机制。

（2）破除现有薪酬体系限制，设立人才引进专项津贴基金，充分发挥面议工资制在高层次人才引进方面的作用，使高层次人才的薪酬充分与市场接轨，跨越"待遇"阻力。

（3）破除用人机制限制，尝试多种人才使用与合作方式，在某些岗位可推行"不求所有、但求我用"的用人思路，尝试推出兼职、半兼职、项目合作等"柔性"用人形式，不断深化"柔性"用工管理办法，创新多种用工方式。

### 4.2.4 引进渠道

人才引进分为内部引进和外部引进。

1. 内部引进

企业的内部引进有四种方式，即提拔晋升、工作调换、工作轮换和内部引荐。

（1）提拔晋升。在企业内部选择可以胜任某空缺岗位工作的优秀人员。企业通过这种方式，可以给员工提供升职的机会，对于激励员工非常有利。同时，内部提拔也省去了企业培训新员工的成本。内部提拔的人员对业务工作和企业文化比较熟悉，能够更快适应新的工作岗位。但是，内部提拔有可能使其他员工产生嫉妒心理，导致工作氛围紧张，同时内部提拔上来的员工往往难以在新工作岗位上进行创新，仍然采用原有的工作流程。

（2）工作调换。是在企业内部寻找合适人选的一种方法。通过内部调换可以使员工了解其他部门的工作，这样一方面有利于员工今后的晋升，另一方面可以使上级对下级的能力有更进一步的了解，也为今后的工作打好基础。

（3）工作轮换。区别于工作调换的不定期，工作轮换往往是两位以上人员且是有计划进行的。工作轮换可以使企业内部的管理人员或普通人员有机会了解单位内部的其他工作，给那些有潜力的人员提供晋升的机会。目前工作轮换多用于管培生的培养，为其正式进入岗位作好准备。

（4）内部引荐。充分利用内部员工资源，建立内部员工引荐人才渠道和奖励机制，鼓励员工积极推荐各类人才。

## 2. 外部引进

外部引进的方式结合渠道的不同，主要有面向社会公开招聘、第三方机构招聘、校企合作、政府合作、灵活用工五种。

（1）面向社会公开招聘。通过在各种媒体上发布招聘广告，吸引符合条件的人员前来应聘。通过广告发布进行招聘可以实现范围更广的信息传播，同时能为所有的应聘者提供公平的竞争机会。现阶段，亦根据公司引进海外人才的需要，开拓海外华人招聘网站、海外人才引进代理人、留学生群等信息发布与收集渠道。

（2）第三方机构招聘。以就业代理机构为代表的第三方招聘机构通常有很多求职者资源。通过第三方机构进行招聘，从而节省时间成本和人力成本，更快地找到适合的员工。一般来说，第三方机构主要有公共就业代理机构及猎头公司两类。其中，公共就业代理机构主要是各级政府主办的人才市场、劳务市场和就业安置处等，猎头公司主要是引进中高级管理人才及高级技术人员。

（3）校企合作。与高等院校通过共同育人、合作研究、共建机构、共享资源等方式实施合作，深化产教融合，实施产学研一体化建设。学校是人才高度集中的地方，也是企业获取人力资源的重要渠道。校园招聘通常包括三种方式：一是企业直接到校园里进行招聘；二是学生提前到企业实习；三是企业和学校联合培养企业所需人才。

（4）政府合作。与政府相关部门取得并保持联系，收集政府人才寻访信息，根据引进人才的需求择机参加政府组团的人才引进项目。

（5）灵活用工。根据业务需要，灵活采用多元化的用工形态和高弹性的工作方式，拓展新业态下的用工渠道，适应新经济业态的发展。

## 4.3 人才培养

随着互联网时代的到来，企业面对的是更加激烈的立体化竞争。人才培养作为企业人才发展的重要通道，不仅注重新知识、新技术、新工艺、新思想、新规范的教育，更注重人才潜力、创造力、人文素养和团队精神的培养。通过培训和培养规划，员工可以收获新思想、新思维、新技术、新能力，企业也可以迅速提高业绩，马应龙以此为基础建立了人才基地、马应龙大学，以提升人才核心竞争力，追求可持续发展。

### 4.3.1 培养对象范围

人才培养作为人才发展和提高人才价值的基本手段，是提高企业竞争力的重要途径，是企业拥有高素质员工、获取竞争优势的重要手段。由此可知，人才培养在企业发展中的地位举足轻重。企业在进行人才培养时，需遵循以下三个原则。

1. 以企业战略为导向

企业必须根据自身的发展目标及战略制订培训规划，使人才培养和企业的长远发展紧密结合。

2. 理论联系实际，学以致用原则

人才培养项目的实施应当具有明确的针对性，从实际工作的需要出发与职位特点紧密结合。其目的在于，通过培养让员工掌握必要的技能以完成规定的工作，最终为提高企业的经济效益服务。只有这样，人才培养才能收到实效和提高工作效率。

### 3. 充分考虑员工自我发展的需要

人才培养体系设计的目的是为企业的发展战略服务，同时也要与员工个人职业生涯发展相结合，实现员工素质与企业经营战略的匹配。

本着人才知识化、专业化、职业化、年轻化的原则，培养对象重点为具备岗位任职资格条件、经考察能胜任本岗位工作、基本素质条件较好且具有发展潜质的人员。

培养对象的分类，从定位上分为业务与行政两大类，从层级上分为高、中、基三个层次，从专业上分为研发、销售、生产、技术、管理以及实践技能等领域。公司对符合基本条件的人员进行严格筛选，按照相应比例确定培养一批的对象。培养对象的评定每年组织一次，根据评价结果进行吐故纳新，使培养一批的人员有危机感和紧迫感，公司基、中、高层人员的晋升优先从培养一批的对象中产生。

## 4.3.2 人才培养的双重制导作用

人才培养的作用主要表现为对企业的作用和对员工的作用。

### 1. 对企业的作用

企业通过系统专业的培养，可提高员工的职业素养、工作技能，让员工有更好的发展平台，从而满足员工发展和自我实现的需要。人才培养对企业的整体作用主要体现为以下三个方面。

（1）推动企业文化的完善与形成。企业文化是一个企业的灵魂，是企业创造生产力的精神支柱。企业培训可以让员工在了解企业文化的同时，推动企业文化的完善与形成，树立良好的企业形象。

（2）优化人才组合。企业通过培训，将员工的潜能开发出来，并淘汰没有潜力的员工。优化人才组合的优化，不仅有利于员工快速成长，而且有利于企业工作效率的快速提高。

（3）增强企业的向心力。企业培训为员工提供了一个完善和提高自我能力的机会，使员工可以在工作中实现职业生涯规划，对员工有激励作用。此外，员工在培训中通过相互接触、相互了解，加深了对企业的感情，增强了归属感。

2. 对员工的作用

通过人才培养，员工可明显提高自身的综合业务能力，个人的潜力也能得到最大限度的释放，为以后的职业发展打下坚实的基础。人才培养对员工的作用主要体现在以下三个方面。

（1）提高员工的自我认知水平。通过培养，员工能够更好地了解自己在工作中的角色和应该承担的责任和义务，更全面客观地了解自身能力、素质等方面的不足，提高自我认识水平。

（2）提高员工的知识水平和技能水平。通过培养，员工的知识水平和技能水平将得到提高。而员工技能水平的提高，将极大提高企业的生产效率，为企业创造更多利润，员工也可为此获得更多收入。

（3）转变员工的态度和观念。员工通过培养可以转变态度，如对待技术革新的态度、对待企业的态度等。此外，员工培训可以让员工转变观念，如树立终身学习的观念、质量观念等。

### 4.3.3 人才培养方式

人才培养的具体实施办法是深化落实人才培养与价值创造相结合，以价值创造作为识别培养对象的主要标准，创新培养方式，系统推进后备人才培养工作，着力提升培养对象的"三识三力三观"和"四化"水平。具体培养方式如表4-1所示。

表4-1　　　　　　　　　　　　　　　人才培养方式

| 序号 | 培养方式 | 主 要 内 容 |
|---|---|---|
| 1 | 集中学习 | 包括现场授课、专题研讨两种形式。现场授课主要是通过聘请内外部专家来进行某一专题的讲座，采取传授的方式来增长学员的学识；专题研讨是围绕公司关注的某一专题以会议的方式来进行集中探讨，相互交换个人见解，从而拓展分析、解决问题的思路 |

续表

| 序号 | 培养方式 | 主 要 内 容 |
|---|---|---|
| 2 | 自学 | 由员工自行通过网络课程、书籍阅读以及线上学习平台等渠道来获取对自身有价值的信息，逐步扩展个人知识的广度和深度 |
| 3 | 导师制 | 为培养对象安排培养过程中的成长导师，利用导师丰富的专业知识和实践经验，帮助培养对象共同制订学习提升计划，并负责在日常工作中针对其遇到的绩效问题和存在的能力短板进行辅导，及时反馈、不断总结，直至培养期结束 |
| 4 | 轮岗 | 通过内部岗位轮换，使培养对象能熟悉和掌握各岗位业务工作，锻炼提升综合能力，从而经济有效地培养出能够独当一面的复合型人才 |
| 5 | 一线锻炼 | 通过安排培养对象前往生产、销售一线进行一段时间的工作体验，加强对产品生产、销售过程的熟悉和了解，为后期业务工作开展奠定良好基础 |
| 6 | 项目实践 | 将培养对象按照培养目标类别分为相对独立的项目小组，并指定小组长；公司面向培养对象各小组发布各项专题研究任务，项目小组可公开竞标，中标小组完成项目工作后，公司根据项目评价等级给予一定奖励；通过独立开展研究项目，承担额外任务，增长员工的学识、见识和胆识 |
| 7 | 外派培训 | 1. 不定期安排各类员工参加外部专业课程的学习或行业内的专题会议，为员工创造走出去学习的机会，了解和掌握外界先进的理念和方法，加快知识更新速度<br>2. 创造条件组织实施培养对象到知名工商管理学院进行短期脱产进修 |
| 8 | 标杆学习 | 针对公司日常经营中存在的问题，前往外部优秀企业或行业标杆进行实地调研，寻求可以借鉴的方法和手段，从而有利于个人开拓专业视野，转变工作思路 |

### 4.3.4 人才培养类别及实施内容

公司培养分为主导型培养和引导型培养两大类。

1. 主导型培养

主导型培养为马应龙大学组织实施，以提升"三力"和"三观"为目的，结合公司经营管理中的要求，通过各类岗位知识和专业技能学习实现管理能力和专业能力的提升。

（1）管理能力培养。此类培养旨在提高员工的综合管理能力，分层次，分步骤满足管理人员不同阶段能力提升的需求，培养分为初级、中级和高级三个层次。

① 初级班。基层管理者是在公司生产、销售、研发等第一线生产经营活动中执行管理职能的管理者，主要协调和解决员工工作中遇到的具体问题，是整个管理系统的基础。

基层管理者能力模型要求其有明确的工作目标，关注完成任务的过程和团队努力成果，懂建立团队的技术和策略，具体为"定目标、追过程、拿结果、建团队"。

➤ 培训对象：公司基层管理人员，以及符合基层管理人员能力模型的优秀人才和后备人选。

➤ 培训内容：围绕"定目标、追过程、拿结果、建团队"的能力模型，分解能力项，基于能力项匹配对应的培训要素和培训内容，具体如表4-2所示。

表4-2　　　　　　　　　　　　**基层管理者培训内容**

| 能力模型 | 能力项 | 培训要素 | 培训内容 |
|---|---|---|---|
| 定目标 | 目标分解 | 问题分析与解决 | 1. 学习和掌握解决问题模型 |
| | 沟通宣导 | | 2. 掌握解决问题模型中的几个模块的处理流程 |
| | | | 3. 将方法应用于自身工作情形，解决实际问题 |
| 追过程 | 高效执行 | 管理基础理论 | 1. 管理理念 |
| | | | 2. 管理素养 |
| | | | 3. 管理技能 |
| | 结果导向 | 绩效管理 | 1. 发展组织能力，推动战略实施 |
| | | | 2. 将企业战略融入人力资源管理行动 |
| | | | 3. 发展员工能力 |
| | | | 4. 培养所需人才，确保持续增长 |
| | | | 5. 塑造员工思维模式，获取商业成功 |
| | | | 6. 改进员工治理方式 |

续表

| 能力模型 | 能力项 | 培训要素 | 培 训 内 容 |
|---|---|---|---|
| 拿结果 | 目标导向 | 目标管理 | 1. 理解目标导向，在团队中对目标达成共识<br>2. 掌握目标管理的具体方法和工具<br>3. 学会识别创新的能力，了解自己的创新优势和短板 |
| | 责任意识 | 基层领导力 | 1. 树立责任意识<br>2. 强化职业规范意识、职业化行为，修炼职业化素养 |
| 建团队 | 辅导培养 | 团队管理 | 1. 明确目标，建立规则<br>2. 有效辅导和教练技术 |
| | 关心下属 | 高效人员管理 | 1. 人员的合理配置与分工<br>2. 实施培训与实践<br>3. 激励团队，保证团队工作有序、高效 |

➤ 培训方式：集中培训+专项工作轮岗实践培训。

➤ 考核方式：培训课程考试+项目实践考核+结业论文。

➤ 实施周期：6个月至1年。

➤ 实施计划：年度分板块和专题滚动实施。

② 中级班。中层管理者能力模型要求其关注团队结果。善于激发团队活力。能能辅助高层做好相关工作。做好班子搭配，具体为"判轻重、定策略、搭班子、做激发、拿结果"。

➤ 培训对象：行政序列部长助理、副部长、部长级人员，初级班毕业的优秀青年骨干，以及符合中层管理人员能力模型的优秀人才和后备人选。

➤ 培训内容：围绕"判轻重、定策略、搭班子、做激发、拿结果"的能力模型，分解能力项，基于能力项匹配对应的培训要素和培训内容，具体如表4-3所示。

表 4-3  中层管理者培训内容

| 能力模型 | 能力项 | 培训要素 | 培 训 内 容 |
|---|---|---|---|
| 判轻重 | 组织协调 | 构建运营（优化组织） | 1. 组织的概念<br>2. 流程的作用<br>3. 优化组织、再造流程的方法<br>4. 组织有效性评估 |
| | 洞察力 | 商业敏感度 | 1. 了解企业大局观，理解企业财务、运营和战略之间的关系<br>2. 理解影响企业利润的关键因素<br>3. 理解企业产品和服务的价值<br>4. 学习运用各类财务报表和关键指标分析企业问题 |
| 定策略 | 战略分解 | 承接战略 | 1. 业务定位及管理<br>2. 如何制订业务实施策略<br>3. 业务策略的根据与调整<br>4. 业务策略的评估与实施 |
| | 创新思维 | 创新改善 | 1. 创新的意义<br>2. 创新的来源及方法<br>3. 创新管理 |
| 搭班子 | 培养意识 | 人才培养 | 1. 审视人力资源管理活动的价值及方向<br>2. 人才管理平台的搭建及调整<br>3. 激励下属，提供学习平台 |
| | 识人用人 | | |
| 做激发 | 协同能力 | 沟通协作（跨部门协作） | 1. 跨部门沟通方式<br>2. 沟通意义、重要性及误区<br>3. 解决方法及注意事项<br>4. 资源分配与整合 |
| | 激励他人 | 客户导向 | 1. 明确业务定位<br>2. 业务实现战略路径<br>3. 客户识别与协作达成组织目标 |
| 拿结果 | 推动执行 | 资源整合 | 1. 资源的调配与争取<br>2. 如何最大限度地调动资源达成目标管理<br>3. 管理工具应用：六顶思考帽、案例开发、复盘技术等 |
| | 结果导向 | 战略绩效管理 | 1. 数据分析与运营<br>2. 以绩效为核心的全面运营概念 |

➤ 培训方式：集中培训+专题研讨+专项工作轮岗实践培训+案例研究+导师辅导。

➤ 考核方式：培训课程考试+能力跟踪测评+结业论文。

➤ 实施周期：一年。

➤ 实施计划：2021年7月启动第一期中级班，后期每年滚动实施。

③ 高级班。高层管理者能力模型要求其关注战略、善于凝聚人心，能为企业的发展创造良好的环境，善于决策，能抓住机遇，具体为"定战略、聚人心、造环境、做决策"。

➤ 培训对象：行政序列副总监以上人员，中级班毕业的优秀骨干以及符合高层管理人员能力模型的优秀人才。

➤ 培训内容：围绕"定战略、聚人心、造环境、做决策"的能力模型，分解能力项，基于能力项匹配对应的培训要素和培训内容，具体如表4-4所示。

表4-4　　　　　　　　　　　高层管理者培训内容

| 能力模型 | 能力项 | 培训要素 | 培 训 内 容 |
|---|---|---|---|
| 定战略 | 战略规划 | 战略思考 | 1. 了解国内经济形势及行业动态<br>2. 战略分析方法与战略实施模型<br>3. 标杆企业管理实践<br>4. 战略选择与调整 |
| | 全局观 | 风险管理 | 1. 风险类型与识别<br>2. 不同风险的分析及应对方式<br>3. 风险管理的模型框架介绍<br>4. 风险处理案例实践 |
| | 市场洞察 | 把握业务新机遇（变革创新） | 1. 如何发现业务机遇，怎样寻找创新点<br>2. 创新的方法及实践<br>3. 培养创新思维 |

续表

| 能力模型 | 能力项 | 培训要素 | 培 训 内 容 |
|---|---|---|---|
| 聚人心 | 影响力 | 影响力本质 | 1. 管理者核心能力<br>2. 影响上级<br>3. 影响下级<br>4. 影响身边的人 |
| | 激励策略 | 培育下属（构建人才梯队） | 1. 领导梯队理论<br>2. 如何搭建领导梯队<br>3. 继任者计划<br>4. 关注他人成功 |
| | 团队凝聚 | 培育下属（激发参与） | 1. 发展组织能力，推动战略实施<br>2. 将企业战略融入人力资源管理行动<br>3. 发展员工能力<br>4. 培养所需人才，确保持续增长<br>5. 塑造员工思维模式，获取商业成功<br>6. 改进员工治理方式 |
| 造环境 | 有效授权 | 公司治理与组织建设 | 1. 公司治理与内部控制<br>2. 组织发展的实践方法 |
| | 知人善任 | 管理心理与组织行为 | 1. 沟通管理<br>2. 冲突管理<br>3. 激励管理 |
| | 客观公正 | | |
| 做决策 | 魄力 | 整合资源 | 1. 资源的定义及类型<br>2. 资源整合的意义<br>3. 发现新的资源配置方式，创造最大价值<br>4. 最佳管理实践 |
| | 分析判断 | 客户导向 | 1. 明确业务定位<br>2. 业务实现战略路径<br>3. 客户识别与协作达成组织目标 |
| | 果断决策 | 理性决策 | 1. 决策的定义及分类<br>2. 各种决策模式解析<br>3. 决策模式的选择<br>4. 思考角度及注意问题 |

➤ 培训形式：专题培训+专项工作轮岗实践培训+外部学习调研。

➤ 考核方式：培训课程考试+能力跟踪测评+结业论文。

➤ 实施周期：两年。

➤ 实施计划：结合人才盘点结果和人才发展纲要，2022年启动实施。

（2）业务能力培养。此类培养旨在提高员工的岗位业务能力和专业水平，重点在提高员工的岗位胜任力，采取理论与实际相结合的方式进行，理论培养重点是提高员工的思维、理解和分析判断能力；实践培养重点是提高员工的行动执行能力。此类培养包括以下内容。

① 内部执业资格认证。根据公司现行管理要求及业务发展需求，拟先推行质量管理类、财务管理类和通用性质管理类（参照MBA对应的资格水平）三类公司内部执业资格认证。

➤ 认证对象：所有在岗员工。

➤ 认证目的：提高员工专业技能水平。

➤ 认证等级：从低到高分别是：初级、中级、高级。原则上不允许跨级认证，即通过初级后方可申请参加中级认证，以此类推。初级作为员工具备基本专业技能水平的重要评价指标；中级作为员工具备较好的专业技能水平的重要评价指标；高级作为员工具备较高的专业技能水平的重要评价指标；今后在岗人员必须通过各级认证作为相关岗位上岗任职的基本条件。

➤ 认证方式：认证评价采取笔试、面试等多种方式来进行。

➤ 认证流程：根据各专业类别知识点编制对应教材，下发给在岗员工自学；内部开发相应的培养课程，或外部采购网络课程，组织安排员工参加课程学习。依据各专业的教材或课程内容，开发专业试题库，试题实行难度分级，根据认证等级来选择相应难度的试题。员工参加认证前必须提前申请，由公司审核后统一安排认证工作。认证通过后，由公司统一制作并发放资格证书。

➤ 结果应用：员工通过相应的内部执业资格等级认证，将与今后公司重新修订的各岗位和层级的任职资格挂钩。原则上，无相应内部执业资格证者，按不具备任职资格处理。内部执业资格认证结果作为公司行政序列晋升和业务序列评聘中"专业能力"项的评价依据。通过本专业高级认证的，可按月享受津贴，标准参照公司现行对国家执业资格的津贴标准80%，若同时具备内外部认证的，津贴按"就高不就低"原则执行。

② 特定领域资格评聘。根据公司战略发展和业务需求，拟定针对参与相应的战略性专项工作的骨干员工的对点资格评聘，如：精益人才、内部培养师等，并制定相应的激励约束机制。

➤ 认证对象：相关专项工作参与员工。

➤ 认证目的：满足公司专项重点工作的人才需求。

➤ 认证等级：根据专业特点确定等级，原则上不低于3个等级。精益人才认证分为4级：分别是黄带、绿带、黑带和黑带大师；内部培养师认证分为3级：分别是初级、中级、高级。

➤ 认证方式：培养+实操+考试。

➤ 认证流程：针对核心专业能力培育，采用专题培养和项目实践相结合的方式进行人才培养，精益推进办公室、人力资源部门按等级组织培养和开发试题。既要提高专业知识水平，也要通过安排参与项目来提高实践能力。培养过程中下达专项绩效任务，明确培养目标和时间节点。培养期结束后，由公司统一安排认证，其中，实操由公司内外部专家共同完成，考试由相关部门完成。认证通过后，由公司统一制作并发放资格证书。

➤ 结果应用：通过认证的，即可上岗，并按等级享受相应津贴。认证结果作为公司业务序列评聘中"专业能力"项的重要评价依据。

（3）师带徒专项主题培养。师带徒分为普惠制和精英制两类，具体如下。

① 普惠制。主要是基于培养新员工的需要，指定同一业务单元有一定资质的员工作为师傅，对新进员工进行传帮带，以尽快融入和适应团队及掌握基本业务能力。

➤ 培养对象：公司所有新进员工。

➤ 培养目的：提升新员工的认同感和归属感，开发思想力，快速提高其岗位胜任能力和个人绩效。

➤ 培养方式：重点在岗位工作实践中传帮带，帮助和辅导新进员工解决在工作、生活中面临的相关问题。

➤ 实施周期：一年。

② 精英制。主要是基于培养匠人的需要，通过匠师、匠生师徒关系建立和定制化培养，强化匠生的技能管理、心态管理和执行力管理，从而缩短培养对象的技能成熟期。

➤ 培养对象：相关技术岗位员工。

➤ 培养目的：有效实现尖端技艺的继承，并推动内部工匠精神的传播与发展。

➤ 培养方式：由匠师在岗带教指导，并安排匠生参加技术攻关项目，在项目中学习成长。

➤ 实施周期：三年。

（4）校招管理培养生培养。

➤ 培养对象：符合标准的校招管理培养生。

➤ 培养目的：以宣导企业文化、管理理念为重点。强化战略认同及对公司管理理念和工具的理解应用水平，提升管理素养。

➤ 培养方式：专题培养+项目实践。

➤ 培养课程：管理工具类、企业文化类、制度流程与风险控制类、项目管理类、通用管理类、公司治理类、财务管理类、人力资源管理类、客户导向类，执行创新类。

➤ 考核方式：培养课程考试+项目实践考核+毕业论文。

➤ 实施周期：校招管理培养生三年。

2. 引导型培养

引导型培养为公司引导、员工自主驱动，以提升"三识"为目的，通过参加社会性质的继续教育提高学历水平、完善知识结构，或利用业余时间参加社会上各种途径的学习，并通过国家（国际）组织的考试，获得国家（国际）认可的9种相关专业执业资格认证。

（1）学历继续教育。

➤ 培养对象：学历不符合任职资格要求的员工；有学历提升需求

的员工。

➤ 培养目的：提高岗位胜任能力；完善知识结构，提升知识水平。

➤ 培养方式：自主学习并通过考试，取得学历或学位证。

➤ 培养支持：经公司审核备案后取得学历的，可报销部分费用。

（2）国家（国际）执业资格认证。主要包括：注册会计师（CPA）、注册审计师、国际注册会计师（ACCA）、特许金融分析师（CFA）、项目管理（PMP）、国际信息系统审计师（CISA）、一级建造师、律师和执业药师。

➤ 培养对象：相关业务岗位员工。

➤ 培养目的：提高员工专业业务技能水平。

➤ 培养方式：自主学习并通过国家（国际）和社会机构的统一考试，取得资格证书。

➤ 培养支持：根据资格认证考试的难易程度给予津贴，原则上向新兴业务领域和稀缺专业倾斜，在津贴标准上拉开差距，同时公司还给予一定的培养费用支持，鼓励员工参与外部专业培养，不局限于以上 9 类资格证，只要与岗位专业有关，有助于提升岗位任职标准均可，需签订约束性服务条款。

### 4.3.5 人才培养评估管理

常用的培训效果评估模型有很多，如柯氏四级评估模型、考夫曼五层次评估模型、CIRO 培训评估模型、CIPP 培训评估模型等。从效果评估的内容来看，柯氏四级评估模型已成为企业培训效果评估的主要标准。

1. 评估模式

（1）反应评估。评估内容为学员对培训组织、培训讲师、培训课程的满意度，采用调查问卷的形式，与通用的培训项目相同。

（2）内容评估。评估内容为学员在知识、技能、态度、行为方式等方面的学习收获，采用考试、课题汇报、案例研讨等形式。

（3）行为评估。评估内容为学员在工作过程中态度、行为方式的变化和改进,评价培训的效果在学员接受培训后其工作行为发生了哪些良性的、可观察到的变化,采用访谈、问卷、360度评估等方式开展。

(4)结果评估。行为改变评估主要是衡量培训是否给学员的行为带来了改变,对绩效是否形成了促进。评价培训的效果在学员接受培训后对绩效结果的促进效果,采用绩效考评和成本效益分析等方式开展。

以上培训评估的四个层次,实施从易到难,以上部分归纳列表如表4-5所示。

表4-5 培训评估模式

| 培训层次 | 层次名称 | 定义 | 评估内容举例 | 评估方法 | 评估时间 |
|---|---|---|---|---|---|
| 第一层次 | 反应层 | 在培训结束时,评估学员对培训的满意程度 | • 对讲师培训技巧的反应<br>• 对课程内容设计的反应<br>• 对教材及内容、质量的反应<br>• 对培训组织的反应 | • 问卷调查法<br>• 面谈法<br>• 座谈法 | 课程结束后 |
| 第二层次 | 学习层 | 在培训结束后,评估学员在知识、技能、态度等方面的改进程度 | • 受训员工是否学到知识<br>• 受训员工对培训内容的掌握程度 | • 提问法<br>• 笔试法<br>• 面试法 | 课程进行时或课程结束后 |
| 第三层次 | 行为层 | 培训结束后,评估学员对培训知识、技能的运用程度 | • 受训员工在工作中是否应用了他们所学到的知识和技能<br>• 受训员工在培训后,其行为是否有了好的改变 | • 问卷调查法<br>• 360度评估<br>• 绩效考评 | 三个月或半年后 |
| 第四层次 | 结果层 | 培训结束后,从部门和公司的层面来评估培训带来的绩效改变 | • 员工的工作绩效是否有所改善<br>• 客户投诉是否有所减少<br>• 产品质量是否有所提升<br>• …… | • 个人与部门绩效指标<br>• 成本效益分析 | 半年后或一年后 |

## 2. 评估方式的选择

科学的培训评估对于了解培训投入产出的效果、界定培训对组织的贡献、验证员工培训所作出的成绩非常重要。根据培训项目选择合适的效果评估层次，避免为了评估而评估。具体如表4-6所示。

表4-6 培训评估方式

| 项　　目 | 反应层 | 学习层 | 行为层 | 结果层 |
|---|---|---|---|---|
| 对培训师的满意程度 | ✓ | | | |
| 对培训课程的满意程度 | ✓ | | | |
| 对知识、技能类培训内容的掌握程度 | | ✓ | | |
| 对知识、技能类培训内容的应用程度 | | | ✓ | |
| 员工参训后行为是否有改善 | | | ✓ | |
| 培训课程与绩效结果高度关联，且容易获得绩效结果数据 | | | | ✓ |

## 3. 评估结果的应用

评估结果主要应用在以下几方面。

（1）增加受训人员。此项目培训对他来说有什么样的体会和收获。这些收获对当前和今后的工作甚至生活有哪些益处，将决定他今后参加培训的热情。

（2）分析反馈。将此报告反馈受训人员的部分领导，告知他员工在此次培训中学到了什么，收获了什么，对现在和将来的工作有什么帮助，以此获得领导的认可和支持。

（3）将评估报告以报道的形式在报纸上宣传，引起各级领导和员工的共鸣。

（4）培训管理者的自我应用，这是其中最重要的一点。通过分析、评估报告，找出好的方面予以保持，需改进的方面要及时改进纠正，不断改进方法手段，持续提升培训的效果。

## 4.4 员工职业发展

当今的企业竞争表现为人才的竞争，谁拥有满足企业发展的人才，谁就掌握了竞争的主动权。企业如何建立核心人才优势，其关键在于留住优秀的骨干人才，实现人才与企业的长期共同发展，员工双通道职业发展模式（也称双轨制晋升机制）是其中最为有效的一种方式。

员工双通道职业发展模式最早应用于美国企业中的研发部门。为了解决这些专业技术人员晋升空间相对狭窄的问题，西方学者研究出双通道晋升机制，并在西方企业界获得广泛的应用。双通道晋升模式中，一条是管理通道，一条是专业通道，通过"两条"策略晋升后享有平等的发展机会和报酬待遇。同时，双通道晋升机制允许两条路径之间互相转换，员工可自行选择其职业发展方向，并根据自身的特点修正自己的发展路线。

行政/业务序列晋升，主要是在岗位分析与评价的基础上建立不同的岗位任职条件和晋升机制，形成双轨的员工发展通道。员工在两条通道内上下流动和互相转换，不断优化人力资源配置，实现真正的"合适的人做合适的事"，它为人力资源经营提供了清晰的导向，即：让更多的员工进入这两条发展通道（进入通道则表明员工的能力得到提升，意味着对员工的经营产生了很好的效果），并不断优化通道中的人员，保持"管道通畅"，员工如"活水"一般，在管道中合理流动。

双通道晋升机制为公司专业技术人员提供与管理人员平等的地位、报酬和职业发展机会，有效地解决了不同类型人员的职业生涯发展需求。行政序列突出员工的综合领导能力和横向管理能力，而业务序列突出员工的岗位专业技能水平，两者侧重的要素不一样，员工可根据自身的特点和职业发展规划选择合适的发展通道。

### 4.4.1 行政序列

1. 行政序列设置

公司按照各类管理岗位的要求的责任大小、领导力水平等要素评价为基础，划分不同岗位等级，将所有管理岗位分为 8 个级别，并在上述岗位价值分析的基础上，建立管理人员晋升通道，即行政序列。

（1）层级。行政序列主要分为主管、部长助理、副部长、部长、副总监、总监、总助、副总经理、总经理等主要层级，公司根据各个部门的业务性质、工作的难易程度与责任轻重，划分科学的管理幅度和管理层次，为每个行政层次设置不同的管理权限和管理责任，以及所需的资格条件，具体如表 4-7 所示。

表 4-7　　　　　　　　　　　行政序列等级设置

| 职级 | 经营管理类 | 业务管理类 | 专业管理类 |
|------|-----------|-----------|-----------|
| M8 | 职能部室部长 | 中心、事业部总经理 | 研究院院长 |
| M7 | 职能部室副部长 | 中心、事业部副总经理 | 研究院副院长 |
| M6 | 职能部室部长助理 | 1. 中心、事业部总经理助理、总监<br>2. 线下营销总部大区总监 | 1. 研究院院长助理<br>2. 研究院研发总监 |
| M5 |  | 1. 中心、事业部下属部室部长<br>2. 线下营销总部办事处经理<br>3. 线下营销总部省级商务经理 | 研究院下属部室部长 |
| M4 |  | 1. 中心、事业部下属部室副部长<br>2. 生产中心车间主任 | 研究院下属部室副部长 |
| M3 |  | 中心、事业部下属部室部长助理 | 研究院下属部室部长助理 |
| M2 | 职能部室主管 |  |  |

续表

| 职级 | 经营管理类 | 业务管理类 | 专业管理类 |
|---|---|---|---|
| M1 | | 1. 中心、事业部下属部室主管<br>2. 中心、事业部下设组组长、副组长<br>3. 线下营销总部区域经理<br>4. 线下营销总部 OTC 主管 | 1. 研究院下属部室主管<br>2. 研究院下设组组长、副组长 |

说明：

① 经营管理类。承接职能管理、专业支持和行政服务等管理系统岗位。

② 业务管理类。承接客服销售系统、产品交付系统、资产营运系统等运营系统岗位。

③ 专业管理类。承接解决方案系统的运营系统岗位。

（2）管理机构。行政序列管理机构为董事会、总经理办公会、品牌管理委员会，行政序列人员的选聘、晋升、降职、解聘等均由总经理办公会、品牌管理委员会或董事会决议，并正式发文。具体而言，公司主管级（含）以上、高管以下人员的任免由公司总经理办公会或品牌管理委员会审议，高管人员的任免由公司董事会审议。

行政序列拟晋升人员获得总经理办公会审议通过后，人力资源部门根据总经理办公会或品牌管理委员会意见对拟晋升人员的基本情况进行公示，公示三个工作日之后，若无异议即可发文执行晋升。

2. 任职资格与评价体系

企业根据岗位分析和岗位价值评估结果，建立行政序列人员任职资格与评价体系，并以此为人员招聘、培养、晋升、薪酬等各项人力资源经营工作提供重要参考依据。

（1）职位分类分层划分。企业依据组织战略，按照工作性质将企业内部所有职位划分为相应的若干个"职位类和职位族"，再对所有的职位按照组织统一的任职资格的差异，将每个职位分为若干个"职级"，从而形成一套职级体系，进行分类分层管理。同一职级内的各个职位可以采取同一个称谓表示，同一职级内各个职位所需资格条件相同，可以采取同样的任职、考核和待遇标准。

在职位大类（管理、业务、专业、辅助等）中，前三类职位层级划分的意义较大，辅助类岗位的激励主要与直接工作绩效有关，职位层级的划分意义相对小一些。其中管理、业务、专业类中的职位通常分为三个级次，具体如表4-8所示。

表4-8 各级别定义

| 职级 | 级别 | 定义/影响力 |
|---|---|---|
| M8 | 中坚层 | 企业决策和领导核心，决定企业的战略方向并进行统一有效的指挥；对企业战略进行创新和变革 |
| M7 | 骨干层 | 细化并执行企业战略，创新工作方法，在各自业务领域和职能领域带领团队达成目标 |
| M6 | | |
| M5 | 执行层 | 执行企业和所属机构的战略，优化工作流程，在细分工作领域带领团队完成工作任务 |
| M4 | | |
| M3 | | |
| M2 | | |
| M1 | | |

（2）任职资格评价体系构成。在公司职类和职层划分的基础上，建立具体的岗位任职资格标准，主要分为行为标准、能力标准、贡献标准三类，不同级别的岗位在这三部分的要求不同，界定了每个级别的岗位"需要什么样的能力""如何做"以及"做到什么程度"，这是某一资格级别所表现出来的知识技能、行为、贡献要素的集合。岗位任职资格评价体系构成要素如图4-1所示。

能力标准：知识技能、领导力。

行为标准：职业行为、职业道德。

贡献标准：工作成果、团队成长。

建立岗位任职资格评价体系，并通过岗位任职资格认证，为企业的人

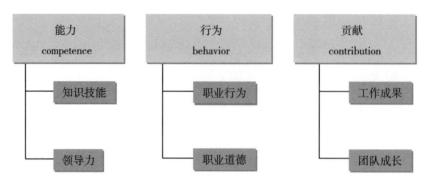

图 4-1　岗位任职资格评价体系构成

员配置确立清晰的人才标准和评估方式，为确定"四个一批"对象提供了参考标准，也为员工提供了明确的职业发展通道，为员工的培训发展提供了能力开发的标准，也为公司基于工作态度（行为）、工作能力、工作业绩（增量贡献）激励员工提供了依据。

（3）能力标准。

① 知识技能。A. 各职层知识标准。知识属于"应知"的范畴。企业要求员工掌握的知识主要包括专业知识、专业工具、背景知识、公司知识等。对知识的把握和运用程度通常分为了解、熟悉、掌握、精通四个段位。同一知识项对不同等级的职位要求可相同亦可不同，以能够完成工作任务为依据。对于企业内部知识，所有员工达到熟悉即可，不必体现差异。

B. 各职层专业技能标准。专业技能也称专业能力，就是人们常说的"应会"，是指运用知识和经验完成任务的能力。没有这些能力，就无法承担工作责任，无法完成工作目标。技能多与经验有关。有些技能是操作性的，可以用基本掌握、熟练、精通或熟手、能手、高手等来定义等级。有些技能是隐性的，与思维方式等相关（类似胜任力），必须描绘出衡量等级的具体情境。

② 领导力素质词典。行政序列领导力素质词典如表 4-9 所示。

表 4-9 　　　　　　　　　　　　　　　　行政序列领导力素质词典

| 素质名称 | 定义 | 层 级 标 准 |
|---|---|---|
| 科学决策能力 | 掌握相关科学理论、能够运用科学的决策技术和思维方法，对多种准备行动的方案进行选择，以期达到满意结果的能力 | 1. 能够建立科学决策的系统和机制，运用复杂、先进的决策技术和思维方法，结合个人经验，对于多个存在指较大风险的方案作出选择，决策结果令人满意，决策会造成大范围和长远的影响<br>2. 能够运用较复杂的决策技术和思维方法，结合个人经验，对于多个存在一定风险的方案作出选择，决策结果令人满意，决策会造成一定范围的影响<br>3. 能够运用一般的决策技术或依靠经验，对权限范围内的事务进行取舍，有效执行上级决策，并为上级提供有效的决策信息 |
| 解决问题能力 | 找出、分析、解决关键问题，提高执行力，确保组织目标的实现 | 1. 能够提出或发现有关公司发展的关键的问题，组织、分配资源进行深入的分析研究，提出解决问题的系统性方案并且能够有效推动方案的实施<br>2. 能够运用科学的方法对关键问题进行深入分析，了解问题的本质，提出解决问题的针对性方案<br>3. 能够对诸多问题进行简单分析和判断，理清问题之间的联系和区别，从中识别、分辨出关键问题，有效落实上级方案，解决问题 |
| 趋势把握能力 | 分析推动业务成功的政策、商业因素，对可能影响业务成果和运营策略的因素作出判断，并根据驱动市场发展的内在的、周期性规律将其转化为实际业务机会 | 1. 掌握国家宏观政策、业界发展动态及内部财务数据，抓住机遇，大胆创新，调整组织架构和策略，制定具有前瞻性的产品或服务发展规划<br>2. 把握政策动向、市场、行业发展趋势，确定市场切入点和业绩突破口；根据产品和服务的竞争优势，制定产品和服务营销策略<br>3. 能领会公司策略，有效地把确定的市场机会转换为具体的行动计划 |
| 资源整合能力 | 发现并获取企业内外部的关键资源，充分利用和整合企业内外部多个层次的资源，关注资源的投入和回报收益，达到价值的最大化、增值化 | 1. 统筹全局资源，了解资源使用状态；以投资回报率为目标，坚持盈利性、集中性、效率性原则整合与优化资源，达到资源的最大化、增值化<br>2. 认识并平衡各层的利益与需求；有效组织与利用已获取的资源<br>3. 了解部门在公司中的地位，熟悉与周边部门的合作关系；识别并获取达成目标的资源 |

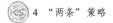 

续表

| 素质名称 | 定义 | 层 级 标 准 |
|---|---|---|
| 战略管理能力 | 对组织的发展和趋势进行规划，作出未来与现实并重的战略决策，保持公司正确的发展方向，以资源增值为导向，提高组织持久竞争力 | 1. 根据市场变化，评估各种战略选择的利弊，制定能够符合企业愿景和长期目标的公司战略规划；根据战略执行情况灵活地调整策略，以保证企业的持续发展<br>2. 时刻保持工作重点与公司战略的一致性，明确影响战略执行的关键成功因素；对战略目标进行分解；制定和执行战略时，考虑长期发展，而不仅关注近期收益<br>3. 能较充分理解企业整体战略规划和目标，基于此制订和执行部门的工作计划；从公司整体战略出发，判断行动措施的合理性和问题出现的原因 |
| 客户管理能力 | 了解内外部客户需求，具有帮助和服务客户、满足客户需求的愿望；以客户为导向，提供高质服务。 | 1. 密切留意客户需求趋势，预见客户潜在需求，帮助客户发展利益<br>2. 对客户的要求作出快速反应，愿意通过改进工作流程以更好地满足客户的要求；以客户满意不满意作为衡量工作成效的标准<br>3. 倾听客户显现的和隐含的想法，了解客户的需求和期望，为客户提供合格的产品和服务（指正常工作流程要求的） |
| 风险管理能力 | 预测或确认对企业构成风险的因素，并能采取有效手段，使风险本身及风险所造成的负面效应祛除或降至最低的能力 | 1. 能够建立有效的风险管理系统，在进行重大决策时，能设定多种边界条件进行预测，通过模拟评估等多种措施对风险进行预测和防范，在工作实施过程中能进行弹性化调整<br>2. 具有较强的风险意识，制定工作规划或工作计划时，通常预设最坏的情境，强调事前管理，并采取数量化佐证以衡量风险程度<br>3. 了解企业经营过程中的与本岗位有关的一般风险类别，如市场风险、会计风险、信用风险、流动性风险、作业风险、法律风险、资讯风险等，对于企业的一般风险能采取有效措施解决 |
| 危机管理能力 | 处理公司或本单位突发事件、危机事件的能力，有效化解公司风险 | 1. 在处理工作的突发的重大意外、危机事件的基础上，建立了有效的危机处理系统，能逐步将例外事件变为例行事件<br>2. 对于工作的突发的较大意外、危机事件，能迅速反应，协调有效资源妥善处理<br>3. 对于工作中的一般意外事件，能够在职权范围内变通处理，而不是事事请示上级 |

| 素质名称 | 定义 | 层 级 标 准 |
|---|---|---|
| 人才识别能力 | 准确、有效地选拔人才的能力，其结果是组成务实高效的团队 | 1. 知人善任，能够建立由互相取长补短的成员组成的干部队伍或团队，能团结、调和不同层次、不同个性的人，在公司统一的价值观下为公司作出贡献；为公司的未来选拔、培养好所需人才<br>2. 选用干部时，能够区分业绩、能力（持续创造业绩的能力）和品德，对所挑选的人有深刻的认识。能把人选的特定品质以及为什么选择他们担任该职务说清楚<br>3. 能利用人才选拔的各种方法并遵照规范的流程，选用适当的干部去执行任务，通常能创造较好的业绩 |
| 员工激励能力 | 能准确了解下属的特点，把合适的人安排在合适的位置，并通过各种激励手段，使人力资源发挥最大效用 | 1. 用激动人心的远景、价值观，结合物质、精神、工作等方面的激励来鼓舞大家；以身作则，激发员工的奉献精神，不管顺境逆境，都能促进团队的高效运作和使命达成<br>2. 能采用基于行动的方式或多种方式的策略组合，提高团队的认同感、士气和工作效率，激发、引导和维持他人的工作热情，实现团队与成员共同成长<br>3. 能了解下属的优势与不足，用人之长，为其发挥优势创造条件 |
| 干部培养能力 | 具有帮助他人成功的愿望和行为，视他人的成功为自己的成功 | 1. 能营造干部脱颖而出、施展才华的环境，综合运用压力、激励、授权等多种方式培养干部，视他人的成功为自己的成功<br>2. 向下级传递清晰的期望，并一起制订长期的培训培养计划，对改进后的结果予以及时地肯定和反馈意见<br>3. 能提供信息和经验共享，肯定下级和他人的成绩和潜能，在困难时提供帮助 |
| 公共关系能力 | 具有与各类关联方建立关系的愿望和能力，进而构建一个相应的社会公共关系网络和人际关系平台，为企业发展营造一个良好的环境 | 1. 能够针对性地与关联方建立宽广、细密、量大、质高的社会公共关系网络、人际关系平台；善于维护企业的形象和声誉<br>2. 能够基于关联方需求，运用多种手段与关联方（如所在地区的政府部门、金融机构、新闻媒体及相关的社会团体）建立密切的关系，这种关系具有排他性<br>3. 能够采用常规的手段与关联方建立一般工作关系，并达成情感上的契合 |

续表

| 素质名称 | 定义 | 层级标准 |
|---|---|---|
| 执行落实能力 | 坚决贯彻、执行上级指示，尽最大努力完成既定目标，不断地追求更新、更好、更有效、更杰出 | 1. 身体力行并督促所属人员遵守集团的管理制度、管理办法与工作流程，能克服执行过程中的重大障碍，促成目标有效落地<br>2. 不满足于现状，尽最大努力完成集团下达的目标、任务，同时为自己设立富有挑战性的目标，能够克服障碍，制定策略确保较为复杂的目标和任务的顺利执行<br>3. 不惧困难与挑战，贯彻执行工作目标，能将较为复杂的工作目标分解为简单可执行的工作并执行到位 |
| 学习提升能力 | 终生学习的心态，不断获取新的知识、技能、信息并学以致用 | 1. 博闻强记，具有很强的知识整合能力，能探寻发现常人难以企及的事物联系和规律；具有在新的领域迅速成为专家的能力<br>2. 学习先进，保持对前沿知识和技术的关注，并能够将其应用到工作当中。勤学好问，前瞻性优化和更新自己的知识结构<br>3. 具有虚心学习的心态，"永远当好学生"，从事自己不太熟悉的任务时，能钻研资料，虚心求教，获得必备的工作知识和技能，从而尽快适应新的工作要求 |
| 综合创新能力 | 具有强烈的创新意识，运用创新的思维方式，提出产品、技术、组织、管理等方面的创新方案 | 1. 在进行科学决策或解决问题的过程中能对相关的理论、方法进行"汇集"，并把所汇集的各种理论、方法加以"融合"，且能根据自己特定的环境、条件与需求对所融合的理论、方法进行"转化"，使之成为一种全新的，为我所用的工具<br>2. 能针对工作中遇到的复杂问题，学习现代企业管理的先进理论，吸收标杆企业的先进经验，提出有效的解决办法<br>3. 在日常工作中，能听取各种不同的观点，经过综合分析，再提出新的有效的处理意见 |

③ 行政序列知识技能标准。行政序列知识技能标准如表4-10所示。

表 4-10                          行政序列知识技能标准

| 职层 | 能力项目 | 管理族 | | |
|---|---|---|---|---|
| | | 经营管理 | 业务管理 | 专业管理 |
| 中坚层 | 管理知识与技能 | 包括目标制定与监控、组织气氛建设、工作资源管理、影响与促进决策、流程优化等方面知识、技能 | | |
| | 专业知识与技能 | 组织结构设计<br>衡量组织业绩的方法<br>财务管理 | 项目管理<br>相关行业的法律法规<br>产品知识 | 本专业领域的系统知识 |
| 骨干层 | 管理知识与技能 | 包括工作任务的管理、团队氛围建设、工作环境管理、提供决策信息、绩效改进等方面的知识、技能 | | |
| | 专业知识与技能 | 衡量组织业绩的方法<br>财务管理 | 项目管理<br>方案策划<br>产品知识 | 专业领域各模块的知识 |
| 执行层 | 管理知识与技能 | — | | |
| | 专业知识与技能 | — | — | — |

④ 各职层行政序列能力评价标准。各职层行政序列能力评价标准如表 4-11 所示。

表 4-11                          行政序列能力评价标准

| 能力项目 | 经营管理 | | | 业务管理 | | | 专业管理 | | |
|---|---|---|---|---|---|---|---|---|---|
| | 中坚层 | 骨干层 | 执行层 | 中坚层 | 骨干层 | 执行层 | 中坚层 | 骨干层 | 执行层 |
| 科学决策能力 | 3 | — | — | 3 | — | — | 3 | — | — |
| 解决问题能力 | 2 | 3 | — | 2 | 3 | — | — | 2 | — |
| 趋势把握能力 | 2 | — | — | 3 | — | — | — | — | — |
| 资源整合能力 | 3 | — | — | — | — | — | 3 | 3 | — |
| 战略管理能力 | — | — | — | — | — | — | — | — | — |
| 客户管理能力 | — | — | — | 2 | 3 | — | — | — | — |
| 风险管理能力 | — | 3 | — | — | — | — | 3 | 3 | — |
| 危机管理能力 | 2 | — | — | — | — | — | — | 3 | — |
| 人才识别能力 | — | 3 | — | — | 3 | — | 3 | — | — |
| 员工激励能力 | — | 2 | — | — | 3 | — | — | 3 | — |

续表

| 能力项目 | 经营管理 | | | 业务管理 | | | 专业管理 | | |
|---|---|---|---|---|---|---|---|---|---|
| | 中坚层 | 骨干层 | 执行层 | 中坚层 | 骨干层 | 执行层 | 中坚层 | 骨干层 | 执行层 |
| 干部培养能力 | — | — | — | 2 | — | — | — | — | — |
| 公共关系能力 | — | 3 | — | 2 | 3 | — | 2 | — | — |
| 执行落实能力 | 2 | 3 | — | — | 3 | — | 2 | 3 | — |
| 学习提升能力 | 2 | 3 | — | 2 | 3 | — | 2 | 3 | — |
| 综合创新能力 | 2 | 3 | — | 2 | 3 | — | 2 | 3 | — |

注：1. 各职层行政序列的领导力评价项目分别选择 8 项（重点）。

2. 各项领导力的评价标准均分为 3 个层级，评价标准栏中的"1"表示适用第一层级的标准，"2"表示适用第二层级的标准，"3"表示适用第三层级的标准。

（4）行为标准。

① 职业行为。

## Ⅰ 中坚层管理人员职业行为标准

第一单元 目标的制定与监控

➢ 制定合理的目标与计划

➢ 有效实施计划

➢ 监控及评估工作活动

第二单元 组织气氛建设

➢ 内部工作关系

➢ 外部工作关系

第三单元 工作资源管理

➢ 现有资源的管理

➢ 资源的获取、分配和控制

第四单元 影响与促进决策

➢ 进行决策

➢ 参与同级决策

➢ 促进上级决策

## 第五单元　流程优化

➢ 流程制定

➢ 流程优化

➢ 本人及员工的绩效改进

中坚层管理人员的职业行为标准具体如表 4-12 所示。

表 4-12　　　　　　　　　　中坚层管理人员职业行为标准

| 第一单元　目标的制定与监控 | |
| --- | --- |
| 本单元定义 | 根据公司的目标和战略，对目标进行进一步分解，制订清晰、明确的计划，对达成目标所需的各种资源协调一致，并通过监控和评估，确保目标的达成 |
| 行为要项 | 行　为　标　准 |
| 1.1　制订合理的目标与计划 | ① 根据公司战略目标及本系统的相关策略与方针，与相关人员共同确定本部门中的短期工作目标<br>② 根据目标及优先顺序来制订合理的工作计划，保证对上级目标的继承性和部门工作的牵引性<br>③ 计划应具体说明要达到目标所进行的工作内容和所需资源，明确时间、成果、文档、成本的具体要求和过程控制点 |
| 1.2　有效实施计划 | ① 将工作进行分配，使下属各部门清楚地了解各自在实现计划过程中的职责和目标任务<br>② 工作开展要充分利用可获得的人、财、物、信息等资源，并与公司制度及国家法律条例要求一致<br>③ 对计划进行例行审核并根据各种变化做出例外处理，及时修改、调整计划，必要时，按相关规定报上级部门审核后执行 |
| 1.3　监控及评估工作活动 | ① 对计划监控点进行审核并分析和评估所获信息<br>② 对所获监控信息进行分析，在条件变化时采取措施以减少不利影响，及时协商和实施补救措施，并将变化通知有关人员<br>③ 主动发现改进工作活动的措施并适时提出 |
| 第二单元　组织气氛建设 | |
| 本单元定义 | 建立积极、进取、和谐的内外部工作关系，通过以身作则，将这种组织气氛融入部门和个人的行动，正确解决工作过程中的各种矛盾和问题，增强组织的凝聚力 |

续表

| 行为要项 | 行　为　标　准 |
|---|---|
| 2.1　内部工作关系 | ① 倡导建立积极、进取、和谐的工作关系，引导下属同心协力朝共同的目标或方向努力<br>② 公正地评价下属并在商定的时间范围内实现对下属的承诺<br>③ 公正处理下属之间的矛盾冲突，以及协调下属各部门之间的关系<br>④ 支持并鼓励员工主动解决工作中的问题和对部门的工作提出建设性意见，当下属在工作中出现偏差时勇于为其承担责任 |
| 2.2　外部工作关系 | ① 主动考虑本部门工作对相关部门的影响，及时通报有关进展及变动情况，与各部门就共同关注的问题交换意见<br>② 积极处理相关部门提出的改进建议或配合要求，并将结果及时予以反馈<br>③ 关注分析影响工作关系的各种部门外因素，主动了解相关部门的要求，鼓励适时提出建设性意见，防患于未然<br>④ 在与外部门沟通时按公司规定，注意对不同保密级别信息的处理 |
| 第三单元　工作资源管理 | |
| 本单元定义 | 通过成本管理和合理规划，及时获取实现目标所需的各项资源，并进行有效分配，按综合效益最大化的原则对资源使用情况进行评估，进而进行优化和再分配，以最优的投入产出比实现目标；尤其注重对人力资源的使用和有效管理 |
| 行为要项 | 行　为　标　准 |
| 3.1　现有资源的管理 | ① 以发挥所属部门最大综合效益为原则，对现有人、财、物、信息等资源进行合理规划<br>② 建立以成本预算、核算为基础的资源监控体系，利用信息技术建立技术、人力等资源的维护体系，并确保其有效运作<br>③ 建立例外情况的处理程序，及时调配资源保证下属工作任务的完成 |
| 3.2　资源的获取、分配和评估 | ① 根据目标的要求，制订资源需求计划，对资源的获得和使用应符合公司程序和原则<br>② 资源分配要保证部门工作的有效开展，并遵循效益最大化原则<br>③ 有效监控和评估资源的利用 |
| 第四单元　影响与促进决策 | |
| 本单元定义 | 及时准确获取内外部信息，对信息进行整合和分析，并在允许的范围内进行最大化的共享，通过程序化的决策形成职权范围内的有效决策，积极影响和促进同级和上级的决策 |

| 行 为 要 项 | 行 为 标 准 |
|---|---|
| 4.1 进行决策 | ① 在职权范围内进行程序化的决策，根据经验和实际情况对决策信息进行分析，决策方式要符合公司要求<br>② 通过会议决策时，开始应明确会议目标，适时提供信息并鼓励建设性地参与讨论，根据实际情况从贤不从众<br>③ 准确记录关键事项和决定，监控和评估决策结果，监控实施情况、评价决策结果 |
| 4.2 参与同级决策 | ① 预先了解需要参与的决策及可能对本部门产生的影响<br>② 所提供的信息及时、重要、有效并与决策密切相关<br>③ 以解决问题、确定解决方案为努力方向，积极听取并征求他人建议，为其实施的可操作性贡献自己的意见 |
| 4.3 促进上级决策 | ① 按上级要求提供的信息准确、广泛、及时并且与需求密切相关<br>② 预测本部门的发展，主动、及时、简洁、针对性强地向上级提供相关决策信息，确保决策的务实性 |
| 第五单元　流程优化 ||
| 本单元定义 | 根据公司的价值链，制定完整的、可操作的、高效率的流程体系，通过监控与评估，及时获取流程运作过程中的信息，不断优化，提升流程效益 |
| 行 为 要 项 | 行 为 标 准 |
| 5.1 流程制定 | ① 根据公司相关规定和工作需要，列出需要制定的流程，保证流程的全面性和完整性<br>② 与相关部门一起讨论设计和制作流程，注重部门间的接口程序<br>③ 根据工作的特点，在兼顾工作效率的基础上，在流程中设计适当、可操作的审计点与监控点<br>④ 就流程的合理性、可行性，以及收益和成本与主管上级达成一致<br>⑤ 将流程文件书面化、规范化，并尽可能做成操作指导书 |
| 5.2 流程优化 | ① 监控和评估部门活动，适时提出流程优化方案，以更好地满足业务需要<br>② 与相关部门及决策者讨论并通过流程优化方案<br>③ 不断获取流程运行中的有关信息，并进行分析，采取相应措施，提高流程效率 |

续表

| 行为要项 | 行 为 标 准 |
|---|---|
| 5.3 本人及员工的<br>绩效改进 | ① 按照公司及部门的要求确认现有的能力及需要发展提高的方面<br>② 与相关人员讨论制定现实可行的发展目标且定期更新以满足不断改进的需要，改进措施必须充分利用现有条件，具有可操作性<br>③ 密切监控改进活动的实施以达到目标，如不合适，则应采取其他供选择的行动方案<br>④ 给下属提供反馈信息和建设性的意见以便促进能力提升以及改进绩效 |

## Ⅱ 骨干层管理人员职业行为标准

第一单元 工作任务的管理

➤ 制订工作计划

➤ 组织实施工作计划

➤ 指导和控制工作计划的实施

第二单元 组织氛围的建设

➤ 在组织内部建立和保持良好的工作关系

➤ 创造、培育和维持良好的外部工作关系

第三单元 工作环境的管理

➤ 建立工作环境

➤ 保持和维护良好的工作环境

第四单元 提供决策信息

➤ 搜集、调研和选择所需信息

➤ 准备并提供所需信息

第五单元 绩效改进

➤ 流程的实施和改进

➤ 挖掘个人潜力，协调部门活动，提高个人及团队绩效

➤ 帮助提高下属绩效

骨干层管理人员的职业行为标准如表4-13所示。

表 4-13                       **骨干层管理人员职业行为标准**

| 第一单元　工作任务的管理 | |
|---|---|
| 本单元定义 | 根据上级部门的规划或部署，制订详细的计划，准确预见计划执行过程中遇到的问题的难题并迅速解决问题，通过不断的指导和持续的监控确保计划任务的完成 |
| 行为要项 | 行　为　标　准 |
| 1.1　制订工作计划 | ① 根据上级部门的规划或部署，明确部门的目标及其改进方向和各项工作任务<br>② 认识优先顺序的变更及计划的更迭，并相应调整资源分配<br>③ 与相关人员商讨，面向目标，在公司规定范围内明确界定执行计划的工作方法和活动<br>④ 根据工作任务的具体要求和特点，深入分析工作中易出现失误或问题的环节，并设计相应的监控点及防范措施<br>⑤ 建立有效处理突发事件的程序 |
| 1.2　组织实施工作计划 | ① 根据工作任务及其分解，确定适当的人选<br>② 人力等资源未到位的原因应立即查清，提出相应的补救措施并上报相关人员<br>③ 明确每一位成员的工作任务要求和职责，并加以记录和保存<br>④ 及时准确地将影响工作的计划变动向有关人员通报<br>⑤ 指导团队成员制定相应的工作计划 |
| 1.3　指导和控制工作计划的实施 | ① 根据工作目标计划的监控点，检查、分析和评估各项工作结果<br>② 根据工作进展及检查、评估结果，对工作方法或活动进行有效的指导<br>③ 找出偏离计划目标的原因和工作中的失误，提出改正措施，必要时，上报给相关人员<br>④ 在自己的职责范围内立即实施改正措施，并向相关人员汇报，必要时，主动协调相关部门并提供协助，促成问题的解决<br>⑤ 定期检查向上司报告工作进展<br>⑥ 鼓励下属在部门间接口工作中，主动善意弥补相关部门的疏忽 |
| 第二单元　组织氛围的建设 | |
| 本单元定义 | 根据对组织核心价值观和管理理念的正确理解，积极主动在组织内外部建立良好地工作关系，以身作则，避免本位主义，提高团队的稳定性和积极性 |

续表

| 行为要项 | 行 为 标 准 |
|---|---|
| 2.1 在组织内部建立和保持良好的工作关系 | ① 倡导部门员工建立积极、和谐的关系，公正处理部门员工之间的矛盾冲突<br>② 当部门员工遇到困难或不能如期完成任务时，应在自己的工作限度内主动提供援助<br>③ 沟通内容、频率与重点符合公司或部门的有关规定，沟通方法和援助方式与员工的需要相吻合<br>④ 保守员工的秘密<br>⑤ 适时开展部门活动，活跃部门气氛，以达到能更好地开展工作、增强部门凝聚力为目的 |
| 2.2 创造、培育和维持良好的外部工作关系 | ① 明确本部门在价值链上的位置和接口部门及关系，详细制订与外部门联系的工作方法与原则并保证起实施<br>② 主动考虑本部门工作对相关部门的影响，及时通报工作进展，并与各部门就关注的问题交换意见<br>③ 准确设立、商定和记录与外部门人员协作的方法<br>④ 在自己的权限范围内，迅速、准确、礼貌地答复信息<br>⑤ 当与外部门联系人员的工作关系遇到困难且自己无法解决时，应立即提交给相关人员<br>⑥ 根据公司要求保守机密 |

第三单元　工作环境的管理

| 本单元定义 | 依据工作任务的安排和掌握的资源状况，有效利用并定期维护工作资源/环境，深入挖掘工作资源/环境的潜能，提高工作资源/环境的投入产出比 |
|---|---|
| 行为要项 | 行 为 标 准 |
| 3.1 建立工作环境 | ① 根据公司的规定和业务需要，按公司的有关工作程序建立工作环境<br>② 工作环境的建立和布置要有利于工作的开展和工作效率的提高，充分利用现有的工作环境资源<br>③ 根据业务实际需要并适当考虑发展，按照公司规定改善工作环境 |
| 3.2 保持和维护良好的工作环境 | ① 根据公司的规定、要求和国家的相关法律条例，充分考虑影响工作环境的各种因素，制定工作环境管理制度并经常巡视检查工作场所以保证制度的有效实施<br>② 按照要求和程序监督下属正确使用和维护办公设备（仪器），准确地记录和上报不符合要求的工作环境和不按程序操作的情况<br>③ 根据公司的规定和程序处理紧急情况<br>④ 通知并督促相关人员即时改善工作场所 |

| 第四单元　提供决策信息 | |
|---|---|
| 本单元定义 | 依据工作要求，努力搜集并提供准确的各种决策信息，主动对决策信息进行分析供决策参考，扩大信息范围，提高信息的有效利用 |
| 行为要项 | 行　为　标　准 |
| 4.1　搜集、调研和选择所需信息 | ① 明确上级主管和相关部门所需的信息及其对本部门的要求<br>② 在允许的范围内，找出适当的信息来源，满足特定的需要<br>③ 广泛搜集必要信息并精确记录其搜集情况<br>④ 分析、筛选所搜集信息，以使之准确并与规定的需要有关<br>⑤ 在规定的时间内获得所需信息<br>⑥ 充分利用相关资源，建立部门的信息体系并及时维护更新 |
| 4.2　准备并提供所需信息 | ① 汇总和归档来自各个不同渠道的信息<br>② 以公司规定的格式和适当的陈述方式表达信息<br>③ 确保信息的安全和保密<br>④ 当不能在规定的期限内完成工作时，应立即准确地上报原因<br>⑤ 在商定的时限内向有关部门和人员提供所需信息 |
| 第五单元　绩效改进 | |
| 本单元定义 | 依据绩效的实际情况和上级要求，不断思考可以改进绩效和流程的各类方法和工具，不断提高个人和下属能力，从全局的、长远的角度不断调整自己的工作方法以适应变革并传播变革的思想，最终促进变革的有效实施 |
| 行为要项 | 行　为　标　准 |
| 5.1　流程的实施和优化 | ① 给流程的使用者提供准确、清楚和全面的培训和指导<br>② 为流程的实施提供支持，包括宣传、文件的发放和控制等<br>③ 在职权范围内，保证公司相关流程的贯彻实施<br>④ 对流程在满足目的性方面的有效性进行评估<br>⑤ 针对流程实施过程中遇到的问题，即时进行讨论，提出修改和完善的建议，在职权范围内对流程问题进行优化 |
| 5.2　挖掘自身潜力，协调部门活动，提高自身及团队绩效 | ① 依据目前的工作活动和职业潜力来确定自我发展需要、目标<br>② 制订相应的学习计划和可操作的发展改进措施<br>③ 评估、自检工作绩效和学习、改进的进展情况<br>④ 依据目前的工作和上级主管的规划，提出本部门团队绩效的改进规划和措施，并适时监控措施的施行<br>⑤ 及时向团队通报有关活动的进展 |

续表

| 行为要项 | 行 为 标 准 |
|---|---|
| 5.3　帮助提高下属绩效 | ① 公正地评价下属的工作绩效和任职资格，积极了解员工的思想动态<br>② 根据下属的现有能力水平及组织的发展需要，与下属一起商定其个人发展目标和培训方法、改进措施<br>③ 实施并监控对下属的培训开发活动<br>④ 及时就下属的业绩和进步进行交流<br>⑤ 积极培养和举荐优秀人才 |

② 职业道德。企业为约束管理人员的行为，依据企业文化理念和价值底线，归纳总结管理人员行为纪律，以树立正气，营造良机的组织氛围。管理人员是企业价值观的践行主体，管理人员职业道德标准是企业文化价值观落地的重要举措，相关内容包括以下几点。

诚信：为人诚实，对组织忠诚，对同事坦诚。在经营管理工作中，讲究信用，恪守诺言，得到员工和客户的信任。

廉洁：严格自律、以身作则、遵章守纪，带头维持良好的工作秩序；正确处理个人与公司的利益关系，处处以公司利益为先，不损公肥私。不滥用权力，不在任何场合，利用公司资源获取个人私利。

正直：为人正直，不分亲疏，不分上下，对其他部门不批评、不抱怨、不责备，而是主动负起沟通的责任；处事公正，坚持按制度办事，实事求是地面对和处理问题，不推卸责任；工作中出现问题时，主动自觉地寻找自身原因，不断改进。

负责：对社会，对组织，对家庭，对客户，对别人（同事、伙伴）等负起责任；遇到问题时不推诿扯皮、不敷衍塞责，敢于担当责任，并及时采取补救预防措施；维护公司的利益，决不损害公司的形象和声誉。

敬业：有强烈的事业心，主动承担工作任务，以积极的心态面对压力、困难和挫折；热爱自己所从事的工作，认真坚持，勤勤恳恳地完成各项任务；以结果为导向，脚踏实地、一丝不苟地做好本职工作。

（5）贡献标准。

① 工作成果。年度绩效责任书的工作成果和增量贡献，突出体现在履行岗位职责的基础上，为公司所作出增量贡献。

② 团队成长。对于营造环境、培养人才、组织建设、知识管理方面所作出的努力与贡献。管理者贡献标准模板如表4-4所示。

表 4-14　　　　　　　　　　　**管理者贡献标准模板**

| 一 | 工作成果 | 目标和标准 |
|---|---|---|
| 1 | | |
| 2 | | |
| 3 | | |
| 二 | | 团队成长 |
| 1 | 营造环境 | 个人管理或工作风格对整体环境氛围的影响 |
| 2 | 培养人才 | 对于培养人才、指导他人成长所取得的实际成效，培养了多少个符合标准的下级管理者 |
| 3 | 组织建设 | 对公司、部门管理体系、流程、制度方面建设作出的贡献 |
| 4 | 知识管理 | 将个人知识经验转化为组织知识经验，并推动知识积累，其中以开发并推行的培训课程数为主要形式 |

（6）岗位任职资格认证办法与结果应用。

① 成立任职资格认证委员会，下设任职资格评价专业小组，分为经营管理小组、业务管理小组、专业管理小组三个小组，邀请外部专家参与各专业小组的认证评价工作。

② 认证办法及权重设置。具体如表4-15所示。

表 4-15　　　　　　　　　　　**认证办法及权重设置**

| 具体模块 | 行为标准 30% | 能力标准 30% | | 贡献标准 40% |
|---|---|---|---|---|
| | | 知识与技能 | 领导力 | |
| 认证办法 | 360 测评<br>BEI（关键事件访谈） | 专业考试 | 360 测评<br>BEI 访谈 | 绩效考核<br>实绩核查 |

269

对照公司各职层任职资格标准对每项素质进行认证评估，得出各素质得分，汇总分别得到行为标准、能力标准和贡献标准的得分，再乘以权重，得到本人任职资格最终得分。得分80分及以上者为合格，80分以下者即为不合格。

③结果应用。任职资格认证结果对外直接应用于各类行政序列的选拔，对内应用主要为行政序列选聘以及确定四个一批的对象。根据任职资格认证结果，原则上，得分低于70分的列入淘汰一批的对象，得分高于80低于90分的列入稳定一批的考察对象，得分高于90分的列入培养一批的考察对象。

3. 行政序列人员管理

（1）生成与引进。

①储备选拔。作为内部生成干部最主要的方式，根据每年的人才盘点更新储备干部池。新职务或空缺职位出现时，从储备池中选取合适的候选人进行考察，安排至新职务。

②内部竞聘。竞聘是内部生成干部的重要补充方式。当企业出现新职务或空缺职位时，可内部公开选拔胜任者。通过竞聘可以发现人才、增加干部任用的透明度。竞聘的流程主要包括竞聘通知发出、报名和初步筛选、竞聘报告、能力测评、现场答辩、评委打分排名及内部讨论等。

③外部猎取。猎取是干部引进的一个常规手段。要选择合适的外部干部来源，构建客观全面的评价系统，深入进行背景调查。最好选择专注细分行业的猎头公司，自建测评系统或引入外部工具改进。背景调查的内容包括学历、任职企业、工作内容的真实性、离职原因以及在过往公司内的评价意见和口碑等。

④事业合伙人。事业合伙人是干部引进的一种新方式。他们既是应聘者，也是未来的股东之一。企业与事业合伙人共担风险，分享利润。这种机制是企业认可和尊重人才价值的体现。企业选择的候选人通常会带来企业所需的资源（技术资源、市场资源或人才资源）。合作方式主要有资金入股、技术入股等。

（2）选拔与任用。

① 提名酝酿。用人部门/单位根据用人需求，结合本部门/单位的人才盘点结果，以及干部候选人的实际业绩和贡献，先在本部门/单位管理团队内进行初步沟通，听取意见达成共识后，再与主管领导和人力资源部门分别沟通，取得初步共识后，正式提交干部任用申请。

② 考察评价。干部任用的考察评价一般以人力资源部门为主导。干部任用考察的要点包括任职条件、管理能力、团队内人际关系、发展潜力和任用风险、个人特质和脱轨因素、违纪情况等，配备相应的考察工具或测评工具。考察方式根据干部层级结合实际情况，选择采用360度现场访谈、用人单位评价、本人述职、心理测评等。考察完成后，形成专门的考察报告和任用建议。

③ 批准任命。根据综合考查报告和任用建议，提报相应的人才决策机构（行政序列管理机构为董事会、总经理办公会、品牌管理委员会）审批。审批机构审批后，无异议后公示5—7个工作日。如无举报意见，下发任命通知，启动调级调薪工作。

④ 后期跟进。干部任命后需要跟进三个管理动作：一是主管领导与新干部进行任职前谈话，反馈考查报告中的优势与不足，提出对未来工作的业绩要求、希望以及询问个人发展愿景等；二是指定一个导师开展为期一年的传帮带计划，或指定参加相关培训，帮助新干部更快更好地适应新角色、新职位；三是任职一年后，由人力资源部门组织新任干部年度考察，根据考察结果由新干部的隔级领导或人力资源部门领导进行谈话，了解任职情况、不适之处以及所需支持。

（3）考察评价。

① 业绩评价。干部业绩主要包含两个方面：一是经营业绩；二是管理业绩。经营业绩主要为绩效目标；管理业绩主要包括内部组织运营情况、流程体系建设、顾客关系维护、队伍建设及人员管理等几个方面。干部业绩评价每三年进行一次，包括述职报告、实体和人事考核、专项任务评价等。

② 任期评价。结合公司经营管理需要开展任期评价。通常安排两次：

一是中期评价；二是期满评价。通过述职报告或书面报告方式进行。评价内容既包含经营业绩，也包含领导力、价值观等。

③ 离任评价。对于离开（包括离职、调岗）现职位的干部，企业需要针对其任职期间的工作成果和工作表现进行审计。审计内容主要包含三部分：一是经济审计；二是管理审计；三是违纪审计。

④ 业绩监察。当干部的本职工作出现较大失误、事故以及业绩出现非正常严重下降时，可启动业绩监察程序，了解真相和原因，形成处理意见。企业按程序对责任方作出处理和安排。

⑤ 审计监察。企业接到内外部对干部违纪、违规、违法行为的举报，或发现其他违规、违纪、违法线索后，按照国家法律法规多方取证和调查，掌握事实，形成判断和处理意见。企业按程序对当事人作出处理和安排。

（4）干部培养。

① 轮岗。根据企业人才发展纲要有计划地调换部分干部，是干部培养的重要途径之一。轮岗分为多种方式：一是强制型轮岗，比如对敏感职位上的干部定期进行轮换；二是储备型轮岗，比如为新业务、新项目准备干部，从后备干部中筛选部分干部进行轮岗；三是发展型轮岗，为培养复合型人才、填补干部发展所必需但空白的工作经历，安排培养对象轮岗；四是特殊型轮岗，如岗位回避和不兼容，对重要或关键岗位及直接关系岗位，以及构成上下级监督或利益关系的岗位人员进行调岗、回避。

② 职务代理。某职位暂时空缺（未到位、离职、调动、长期缺勤等）期间，安排另一干部代理职务并承担责任。这是非例常的干部培养方式。

③ 案例研究。基于公司对管理者的要求，搭建基于岗位的角色模型，这个模型主要包括管理者的角色认知、团队管理、绩效管理、激励，以及公司各类战略要素的相关政策。参与者一方面学习知识，另一方面通过实践案例的采编和写作，将知识吸收至工作中主动思考和应用，探究案例聚焦的问题及其背后深层次的原因，进而提出解决方案，并推动落地，也就

是学以致用。具体来说，企业每年给干部安排一个或数个管理主题或实际问题的案例编撰要求，要求干部自行组织力量以专项工作任务方式来完成，期间企业决策层听取汇报，同时给予适当干预或催化。

④ 导师制。干部的上级或隔级上级作为导师，每年开展一两次谈话（基层干部每季度一次）。导师为干部解疑释惑，帮助干部成长。谈话内容一般为干部的职业发展、工作中的主要问题，以及所需支持和帮助。

⑤ 教育培训。干部必须参加企业规定的培训，同时作为内部讲师完成企业规定的授课。通过教学相长的方式，促使干部不断学习和反思。结合企业人才发展的安排，开设阶梯式企业管理能力提升的训练课程。

⑥ 干部流动。企业不同单位之间干部的流动（如企业总部部门之间，总部与所属公司/中心（事业部）之间，所属公司与中心（事业部）之间的流动），是干部培养的重要手段。干部流动有利于扩大干部视野，开发干部潜能；有利于打破组织壁垒，实现内部人才共享；有利于激发干部的斗志和创造力，避免消极倦怠，企业为干部流动制定相关保障政策。

（5）干部退出。

① 自愿退出。干部因个人情况，选择自愿离职的，企业给予挽留谈话和离职谈话。不能挽留的，安排好离任审计和工作交接。由所在部门或单位向人力资源管理部门提报申请，经上级领导批准生效。需要安排好继任者和工作交接。

② 强制退出。对于长期业绩不达标，或行为态度不符合企业要求，或触犯负面行为清单甚至违法乱纪的，企业视情况给予处分。情节严重的，给予免职、开除等处罚。由所在部门或单位向企业人力资源管理部门提报申请，经上级审批生效。需要安排好继任者和工作交接。

③ 退休退出。根据国家和企业相关制度，对符合退休条件、提交退休申请的干部办理退休手续，提前做好人员安排和工作交接。对于身体条件尚好愿意继续工作的，在企业有合适职位的情况下，可以办理柔性用工手续，给予相应安排。

### 4. 行政序列晋升操作办法

行政序列晋升以管理岗位任职资格为基础，从领导能力、行为表现和贡献等方面进行综合衡量。

首先，要考察拟提拔者是否具备领导素质，如成就动机，影响他人的意愿等；其次，要看拟提拔者是否在平时的工作中是否显示相应的行为，如具备管理素质的人在日常工作行为中往往显示出影响他人的特征，善于建立关系，对人际关系敏感等；最后，要考察拟提拔者的贡献。贡献与绩效不同，绩效强调短期业绩，如这个季度做得好，考核成绩为"优"，这就是绩效；而贡献则结合短期和长期，员工作出了工作成果作为贡献，若他（她）培养了他人，对组织而言则是长期贡献，再若他（她）将知识和技能进行细化、整理、创新，传递给公司其他人，则是更宽泛、更长远的贡献，相对而言，后两者对组织的长期发展更为重要，这也是组织对管理者的最重要的要求之一。

公司在作出行政序列晋升决策前，都会对拟晋升者和新任职位进行评估，明晰该工作目前和未来存在的问题，以判断拟任职者是否符合这些要求，这些评估包括以下几点。

（1）职位需求评估。虽然在管理工作中很难去界定新职位要完成的新任务所需的能力和技能，但可以使用那些通常在做晋升决策时会考虑到的主要资源，如员工主管的推荐、绩效评估的结果、测评结果、在组织中的工作经验、员工个人的职业目标和教育背景，通过这些分析来帮助我们判断新职位所需要的能力和技能。

（2）候选人资格评估。在收集完关于候选人的所有信息后，公司要对每个候选人的每一项指标进行优势和不足的比较。首先，要评估工作所需的知识、技能和个人品质；其次，要评估情境因素；最后，要评估候选人的能力。最佳的候选人应该达到新职位的最低标准，并将获得这一职位，他若不愿接受，第二候选人选将获得该职位。基于这样的系统评估方法，公司以此找到最合适的任职者。

行政序列晋升要考虑到所有的员工都有平等的机会，所以职位竞聘在公司内部得到大范围应用，所有员工都可以加入晋升选择中。只有建立了这种开放的职务晋升平台，公司才能够作出有效的晋升决策以使员工得到更好的激励和回报，并实现组织绩效得到改进的目的。

### 4.4.2 业务序列

1. 业务序列设置

打破岗位和职位的限制，充分拓展员工晋升渠道和发展空间；实现人力资源分类经营；吸引和留住人才，并使真正为公司创造了增量价值的员工能得到有效的激励；引导员工努力提升岗位专业技能水平，培养和造就一批具有较高水平的专业型人才；激励员工为公司创造更大的价值。公司不断完善业务序列管理体系，在原有基于岗位的纵向薪酬等级管理模式下，将业务序列级别视为员工能力的重要体现，设立横向的能力薪酬等级，员工一旦获得业务序列晋升，就获得相应等级的能力工资（又称业务序列津贴）。通过业务序列与薪酬的联动，实现即使员工没有获得纵向行政序列的晋升，也同样可以通过横向的业务序列晋升获得薪酬的增长，展示自我价值。

（1）类别。业务序列对应于行政序列而言，行政序列，即双通道员工职业发展体系中的行政职务晋升通道，业务序列，即双通道员工职业发展体系中的专业技术晋升通道，通常将行政序列称为管理发展通道，业务序列称为专业发展通道。

业务序列晋升重点侧重对员工专业能力的评价，具体从学识、见识和胆识三个方面来进行评估，评估因素细分为学历、专业、专业职称和资质、专业知识与技能、专业工作经验、专业研究成果和工作考核成绩等多个要素，每一类专业序列均从"三识"角度制定评分细则，以识别出具备较高专业水平的员工并使其获得业务序列晋升。

公司业务序列体系主要由六个专业序列构成，具体如表4-16所示。

表 4-16　　　　　　　　　　　　　　业务序列体系构成

| 专业序列 | 职能业务序列 | 生产业务序列 | 线下营销业务序列 | 研发业务序列 | 线上营销业务序列 | 服务业务序列 |
|---|---|---|---|---|---|---|
| 适用范围 | 适用于公司职能部门人员 | 适用于公司生产车间关键技术岗位、设备工程部专业技术岗位 | 适用于公司一线从事销售工作满一年以上的普通岗位人员 | 适用于技术研发人员、质量检验人员 | 适用于线上营销总部工作满一年以上的人员 | 适用于公司服务类岗位人员，如后勤辅助、保卫、司机等 |
| 评审机构 | 职能类业务序列评聘小组 | 生产类业务序列评聘小组 | 线下营销类业务序列评聘小组 | 研发类业务序列评聘小组 | 线上营销业务序列评聘小组 | 服务类业务序列评聘小组 |

公司职能、生产、研发及服务类业务序列均设置 P1—P10，共计 10 个级别。P10 级次上不封顶。线上营销业务序列设置雏鹰（P1—P3）、幼鹰（P4—P6）、苍鹰（P7—P8）、金雕（P9—）4 个级别，每个级别下设若干档次，但金雕级别的档次上不封顶。各个序列确定不同等级的构成比例关系，以不断优化人员配置，避免人力资源浪费。

（2）管理机构。业务序列评审组织机构分为三级，分别是总经理办公会、各专业序列评审机构和人力资源部门，总经理办公会是业务序列评审的决策机构，各专业序列评审机构负责业务序列具体的评审工作，人力资源部门负责统筹业务序列管理与评审工作，具体职责分工如下。

① 总经理办公会负责审议公司业务序列晋升办法及评审方案；年度业务序列晋升工作计划；核准各专业业务序列评审结果。

② 专业序列评审机构负责制订当年度本专业业务序列晋升具体操作方案，并持续优化方案及评分标准；对申报人员的资格条件进行审查、核实；组织开展具体的业务序列评审工作，包括申报材料审查、知识技能考试、评估、业绩评价等；根据评审原则和要求提交业务序列晋升名单及相关佐证材料和说明；对评审过程中出现的有关问题进行处理，并反馈给人力资源部门；组织业务序列复审及退出相关评审工作；对完善公司业务序

列管理体系和本专业业务序列评审工作提出意见和建议。

③ 人力资源部门负责业务序列体系管理及各序列晋升评审工作的日常事务组织；协助各专业评审机构对申报人员的资格进行审查；参与各专业评审机构的具体评审工作，包括材料审查、绩效核实、专业知识考试与评估等；对业务序列晋升评审过程进行监督、核查；根据评审原则对各专业序列评审结果进行审核，并提出意见上报总经理办公会；对评审结果等主要文件的整理与存档工作。

2. 业务序列工作原则

（1）"四批"优化原则。坚持"合适的人做合适的事"的人力资源经营理念，动态调整和优化人员结构，区分四批对象，识别"三识"人才，避免"大材小用"或"小材大用"。

（2）专业导向原则。业务序列晋升体系建设充分体现岗位价值和岗位复杂程度，体现了岗位对从业人员的专业能力要求；业务序列晋升体现为对员工专业业务能力的认可，评审的主要标准以员工的能力水平为基本导向。

（3）公开公正原则。业务序列各个子系统的晋升标准应向员工公开，使员工知道自己应在哪些方面努力提升自己，同时在评审环节针对同类别岗位采用统一的晋升标准对所有员工进行公正客观评定。

（4）充分授权原则。业务序列晋升体现为对员工专业能力的评价与认可，公司充分授权各专业评审委员会具体组织晋升评审工作，同时，各专业评审委员会有责任和义务对所属人员的专业水平作出准确认定。

3. 业务序列晋升评审流程

（1）总体工作思想。公司各系统业务序列体现对各类专业人员的认可，引导所有员工向业务序列通道上发展，推动员工持续提升岗位专业水平，争做专业领域内的"专家"，并根据员工具备的不同专业能力水平支付不同水平的薪酬。

（2）年度工作规划。每年第一季度，人力资源部门结合公司长期发展战略目标和年度经营纲要要求，评估公司对各类专业人才的需求，提出年度业务序列工作规划，该工作规划应包括参评人员条件、各级专业人才比例、评审时间安排等内容。

（3）具体评审工作。

① 人力资源部门根据业务序列年度工作规划要求，于第二季度组织各专业评审委员会开展各系统业务序列晋级评审工作。

② 各专业评审机构根据各专业序列晋升评审方案，组织开展具体评审工作，包括报名条件审核、专业知识技能考核、工作业绩评估等，人力资源部门协助提供、审查、核实参加评审人员的各项证明文件、资料、证照等。

③ 各专业评审机构根据年度规划中对各级专业人才比例关系的规定，优中选优，确定各级业务序列晋升人员名单。

④ 人力资源部门根据业务序列评审工作原则、评审条件和评审过程资料，对各专业评审机构提交的拟晋升人员进行审查，提出具体调整意见。

⑤ 公司总经理办公会最终审定各系统业务序列晋升名单。

⑥ 人力资源部门对拟进行业务序列晋升的名单予以不少于三天的公示，对有产生异议者核查落实后提报总经理办公会决议。

⑦ 人力资源部门正式发文执行业务序列晋升。

4. 评审结果应用

（1）业务序列晋升评审结果是员工业务序列等级工资调整的主要依据。

（2）业务序列晋升评审结果作为人力资源部门甄选公司导师、AB角、内部讲师等的参考依据，不同等级的业务序列人员应承担不同的内部教导责任。

（3）业务序列晋升评审结果作为公司挑选人员参与各种形式的项目性工作的参考依据，业务序列等级较高的人员将获得更多的参与项目性工作的机会，也能得到更多的培训和实践机会。

5. 其他相关规定

（1）待遇享受期。为促使员工不断学习进步，保持专业水平，对各系统不同的业务序列等级规定待遇享受期，待遇享受期过后，实行重新评审定级。

（2）业务序列退出机制。有下列情况之一者，经总经理办公会审议同意，从当月起即取消享受的业务序列待遇标准。

① 严重违反公司纪律及规章制度者。

② 年度考核等级为 C 者。

③ 年度培训学习时数低于公司要求者。

④ 工作出现重大失误，给公司造成严重损失者。

⑤ 做出有损公司形象、破坏团结之言行者。

⑥ 其他违反公司规定，情节较严重者。

⑦ 岗位调整较大且专业方向已发生明显改变。

⑧其他不可预料的公司认为已不应享受业务序列的情形。

（3）特殊人才引进。公司引进特殊的关键岗位专业人才，经面试评估后给予岗位定级，并上报公司领导后可直接按相应岗位等级进入业务序列，享受业务序列待遇。

（4）行政序列转换为业务序列。公司主管级（含）以上人员向专业业务工作转型的，若有业务序列职务，享受原业务序列待遇；若无业务序列职务的，经评估后由总经理办公会审议批准，直接转入业务序列，享受对应岗位等级的业务序列待遇。

6. 业务序列晋升待遇

（1）获得业务序列晋升的人员，将从聘任之日起开始享受对应的业务序列等级工资，具体执行标准见各专业类业务序列晋升评审方案；公司可随时根据具体情况对业务序列等级工资标准进行调整。

（2）获得业务序列晋升的人员，将从聘任之日起开始享受对应的行政序列等级所享受的福利待遇。

（3）获得业务序列晋升的人员，将根据业务序列等级享有参与公司内部各类会议的权利，并享有获得公司内相应资讯的权利。

7. 申诉处理

参加业务序列评审的人员若对评审过程和结果持有异议，可通过书面方式直接向人力资源部门提出申诉，人力资源部门在五天内对申诉情况予以处理和回复，公司总经理办公会是业务序列评审申诉的最终裁决机构。

### 4.4.3 员工职业发展路径

1. 职业生涯管理

职业生涯是职业生涯管理的核心概念。所谓职业生涯，简单地说，就是指一个人一生中在就业领域从事各种职业工作或职位工作的经历。职业生涯管理涉及职业生涯规划、职业生涯发展以及职业生涯管理本身等。

（1）职业生涯规划。职业生涯规划主要是指组织导向的生涯规划，也称有组织的生涯规划，即指有组织参与的个人发展规划的制定。它是基于员工和组织两方面需要、由组织及员工共同制订员工个人发展规划，主要内容是工作者个人的职业选择、发展目标和发展道路。员工职业发展规划既是员工个人（及家庭）的需要，也是组织的需要，因而，职业生涯规划把个人发展和组织发展有机地结合了起来。

（2）职业生涯发展。职业生涯规划的实施便是员工的职业生涯发展。职业生涯发展的本质是员工个人得到相对全面的发展，即通过组织和个人的共同努力，实现个人人生目标或理想。由于组织导向的职业生涯规划保证了员工个人目标与组织目标相协调，因此，当个人目标得以实现时，个人对组织也就作出了贡献，所有组织成员在实现其各不相同的个人目标的过程中，组织也在不断地实现其自身的目标。

（3）职业生涯管理。组织导向的职业生涯规划和职业生涯发展中都有组织的参与，组织帮助员工制定其生涯规划和帮助其实现生涯发展的一系列活动便是职业生涯管理。因此，职业生涯管理就是从组织出发的生涯规划和生涯发展。组织在职业生涯管理中应该确立两点基本认识。一是在组织与其成员的关系定位上，组织与成员是平等的利益主体，组织成员的个人发展与组织的发展可以找到结合点，可以相互促进、共同发展；二是在对员工的人性假设上，员工是自我实现的人，是"不用扬鞭自奋蹄"的人，即使对于那些不是自我实现的人，组织也可以通过一定的管理方法加以改造，使组织的工作者成为自我实现的人。

**2. 员工职业生涯管理中的角色定位**

组织导向的职业生涯管理中实际上有三个主体，即员工、管理者和企业。三者相互配合，共同制订员工的职业生涯计划，促进员工职业生涯计划的实施。在职业生涯管理一系列活动过程中，三者各自扮演不同的角色，发挥不同的作用。

（1）员工的作用。员工的职业生涯发展贯穿着其职业生命，与其自身素质和追求、周边的人际关系、所处的组织环境是不可分割的。因此，在员工职业生涯管理过程中，其自身对自己的职业生涯设计与管理负首要责任。一般来说，个人在职业生涯管理中的作用包括以下几个方面。

① 自我评价。即正确认识和评价自己的职业能力、职业兴趣和职业价值观。

② 获取职业自我信息。即从从事职业工作起，就要有意识地从管理者那里和同事那里获取关于自我职业能力优势及不足的信息反馈。

③ 检验职业生涯选择的合理性。即通过职业行为信息的反馈和职业适宜性分析来检验当初的选择。

④ 确立发展目标和需要。要明确自己职业发展阶段的目标和相应的开发需要措施。

⑤ 争取更多的学习机会。

⑥ 和管理者或上级达成职业生涯发展的行动计划，并落实执行。

（2）管理者的作用。尽管职业管理是员工和组织的任务，但是作为实施企业员工职业生涯设计与管理的人——管理者，他们在职业生涯管理中的作用是十分重要的。他们是连接组织与员工的桥梁，并常常代表组织与员工讨论职业生涯发展过程中的各类问题，帮助员工制订和执行职业生涯规划，落实员工职业发展相关的培训、工作轮换、丰富工作内容和给予挑战性的工作等一系列培养措施。组织的各项职业发展计划都是通过管理者的管理工作来实现的，员工工作的安排、工作目标任务执行过程中的指导、考核、评价等都需要得到管理者的帮助。

在大多数情况下，员工的晋升就是上级管理者推荐的结果。如果管理者在职业生涯管理中的桥梁作用得不到有效的发挥，或不能担当起管理和导师的职责，那么组织的很多职业生涯发展制度和措施就得不到有效落实。管理者在职业生涯管理中的作用主要包括以下几个方面。

① 指导。让员工对职业发展过程、任务、目标等有正确的理解，及时发现问题并进行有效指导。

② 反馈。倾听员工意见，明确工作任务与标准，并让员工及时知道管理者是如何评价自己的工作绩效及培养目标。

③ 沟通。针对组织发展需要、个人的业绩表现和员工未来发展等诸多问题进行交流沟通，提出可供选择的目标建议，并达成共识。

④ 提供信息。将组织未来职位发展、变化和职位需求预测信息、组织期望等与个人发展相关的信息，及时提供给员工，以便他们有目的地进行培训准备。

⑤ 利用资源。明确地告诉员工组织中哪些资源可以充分利用，如何合理利用，以此帮助员工达成自己生涯目标实现的心愿。

（3）企业的作用。将每一位员工作为具有潜在价值的人才进行经营，更充分地评价和发挥员工的才能，并以挑战性的工作和激励来满足其职业发展的需要，是组织人力资源管理和职业生涯管理的主要任务。因此，企业在员工职业生涯发展中的作用，主要是为员工提供其在实施自我管理中，确保职业生涯发展成功的必要资源。这些资源主要包括一些专门的活动项目和生涯管理流程。

① 提供实施职业生涯的培训与培育资源。

② 提供职业生涯发展所需要的管理决策信息。

③ 提供组织更新的有关岗位空缺或发展培育途径信息。

④ 提供职业生涯发展计划手册或职业生涯指南。

⑤ 为员工职业生涯发展提供咨询服务。

⑥ 制订岗位序列计划，及时评价、界定各专业技术人员岗位发展所需要的技能标准，设计职业生涯发展通路及安全行驶流程。

⑦ 监控管理者和员工本人对职业生涯计划的落实情况。

⑧ 评价组织职业生涯资源，在促进员工职业发展和达成组织目标实现中所发生的作用，调整优化组织资源。

**3. 员工职业生涯管理的主要内容**

（1）员工自我评估。指员工个人对自己的能力、兴趣、气质、性格以及自己职业发展的要求等进行分析和评估，以确定自己合适的职业生涯目标和职业生涯发展路线。员工自我评估的好坏受到员工的知识水平和所了解信息的限制，可能出现自我评估不足的情况，这时，需要组织为员工提供必要的帮助。组织可以为员工提供关于如何进行自我评估的材料，为员工制定一些针对员工具体情况的估计方法，协助员工做好自我评估，但要注意绝不能替代。通过不同方法的测试，使员工全面了解自己，认识自己，并以此为基础规划和设计自己的职业生涯。人力资源管理专业人员在员工的自我评估中，主要是为员工提供指导，如提供问卷、量表等，以便员工能更容易地对自己进行评价。

（2）企业对员工的评估。在员工的自我评估之后，组织也要利用相应的信息对员工的潜力和能力作出客观公正的评估。组织能否正确评价每个员工个人的能力和潜力是企业员工职业生涯管理体系成功实施的关键。组织可以通过几种渠道对员工的能力和潜力进行评估。

① 利用招聘筛选时获得的信息进行评估，包括能力测试、兴趣爱好、受教育情况以及工作经历等。

② 利用当前的工作情况，包括绩效评估结果、晋升记录或晋升提名、提薪及参加各种培训的情况等。

③ 利用员工个人评估结果。

（3）内部劳动力市场信息的交换。职业发展必须有明确的方向和目标，目标的选择是职业发展的关键。因为坚定的目标可以成为追求成功的驱动力。组织内部职业信息的传递可以帮助员工选择自己的职业目标。一般来说，员工进入组织后，要制定出切实可行的职业发展目标，必须知道可利用的职业选择和职业发展机会，并获得组织内部有关职业选择、职业变动和空缺的工作岗位等方面的信息。职业选择是事业发展的起点，选择正确与否，直接关系到员工事业的成败。组织需要及时为员工提供有关组织发展和员工个人发展的信息，增进员工对组织的了解，以便有助于员工制定其可以实现的职业发展目标。这些信息包括职位升迁机会与条件限制、工作绩效评估结果、训练机会等，帮助员工了解自己的职业发展通道。

（4）通过职业咨询与指导等方法帮助员工制定职业生涯规划。关于职业的知识，往往是处于探索期的员工所需要的。尽管这些员工进入了职业领域，但对于是否适合从事该领域、是否愿意终生在该领域奉献、有没有更合适的职业岗位等，还有认识的必要。为此，需要为这些员工提供相应的资料，让他们能在需要的时候获得必要的信息。

（5）为员工提供多渠道的职业发展道路。为员工提供顺畅的生涯发展道路是企业员工职业生涯设计与管理系统的重要内容之一。在组织寻求发展的同时，员工也自然要寻求发展。员工寻求发展的目光首先定位于组织内部存在的条件和机会，亦即成长通道。这里所谓的成长通道即员工进入组织后，在其已有的专业知识和技能特点的基础上，配合组织发展目标进行有计划的学习、培训和锻炼，不仅在专业知识和技能方面，而且在职务和职位晋升方面可能获得进步与提高的一种机制。

员工寻求发展大体有两种截然相反的结果，这取决于组织内部成长通道的状况，如果通道顺畅，员工就能随着组织的发展而不断获得成长和进步，如果通道阻塞，员工就可能把发展的目光投向组织外部，这就意味着辞职。解决这个问题的关键就是如何使组织与员工的成长既同方向又同步伐。

4. 员工职业发展路径

员工职业发展路径包括纵向的职级晋升、横向的跨序列拓展以及岗位轮换，通过纵、横向的发展，丰富员工职业发展的路径，使员工获得更多的发展机会。

（1）纵向发展。纵向发展主要是指公司内部职级的晋升路径。公司为鼓励员工努力工作并提升自己的能力水平，在上级职位出现空缺或员工个人能力获得大幅提升时，公司考虑员工的个人发展意愿，结合员工本人能力特点和公司对人才的需求状况，帮助员工规划个人职业发展方向。管理人员沿管理通道提升意味着员工享有更多的参与制定决策的权力，同时也需要承担更多的责任；专业技术人员沿业务通道提升意味着员工具有更强的独立性、更高的能力，同时拥有更多从事专业活动的资源。员工纵向上发展包括行政序列晋升和业务序列晋升两个通道，行政序列与业务序列共同组成完善的员工职业发展体系，成为公司常态的人才发展与管理工作之一，各自的发展路线如下。

① 行政序列晋升通道。根据公司行政序列的层级设置，员工沿着管理通道提升意味着未来将享有更多的参与制定决策的权力，同时也需要承担更多的责任。行政序列晋升方式包括竞聘和选任两种，主要是以管理岗位任职资格为基础，从领导能力、行为表现和贡献等方面进行综合衡量。

② 业务序列晋升通道。根据公司业务序列的等级设置，员工沿着专业通道提升意味着个人具有更强的独立性、更高的能力，同时拥有更多从事专业活动的资源。业务序列晋升方式包括直接定级和评审聘任两种，主要是从专业素质和工作业绩两个方面来进行综合衡量。

（2）横向发展。

① 序列转换。员工除了在本专业序列内按照序列等级的要求进行晋升外，也可以根据个人的不同发展意愿或公司经营发展的需要，在不同的专业序列间进行灵活转换，如由生产序列转为营销序列、职能序列转为生产序列、营销序列转为职能序列，等等。公司为员工提供跨序列拓展的平台和机会，主要以内部调配和招聘的方式体现。

② 岗位轮换。岗位轮换包括两种：一是因公司经营发展需要，通过岗位轮换的方式，以培养复合型经营管理人才为目的，由公司从各管理或业务部门选取的部分骨干员工；二是因员工个人兴趣爱好、职业发展需要，主动向公司提出进行岗位轮换，使其在合适的岗位上发挥更大的工作效能。

岗位轮换由个人提出申请或由人力资源部门根据公司整体岗位结构与发展战略要求予以推荐，结合各轮换对象的实际情况，在与当事人、轮换前后的部门负责人、分管领导协商一致的基础上，拟定1—3年岗位轮换计划，计划实施期间，换岗对象可自行参加拟轮换岗位的竞岗，也可由公司人力资源部门统一进行岗位调配。

5. 员工职业发展的配套措施

（1）不断完善人才培养体系。

① 建立人才标准和评价体系。针对管理、技术、销售等各个类别的培养对象，通过选择适合的测评工具和方法，建立评价体系，对员工的绩效、素质、潜力等开展评价，并将结果应用于培养对象的选拔、培养过程以及成长效果的评估。首先，在确定培养对象环节，标准的建立为各部门和所属公司推荐培养对象提供了依据；其次，针对选拔评价中发现的不足为培养对象制订个性化的培养计划；最后，在培训期间或结束后，依据标准来对人才培养效果来进行客观评价。

② 丰富人才培养项目。针对各类别、各层级人员设计针对性的培养项目，结合员工职业发展规划为主线开展各项人才培养工作，如：以提升后备人才综合素质为目的开设的管理培训生、管理提升班、中级研修班等项目；以提高技术人才操作能力的师带徒培养项目；以提升销售经理业务水平和管理技能的销售经理提升班项目；以弥补在岗人员专业不足的高校专业跟读项目。通过多样化人才培养项目的开展，使在岗员工的自身能力素质水平能获得不同程度的提升，为个人职业发展奠定坚实基础。

③ 设计系统的课程体系。一方面要基于能力素质要求建立分层级、分岗位的培训课程体系，针对不同类别、不同级别的培训项目，要系统考

虑课程的通用性和个性化设计；另一方面，要加大课程的开发力度，除由外部高校、培训机构提供课程外，同时充分发掘内部资源，鼓励部分中高层人员积极开发相关课程，强化课程针对性和实用性，提升培训效果。

（2）强化绩效考核结果应用。

① 考核结果与人员晋升。无论是管理岗位的竞聘或业务序列晋升评审，个人工作业绩均是一个重要的考量指标，比如：管理业务序列直接定级和晋升评审的条件之一即为"过去两年内绩效考核得分均不低于97分"，各类管理岗位的竞聘也均在报名条件中对绩效考核结果作出了要求。此外，公司"转换竞退"政策中明确了"岗位所在员工上年度绩效考核得分在同一部门或层级中排名后20%的，须通过内部竞岗的方式产生接任者，所在岗位员工暂时退出其岗位"这一规定，也为在岗员工提供了更多竞逐高级别岗位的机会。

② 考核结果与人员培训。公司各项专题类培训项目的开展，均会在培训对象选拔条件中对个人业绩作出要求，比如：中级研修班在培训对象选拔标准中直接明确"近两年年度绩效考核成绩在所在层级中排前50%，且没有一次出现在后10%的范围内"。通过将个人绩效考核与培养对象选拔相结合，既提高了人才培养工作的质量，也为一批致力于为公司经营发展作出贡献的人员提供了学习和成长的机会，使得高绩效的员工能借助公司提供的知识平台来逐步提升个人综合素质，从而在职业道路上获得进一步的发展空间。

（3）发挥薪酬的引导作用。

① 薪酬向关键岗位倾斜。公司不定期对各岗位价值进行重新评估，建立新的岗位价值序列，并确定相应的薪酬标准。薪酬水平设计充分体现了"价值"导向，加大对技术含量较高的关键岗位的激励力度。通过实施关键岗位竞聘，引导有能力、高绩效的员工向价值高的岗位流动，同时将能力素质不能胜任岗位要求的人员淘汰出现有岗位，形成能上能下的竞争机制，既为员工创造了提高薪酬水平的机会，同时也疏通了员工的职业发展通道。

② 薪酬向新兴业务倾斜。随着市场环境的变化，公司也在不断开拓

一些新产业和新业务,如诊疗、电商、互联网医疗等。通过加大新业务薪酬体系设计的激励性,吸引了公司内部有能力、专长或兴趣的员工的积极加入,借助新的事业平台,部分员工获得了职业发展的新机遇,也为个人事业开辟了新的篇章。

企业的人才发展能力可以概括为两个方面:一是外部人才的整合能力;二是企业人才的"自生"能力。外部人才通过引进的方式进入公司,其文化的融合性、知识能力的转化性与发挥性是企业人才培养的关键。对于人才的"自生"能力,必须要有明确的员工职业发展规划,围绕规划来开展系统的培训、培养,并且"自生"人才的比例越高,企业的人才发展能力就越强。

# 5 人才发展

人力资源六大模块在理论和实践中，基于如何对人进行选、育、用、留以支撑组织战略而提出的一套成体系的行动方案：人力资源部门首先要根据战略来判断人才的需求和供给，了解差距，进行人力资源规划，接着对缺口进行招聘与配置，对欠缺的能力进行培训与发展，为了保持人员的稳定并且能够充分发挥价值，需要进行薪酬福利的设计、绩效管理并营造积极的员工关系。传统 HR 六模块是从"岗位"的角度分解应该如何进行人力资源管理，对组织中的人是一种无差别对待的方式。人才发展是从"人"的角度将组织中的人进行区分，重点关注点在组织中的人才。

当今时代被诸多学者形容是一个 VUCA（新常态的、混乱的和快速变化的商业环境）时代，新冠肺炎疫情、中美贸易摩擦等让经济形势更加严峻，人工智能等新一代信息技术驱动新一轮技术革命和产业变革，企业面临着前所未有的机遇和挑战。构建人才发展通道，实施人才引进培育战略成为期待建立人才优势的企业追逐的管理模式。在变革转型过程中，人才作为创新的载体，成为企业竞争力的核心要素，从战略高度来审视公司人才战略、构建立体的人才引进通道，建立完善的人才培养体系，成为公司基业长青的必由之路。

人才发展是人力资源管理发展走向精细化的一种体现和标志，不再无差别化地对待组织中贡献度、重要性、稀缺性各不相同的人，而是根据二八法则把目光和精力更多聚焦到组织中最重要的那一批核心人才身上，弥补传统人力资源管理六大模块的不足，同时在具体落地的过程中仍然要借助这六大模块来实现：招聘配置符合企业人才标准的人才，并实施培训发展。可见人才发展是传统人力资源六大模块发展到一定阶段后的必要产物，两者都是为了解决组织在发展过程中不断遇到的内外部环境的巨变和挑战带来的人力资源管理问题而出现的解决方案，互为补充，相互促进。

人才发展是人力资源经营的最终目标，通过人力资源各项经营举措的实施来持续提升人员效能。从马应龙四个创造的经营宗旨来看，其中为员工创造机会就是人才发展的核心内涵，通过持续提升员工综合素质和专业能力，引导员工做更多有价值的事，提供更为宽阔的职业发展平台，让员工个人得到成长和发展。此外，人才发展始终秉持"让合适的人做合适的事，把事情做得有效率"的理念，在人才选配上注重对个体优劣势分析，强化人与岗、人与事之间的匹配，提高人力资源个体和整体绩效产出水平。

近些年，马应龙在承接巨大的市场竞争压力，寻求新的发展突破时，率先布局了人才发展新局面。面对领军型人才少、内部人才布局失衡、部分员工责任感缺失、创新动力衰减等人才问题，为解决现实中存在的种种人才问题，满足公司快速发展对人才的迫切需求，运用"人力资源经营系统"对公司目前存在的人才问题进行系统梳理，发布人才发展纲要，提出改善的具体对策和措施。人力资源经营系统的经营成效呈现两个明显的指征。

一是合适的人做合适的事，即根据企业的定"事"，匹配最恰当的"人"，依据经济学诺贝尔奖获得者科斯的研究，人类社会之所以会出现企业，主要是为了减少交易费用。如果把交易费用看作企业经营所耗费的广义资源（人力资源是其中的一部分），则根据"最经济原理"，即经济过程的交易费用趋于尽可能小的数值，亦即人力资源在企业经营过程中应避免大材小用（人才浪费）和小材大用（人才不胜任），进行恰当地配置，从而达到组织的最优化。

二是人才发展，具体工作如：人才标准（胜任力模型）搭建/任职资格体系建设、人才评鉴、人才引进、人才培养、发展环境营造、保障机制建设等。其核心是引进和培养一批符合公司人才标准的优秀人才，并通过人才环境营造、人才机制优化，促进人才队伍结构优化、人才产出效能提升，从而实现人力资本投入产出的最大化，所以人才发展作为人力资源经营的可持续发展要素，在体系中占有举足轻重的地位。

## 5.1 人才发展的目标与原则

马应龙由药品制造商向健康方案提供商的战略转型，对人才规模、结构、能力素质等提出了新的要求，公司战略性制定了人才发展政策，形成导向，持续有效地开发、积累、增值人力资本，实现人力资源经营，打造人力资源供应链，提升人均效能。

### 5.1.1 发展目标

**1. 总体目标**

坚持"具备'三识三力三观'的优秀人才是公司价值创造之源"，让外部优才汇聚、内部英才辈出，建设一支精干高效、结构合理、匹配业务、专业精深、富有创造活力的人才队伍，实现人力资源经营的效能提升。

**2. 具体目标**

（1）知识化目标。各层级人员展现出良好的教育背景和专业领域的知识结构，具有持续参与继续教育的经历。

（2）专业化目标。各层级人员展现出良好的专业背景和专业技能水平，具有一定的行业专业地位，以及与岗位相匹配的国、内外专业执业资格认证资质或职称评定资格。

（3）职业化目标。各层级人员展现出良好的跨领域、跨专业的履职经历，具有多岗位工作经历，具有跨领域工作的能力，具有行业内或专业领域内知名企业工作经历，工作履历具有社会含金量。

（4）年轻化目标。明确各级管理人员平均年龄标准，各级管理岗位中"80后""90后"占比大幅提升。

## 5.1.2 基本原则

### 1. 坚持科学评鉴原则

人才管理是一个动态管理的过程,重视动态变化和科学分析十分重要。在人才发展过程中不断学习创新管理理念及应用有效工具方法,强调人才标准、人才评鉴过程的科学化、标准化、流程化。

### 2. 坚持人岗匹配原则

人力资源经营的基本前提是"合适的人做合适的事",强调人才标准与岗位要求相匹配,避免大材小用或小材大用。通过人岗匹配,以实现优化人力资源配置的目的。

### 3. 坚持价值导向原则

在人才发展过程中,强调岗位价值含量及各类岗位适配人才自身价值的不断成长和有效转化,强调价值的定量或定性产出,建立并实施以价值创造为导向的人力资源经营体系,进一步激发人才的活力,为企业创造更多价值。

### 4. 坚持机制创新原则

把营造人才发展的环境作为激发人才活力的根本保证,以机制创新引领人才发展,围绕人才发展的结构优化、引才聚才、素质培养、使用人才评鉴等重要环节,建立健全人才发展的机制。

### 5. 坚持可持续发展原则

在充分尊重各类人才发展特点和发展规律的基础上,统筹企业内部不同层级、不同领域的各类专业技术人才的科学发展,形成各类人才持续成长、协调发展的局面。

## 5.2　人才发展的主要措施

### 5.2.1　构建人才标准，明确评价方向

古往今来，不同领域、不同时代选人用人的标准因世、因时、因事、因职各异，但总的来说，无外乎德才两个方面。求实才、重实才，是以能否推动生产力的发展为根本标准。才的本质，是其先进性和稀缺性。到了现代，先后出现了职业资格、胜任力、任职资格等界定人才标准的概念。不同类型的人才标准虽然源自不同的社会和历史背景，但都自始至终围绕着经济社会的发展，作用于人力资源价值的提升和展现。职业资格、胜任力以及任职资格被社会认可的同时，也不断接受着来自实践的打磨，三者相比较，并无明显优劣，只是应用场景与价值不同。

"三识三力三观"的人才标准是基于马应龙企业文化纲要的提炼，是公司全体员工必须具备的能力和素质，是一套贴合企业实际、满足业务要求的胜任力模型。在此基础上，马应龙各业务单元以"三识三力三观"为人才标准框架，根据岗位性质的差异，将人才标准细化到具体岗位，明确了可观察、可衡量的行为要求，以行为评估和行为塑造为人才选配及人才培养提供依据，构建出具有马应龙企业文化特质的人才标准体系，以及由此衍生的任职资格体系。任职资格既有硬条件，也有软标准，它不是单一刻度的人才标尺，而是分层分级形成了阶梯刻度：既关注人才成长和价值贡献的过程，也关注人才成长和价值贡献的结果。因此，任职资格既可以作为岗位聘任的评价标准，又作为要素全面的指挥棒，引导人员发现和制造价值。

### 5.2.2　建立评鉴体系，科学评价人才

基于体现战略发展要求的人才规划，从更现实的角度出发，企业首先需要关注的是如何最大化地利用已有的存量人才资源，因此，对现有人才能力、结构、数量的盘点成为关键要素之一。马应龙以"三识三力三观"

的人才标准为依据，利用灵活、标准化的工具使得人才盘点成为日常管理的手段，科学评价与识别人才。通过人才盘点逐步摸清"家底"，全面掌握员工队伍状况以及与人才标准之间的差距，促使各级管理者更加重视人才，提升管理者和公司整体的人才管理能力，建立系统性的人才管理机制和平台。

公司导入盘点项目，逐年拓展盘点范围，总结盘点项目经验，逐步形成规范化的盘点流程和形成相对成熟的人才盘点机制，实现人才盘点规范化、例行化、标准化。人才盘点得出的人员数量差距、质量差距、人员业绩和能力分布等结果，被广泛运用到人才引进、人才培养，人才梯队建设、人才激励等人才发展的各个重要模块。

### 5.2.3 培养多措并举，加速人才成长

#### 1. 优化任职标准，引导专业提升

根据企业发展对人才要求的不断提高和人才成长的速度，每两年修订一次岗位任职资格标准，逐步提高对岗位的学历、工作经验、专业知识和技能等要求，给予一段时间的达标过渡期，引导员工在职提升学历水平、参加职称评审和获取相关专业资质的过程中，不断提升自身的学历水平和专业背景。

#### 2. 推行职业导师，加快在岗成长

各级管理者作为所属单位人才培养的第一责任人，应肩负起是对下属员工进行培养的重要职责，是下属员工的职业导师。一方面对新进员工或从事新岗位的员工，实行新人辅导制，辅导时间 6 个月到 12 个月不等，辅导老师要对新人被辅导期内的工作行为和结果负责。另一方面，围绕实际工作场景，组织导师为在岗员工进行实践指导，通过员工技能的提升直接转化为绩效提升，未来将推行辅导老师资格认证，行政序列和业务序列高级以上员工均需通过认证，辅导效果将作为职务晋升的重要参考因素之一，员工在岗培训效果将作为各级管理者职务晋升的重要参考因素之一。

同时，公司建立员工个人成长记录，除基本信息、教育经历、工作经历、绩效考核结果外，增加项目经历、业绩贡献、学习记录、技能水平、辅导经历等，将其纳入员工工作档案中，为人才选用提供决策参考。

3. 鼓励外部学习，拓宽员工眼界

加大外出培训经费投入，制定相关政策鼓励员工走出去参加各类专业学习和外部考察。强化学习成果总结、提炼和转化，要求学习归来后在部门内部或一定范围内进行转训，持续跟踪学习效果，提高学习投入产出。全面推行标杆管理，每年要求各部门均须选择对标单位，明确对标内容，必要时，开展标杆企业调研，学习先进工作经验，明确改进思路、目标和措施，年内向公司提交调研报告。

4. 实施重点项目，培养关键人才

根据商业模式的理论，只有能满足客户需求并产生利润的关键流程、关键资源才是企业重点关注的对象。马应龙的人才发展应聚焦与企业盈利密切关联的关键少数，对关键人才进行专项管理。

深化匠人、B角和青年骨干三个重点人才培养项目的实施：为培养高技能人才，持续开展匠人培养，获评公司匠人奖的专业领域工匠，作为匠师，选拔并培养技术领域内的匠生。为保证关键工作事项顺畅运转，持续开展AB角培养工作。为培养后备人才，开展各类别青年骨干的培养工作，依据人才盘点结果，推行关键岗位高潜人才培养计划，确保关键岗位形成成熟的人才梯队。

通过青年骨干培养，强化现有"85后"和"90后"的人才培养，一方面他们作为当前公司的核心后备力量，学历背景有优势，另一方面在公司工作满3年，相对了解公司情况，且具备了一定稳定性。在培养方式上，区别于新入职员工，以重点专项项目切入，适时提供横向项目课题的参与机会，强化对实践和具体工作的经验积累，创造其了解行业和企业实际机会，鼓励其积极参与，发表创新意见和观点，通过3—5年的培养，真正从中选拔一批适应公司发展的中坚力量。

5. 应用管理工具，提升组织能力

推动项目管理、复盘技术、"三力"系统等管理工具应用：为提高重点专项工作的效率和质量，要求各部门均需具备项目运营和管理能力，公司将组织项目管理课程学习，开展项目管理师内部认证，培养一批项目管理人才，督导各部门将项目管理工具运用到实际工作中，未来将把项目管理能力作为关键岗位的必备能力。引入复盘技术，促进个人和组织能力提升和经验传承，把经验转化为绩效。深化实施"三力"系统，挖掘基层组织优秀案例，加以推广应用，提高压力传导性、动力针对性和活力流动性。

## 5.2.4 拓宽引进渠道、精准引进人才

1. 需求分析精细化

从公司战略和业务发展规划出发，细化人员编制核算方法，精细计算未来人员需求。结合人才存量的盘点情况，得出未来人才缺口，包括数量、结构、能力等各方面的差距，为人才引进计划的制订提供更加精细的数据信息。

2. 引进渠道网络化

网络化的人才引进渠道由企业内部员工、合作伙伴和外部渠道三个层次构成。基层员工引进渠道向前端延伸，探索实施新型校企合作模式。中高端人才引进要进一步扩大猎头合作供应商范围，深挖线上线下渠道，拓展高校、行业协会、政府部门、合作企业等渠道，发现及储备中高端人才。深化与创新柔性用工机制，实现中高端人才不求所有，但求所用。探索引入内部推荐机制，充分利用企业内部资源。

3. 甄选技术多样化

改进传统依据面试官经验的甄选方法，设计并运用行为化面试、心理

测验、在线测试、专业笔试、无领导小组讨论、案例分析等多种面试甄选技术。根据人才标准，针对不同岗位开发行为面试题库，形成标准化的面试题库与评分标准。开展面试官培训。从技术和人员两个角度共同提升甄选水平，实现引进人才与企业所需人才的精准匹配。

#### 4. 招聘管理规范化

制定招聘管理制度，规范招聘管理流程，明晰招聘各流程主体职责，固化并不断优化招聘工具和技术，提升招聘引才的效率。

### 5.2.5 营造发展环境，激发人才活力

着力优化人才成长和发展环境，着力改善软环境，突破硬环境，引导各类人才在各级岗位上大胆实践、勇于创新，同时又宽容失误和失败，让各类人才尽情地发挥聪明才智。

#### 1. 改善软环境

（1）文化环境。营造有利于人才成长和发展的氛围，助推企业文化宣导工作的重点放在将企业文化和人才培养理念相结合，树立标杆人物、宣讲典型案例、开展主题活动等系列措施，让员工认同建设人才发展体系工作的意义，强化各级管理人员责任与担当意识。通过专项工作、主题活动、先进评选等，发掘一批具备特色专业能力、有思想、有创造力的优秀人才，促进企业组织和员工间形成良好的互动关系，影响带动员工尤其是新员工一起形成合力，提升人均效能提升。

（2）精神激励。从满足人才精神需求为切入点，营造人才发展软环境。完善个人奖励项目设计，推出系列化非物质激励举措，注重通过荣誉颁发、典型宣传、公开表彰、人文关怀等多种方式，传递公司对人才的价值认可；创造各种成长机会，采取轮岗挂职、主持重大项目、外派学习等多种方式，帮助人才不断实现自我增值。

2. 突破硬环境

（1）制度环境。健全支持人才发展的基础制度，处理好人才政策与人才制度建设的关系，要在更好发挥人才政策作用的同时，重点解决人才培养中的人才评鉴与职业生涯规划相关联的问题、人才激励中的物质激励和精神激励相结合的问题、人才流动中的两个通道相关转换的问题、人才创新中的竞争机制等问题。在较短时期内，通过对关键问题的重点突破，真正构建起有利于人才发展的制度环境。

（2）目标激励。强化人才对公司战略任务的承接，保持绩效目标的一致性，建立常态化的绩效跟踪、帮扶和考察机制，促进公司绩效目标达成；持续完善与价值贡献相匹配的分配机制，依据岗位贡献来给付薪酬，引导人才做正确且有价值的事，提升岗位产出水平。

（3）物质激励。通过梳理人才标准，实现与人员薪酬体系的挂钩。一是应用于岗位价值评估。评估各岗位"三识三力三观"水平，将评估结果作为岗位价值评估的重要依据，指导岗位价值序列等级的设置和优化调整，提高薪酬的横向公平性。二是应用于个人薪酬水平设计。评估个人"三识三力三观"水平与目标岗位要求之间的差距，在该职级的宽带薪酬范围内确定个人应享受的薪酬水平，提高薪酬的引导性和灵活性。

（4）政策激励。充分利用政府各项人才政策，推荐入选国家"千人计划"、湖北省"百人计划"、武汉"城市合伙人""黄鹤英才计划"等，提供更多平台和机会，提高经济和社会待遇，让他们得到更多的生活保障和社会尊重。

### 5.2.6 优化人员结构，提升人才效能

推行人力资源战略，秉持人力资源经营理念，持续优化人力资源结构，不断提升人力资源经营效能。

1. "四定"工程

健全竞争分流机制，明确岗位价值。实行岗位差别化待遇，全面激发

员工的就业危机感。持续推进实施"四定"工程，深化人力资源经营，提高"事、岗、人、薪"的匹配度，强调做正确的事，把事情做得有效率，提升人力资源投入产出效能。按照定事、定岗、定人、定薪的原则，理清业务工作事项，明确工作目标及要求，优化岗位结构设计及人员配置，完善配套的岗位薪酬体系，引导员工不断提高个人素质、改进工作绩效、提升岗位价值。

1. 四批工程

通过引进一批、培养一批、稳定一批和淘汰一批实行人力资源的分类经营，塑造一支结构合理、专业互补的人力资源队伍。针对不同的人员采取不同的经营办法，实现人力资源结构的优化。引进一批符合公司人才标准的人员，培养一批青年骨干，稳定一批关键岗位和骨干人员，淘汰一批不符合任职资格和不胜任工作的人员。

3. "三力"系统

强化动力、压力、活力"三力"系统建设，营造和构建系统化、模块化、人性化的人力资源经营环境。完善绩效管理模式，推动战略目标分解落实，持续开展绩效跟踪和帮扶，激发员工潜能；优化激励体系，充分挖掘员工个性化需求，探索建立新型激励举措，激发员工积极性和创造性；强化竞争机制，加大资源内部竞单和外部资源引入，创新人才培养模式，促进提升员工能力素质。

4. 两条发展通道

完善行政业务双通道晋升机制，明确各级别晋升条件要求，进一步拓宽职业晋升通道，强化行政业务晋升工作的导向性，为员工创造职业发展机会和空间，促使员工能通过自身努力获得不同程度的晋升，实现人力资源的优化配置和人力资本的持续增值；协助人才制定切合实际的职业发展规划，依托职业导师制、匠人培养、岗位 AB 角等多样化的人才培养举措，加快人才职业成长速度，实现个人理想和企业经营目标的双赢。

## 5.3 人才发展的机制保障

人才发展管理机制的核心目标在于基于人才战略需求，积极打造整合的人才供应链。通过人才供应链打造确保各类人才的数量、质量与结构，满足战略与业务需求，促进公司与人才间良性的创造循环，构建公司追求和个人价值双赢的事业平台。

### 5.3.1 强化组织领导

构建"人才发展优先"的"一把手"工程，各级管理人员是人力资源管理的第一责任人，将人才发展工作纳入常态化的经营管理和绩效考核工作，负责所属管理部门人才发展措施运行的组织工作，人力资源管理工作是所有人员的共同责任。决策层为人力资源管理提供战略方向，配套资源保障，协助推进人力资源管理体系的贯彻落实。

人力资源部门制定标准、构建体系、搭建平台，负责公司人才发展措施运行的指导、协调、监督以及经验推广工作，定期组织各项举措的验收、评估和反馈。为各部门提供人才保障和制度支撑，为人才队伍提供职业舞台和发展机会，实现"管控+服务""激活+赋能"的角色定位。

各部门依据公司人力资源管理体系，执行规则，履行职责，授权赋能，激发员工，培养员工，同时基于现实需求，提出管理体系优化建议。

员工作为人力资源管理主体和人力资源经营对象，在组织平台上，借助多种力量，努力拼搏、自我学习、自我成长、自我发展、自我超越。

### 5.3.2 健全运行机制

1. 形成有利于人才成长的培养机制

科学的人才培养机制是造就人才成长的沃土，是催生人才辈出的动力，也是调动各类人才充分发挥作用的根本。建立知识教育和实践锻炼相结合、内部培养和外部交流合作相衔接的开放式培养体系，探索并推行创新型培训的方式方法；要依托公司重大研发项目和"531"行动纲要，实施一批高层次创新型人才培养项目，加强领军人才、核心技术研发人才培养和创新团队建设，形成科研人才和科研辅助人才衔接有序、梯次配备的合理结构，实践长才干，历练出人才。

**2. 形成有利于人尽其才的使用机制**

人才贵在使用。用好人才，关键要建立良好的选人用人机制，将真正的创新人才选出来、用起来，形成广纳贤才、人尽其才的制度体系。要着力破除论资排辈、干部能上不能下的体制机制障碍，对待特殊人才要有特殊政策，不要求全责备，不要论资排辈，不要都用一把尺子衡量。向用人主体放权，为人才松绑，让人才创新创造活力充分迸发，使各方面人才各得其所、尽展其长。

**3. 形成有利于竞相成长各展其能的激励机制**

好的激励机制能充分调动各类人才创新创业积极性，使之各展其能。在人才激励机制建设中，要坚持以人才为本，将人才的收入与岗位职责、工作绩效、实际贡献及成果转化产生的效益直接挂钩，建立责、权、利相挂钩的人才激励机制，鼓励引导一流人才作出一流贡献，获得一流报酬。充分激发用人主体引进人才积极性。同时，还要注重精神激励机制作用，提高人才的成就感和归属感。建立精神激励机制主要是尊重人才的人格、意见、个人利益和发展需要，为人才营造良好的事业发展机会，创造舒心的工作氛围，平等竞争的工作环境，良好沟通、团结合作的工作风气，以及打造积极进取、敢于亮剑、百折不挠、集体奋斗的高绩效组织文化。

**4. 形成有利于各类人才脱颖而出的竞争机制**

好的竞争机制能增强企业的活力，在人才竞争机制建设中，完善项目合伙、资源竞单等新型激励方式，出台相应的指引文件，开展成功案例宣传推广，引导更多骨干人才积极参与；开展内部创业大赛，选拔优秀创业

项目予以重点扶持，发掘人才并给人才提供创业机会；研究各类股权激励模式，前期针对为新兴业务发展作出突出贡献的骨干员工，尝试推行股权激励，后期视情况向其他业务领域推行；对销售业务骨干，通过增量激励、抢单对赌、扩大管辖区域等方式，促进各类人才良性竞争，脱颖而出。

### 5.3.3 评价人员效能

人才发展最终的外在表现即为人员效能的提升，因此人员效能是衡量人才发展成果的重要维度，通过建立完善公司及主要业务单元的人效指标体系，定期对人效数据进行跟踪分析，评估人员效能变化，并制定针对性的改善措施，促进人才发展体系不断优化和完善。公司及主要业务单元人效指标如表 5-1 至表 5-3 所示。

1. 公司

表 5-1　　　　　　　　　　　　公司人效指标体系

| 序号 | 指标名称 | 指标含义 | 测量方法 |
|---|---|---|---|
| 1 | 人均销售收入 | 衡量公司员工的平均产出水平 | 人均销售收入＝公司销售收入/公司员工平均人数 |
| 2 | 人均净利润 | 衡量公司员工的平均创利水平或对公司贡献水平 | 人均净利润＝公司净利润/公司员工平均人数 |
| 3 | 薪酬使用效率 | 衡量公司薪酬费用投入带来营收变化 | 薪酬使用效率＝公司销售收入/公司薪酬总额 |
| 4 | 薪酬费用占比 | 衡量公司薪酬费用投入占总成本比重变化 | 薪酬费用占比＝公司薪酬总额/公司总成本 |
| 5 | 人力资源投入产出比 | 衡量公司人力资源投入产出效能，其中，人力资源投入体现为人均薪酬，人力资源产出体现为人均净利润 | 人力资源投入产出比＝人均净利润/人均薪酬 |
| 6 | 三低一高 | 衡量公司薪酬费用的控制效果 | 薪酬总额增长率≤销售收入增长率/经济增加值增长率/总成本增长率，人均薪酬逐年上升 |

## 2. 线上/线下营销总部

表 5-2　　　　　　　　　　　　　**线上/线下营销总部人效指标体系**

| 序号 | 指标名称 | 指标含义 | 测量方法 |
|---|---|---|---|
| 1 | 人均销售回笼 | 衡量员工的平均产出水平 | 人均销售回笼=线上/线下营销总部销售回笼/员工平均人数 |
| 2 | 人均销售利润 | 衡量人员工的平均创利水平 | 人均创利=线上/线下营销总部销售利润/员工平均人数 |
| 3 | 薪酬使用效率 | 衡量薪酬费用投入带来产出变化 | 薪酬使用效率=线上/线下营销总部销售回笼/薪酬总额 |
| 4 | 薪酬费用占比 | 衡量薪酬费用投入占销售费用比重变化 | 薪酬费用占比=线上/线下营销总部薪酬总额/销售费用 |
| 5 | 浮动薪酬占比 | 衡量绩效工资、销售提成等薪酬浮动部分占薪酬费用比重变化 | 浮动薪酬占比=线上/线下营销总部薪酬浮动部分/薪酬总额 |
| 6 | 人力资源投入产出比 | 衡量人力资源投入产出效能,其中,人力资源投入体现为人均薪酬,人力资源产出体现为人均销售利润 | 人力资源投入产出比=人均销售利润/人均薪酬 |
| 7 | 三低一高 | 衡量薪酬费用的控制效果 | 薪酬总额增长率≤销售收入增长率/经济增加值增长率/总成本增长率,人均薪酬逐年上升 |

## 3. 生产中心

表 5-3　　　　　　　　　　　　　**生产中心人效指标体系**

| 序号 | 指标名称 | 指标含义 | 测量方法 |
|---|---|---|---|
| 1 | 人均生产产值 | 衡量员工的平均产出水平 | 人均生产产值=生产中心生产产值/员工平均人数 |
| 2 | 人均生产毛利 | 衡量员工的平均创利水平 | 人均创利=生产中心生产毛利/员工平均人数 |

| 序号 | 指标名称 | 指标含义 | 测量方法 |
|---|---|---|---|
| 3 | 人均小时产出 | 衡量员工平均每个小时产出水平 | 人均小时产出=生产中心生产产值/投入的劳动时间 |
| 4 | 单位工资产值 | 衡量人工成本投入带来的产出变化 | 单位工资产值=生产中心生产产值/工资总额 |
| 5 | 单班产量 | 衡量生产线的产出水平 | 产品单班产量=产品全年产量/全年班次 |
| 6 | 人工成本占比 | 衡量人工成本占生产成本比重变化 | 人工成本占比=生产中心人工成本/生产成本 |
| 7 | 浮动薪酬占比 | 衡量计件工资等薪酬浮动部分占人工成本比重变化 | 浮动薪酬占比=生产中心薪酬浮动部分/人工成本总额 |
| 8 | 人力资源投入产出比 | 衡量人力资源投入产出效能,其中,人力资源投入体现为人均薪酬,人力资源产出体现为人均生产毛利 | 人力资源投入产出比=人均生产毛利/人均薪酬 |
| 9 | 三低一高 | 衡量人工成本的控制效果 | 薪酬总额增长率≤生产产值增长率/经济增加值增长率/总成本增长率,人均薪酬逐年上升 |

# 6 人力资源经营绩效管理

## 6.1 人力资源经营价值评价

马应龙人力资源经营系统是贯彻公司人力资源经营理念的具体运营系统，它致力于人力资本的开发与经营，不断提升人力资本的价值水平，实现人力资本投入产出的最大化。马应龙人力资源经营系统的有序、高效运行有赖于全体管理者的共同参与，对该系统的运行绩效进行评估，有助于各级管理者强化人力资源经营意识，承担人力资源经营职责。同时，人力资源经营评估可以促使我们不断完善系统，在实践中不断深化人力资源经营的内涵，优化人力资源经营措施。需要指出的是，人力资源加减法主要评估人力资源经营效能的高低，而本章的绩效评估主要是评价公司各部门人力资源经营效能，以体现人力资源经营系统本身的运行效率。

### 6.1.1 价值评价的导向与原则

#### 1. 评价导向

现代人力资源管理被赋予组织的推动、创新、变革、发展等更多的职能，也就是说，人力资源经营必须与时俱进，适应变化，融入经营，才可以提高自己的价值，成为企业赖以生存的战略合作伙伴。而人力资源价值在现代企业管理中具有重要的作用，因此对人力资源价值的正确评估是现代经济发展中必须解决的一个关键问题。要正确评估人力资源价值就必须以客户为导向，体现人力资源经营发现价值、创造价值、整合价值的特点。人力资源经营的价值如表6-1所示。

表6-1 　　　　　　　　　　　　　　 人力资源经营价值

| 功能模块 | 发现价值、创造价值 |
|---|---|
| 人才引进 | **匹配价值：**<br>匹配价值是指企业招聘的人员素质符合岗位胜任能力的要求，能够在此岗位上发挥相应的价值，没有造成能力的浪费或者降低岗位应具有的价值。实现匹配价值的基本目的是岗位价值最大化、人力成本支出最小化。人与岗位匹配的原则是将适合的人放在合适的位置上 |
|  | **战略价值：**<br>管理大师彼得·德鲁克在《管理的实践》一书中指出，实践的前提，必须自问：我们的事业是什么？我们的事业将是什么？我们的事业究竟应该是什么？我们将它引入企业的人力资源战略：我们的事业当前需要什么样的人才？我们的事业将会需要什么样的人才？我们的事业究竟需要什么样的人才？适合企业发展的人才不会是现成的，"人无远虑，必有近忧。"一个成功的企业一定要善于对人才进行战略布局 |
| 人才培养 | **成长价值：**<br>成长价值是指员工技能、能力的增长能促进岗位价值的增长，进而促进组织整体效益的提升，它是基于岗位效率的价值提升活动。基本要求是缩小技能、能力与岗位需求或要求的差距，基本的方法是有针对性地进行技能、能力的培训。成长价值侧重于技能性，目的是实现岗位要求与个体能力发挥的平衡 |
|  | **开发价值：**<br>开发价值是人力资源开发的简称，它是基于组织人力资源整体价值提升的活动，通过构建组织的学习体系、培训体系、知识整合优化等，使组织形成持续的知识、技能、能力提升机制，实现由个体到组织的价值累积与转化<br>开发价值依托的是企业战略与人力资源战略。为此，企业必须做好组织层面的知识需求分析，制定企业知识构建的战略框架，尔后，拟定企业的人力资源开发战略规划、人力资源质量评估系统、人力资源开发组织系统、人力资源开发评价系统、知识技术引进规划原则等策略 |

| 功能模块 | 发现价值、创造价值 |
|---|---|
| 人员效率 | 感觉价值：<br>感觉价值是企业的薪酬设计能对员工产生一种适度的心理刺激，使其有积极努力的行为反应，进而进入工作的应激状态，促进劳动生产率的提高，创造更高价值。通俗理解是同样数额的工资，通过不同的支付设计，产生出不一样的效果，即让薪酬产生更大的价值 |
| | 激励价值：<br>激励价值是通过绩效管理或者其他方式对员工进行刺激与鞭策，使其产生积极主动的创造行动，为组织增加超出预期的价值 |
| | 优化价值：<br>优化价值也可称为系统价值，它是根据组织战略或目标搭建起职能分工明确、利于实现目标的责任结构（组织机构），同时不断依据情况进行优化，以提升效率，进而产生价值。人力资源管理的价值在于，将最优秀的人组合成一个最佳的效能体 |
| 淘汰冗员 | 止损价值：<br>企业中人力资源产生的损失是多种多样的，如，不合理流失产生的损失、劳资关系（违反法律、法规）处理不当产生的损失、人际不和谐造成工作摩擦所产生的损失等。止损价值是指人力资源管理者依靠自己所掌握的知识，凭借娴熟的技术、能力，科学合理地处理人事业务及员工间的情感问题，降低企业支出所产生的价值 |

**2. 评价原则**

人力资源价值评估的原则应该是调节人力资源使用单位和人力资源自身权益在价值评估中的相互关系、规范评估行为的准则。其原则主要有：独立性、客观性、科学性、专业性、综合性、替代性和预期性。

（1）独立性。人力资源价值评估应该坚持独立的第三者立场，不能为价值评估双方任何一方所拥有，评估工作不能受到外界的干扰和委托者意愿的影响。

（2）客观性。在人力资源价值评估中应该以充分的事实为依据，评估中要排除人为因素的干扰，评估时以公正、客观的态度和方法进行，评估的指标要具有客观性，评估过程中的预测、推算和逻辑判断只能建立在市场和现实的基础之上。

（3）科学性。在人力资源价值的评估中，必须依据特定的目的，选择适用的标准和科学的方法，制订科学的评估方案，使人力资源价值的评估结果更加准确合理。人力资源价值评估方法的科学性，不仅在于方法本身，更重要的是必须和评估标准相匹配。而评估标准的选择是以评估的特定目的为依据，它对评估方法具有约束性，不能以方法取代标准，以技术方法的多样性和可替代性影响到评估标准的唯一性，而影响评估结果的科学性。人力资源价值评估中的科学性还要求评估程序具有科学合理性，应该根据评估对象的规律和评估的目的来确定科学的评估程序，使人力资源价值的评估工作能够科学有序地进行。

（4）综合性。企业人力资源价值应该在企业的生产经营成果——企业整体价值中体现出来，因此对企业人力资源真实价值的评估不仅取决于本身所具有的实际价值，而且还取决于其他相关因素对企业整体价值的贡献，或者根据当缺少它时对整体价值下降的影响程度来衡量。因此对企业人力资源价值的评估必须综合考虑其在企业整体经营活动中的重要性，而不是简单地、孤立地确定人力资源的价值。

（5）替代性。在对人力资源价值评估时，需要考虑人力资源的替代性。因为在存在效用相同的人力资源时，企业决不会支付高于能在劳务市场找到相同效用替代资源的费用。因此人力资源的选择性或可替代性是在价值评估中必须考虑的一个重要因素。

（6）预期性。人力资源价值并不是完全按照其所取得的成本进行评估，而是基于对其未来收益的期望值评估。人力资源价值的高低在很大的程度上取决于其未来的可用性和作用力，因此在对人力资源价值进行评估时必须合理地预测其未来的效用和发挥效用的期限。

### 6.1.2　价值评价的方法与标准

人力资源价值的评估方法是关于价值评估所适用的价值标准的体现，通常要求评估方法和人力资源类别相匹配。人力资源在价值形态上可以有多种类型的价值表现，这些价值形态从不同角度反映了人力资源的价值特征。这些价值不仅在质上不同，在量上也存在较大的差异，但是作为对人力资源价值评估的具体评估方法应该是统一的，否则就失去了正确反映和提供人力资源价值尺度的功能。因此需要根据价值评估的目的，明确所要求的价值尺度的内涵，而后才能确定所采用的价值评估方法。

人力资源价值评估中可以采用的方法有：重置成本法、市价法、收益现值法、经济价值法和商誉法等。

**1. 重置成本法**

指在现时条件下，按功能重置人力资源，并使人力资源处于可用状况所花费的成本作为人力资源价值的评估依据。人力资源重置成本反映了在人力资源招聘、安置培训等过程中所花费的全部费用，但它是按照现有的劳动市场价格计算的。由于人力资源通常会在企业中存在一个长短不定的时期，在这个时期中由于劳动市场的价格、人力资源体能和技能的变化，会使人力资源的重置成本和历史成本发生差异。

**2. 市价法**

指由劳动力本身价值和市场供求关系共同决定人力资源价值。这种价值可以是在劳务市场上实际体现的价值，也可以是市场模拟价值。对市价法的采用应该考虑这样一些因素。

（1）基础价值，即保证人力资源再生产的成本价值，人力资源的培养成本决定了其价值的高低。

（2）供需关系，人力资源的价值与市场的需求量成正比，与供应量成反比。当某种类型的人力资源有多个企业招聘时，其价值会呈现上升趋势，反之会下降。

（3）人力资源的质量因素，优质优价永远是市场经济的法则。同类型人力资源，当素质优秀时，其价值自然高于素质较低的人力资源价值。

### 3. 收益现值法

主要是根据人力资源未来预期作用的大小，按照"将本求利"的逆向思维——"以利索本"，以适当的贴现率将未来的收益折算成现值，因此，收益现值法应该是指为获得该人力资源的预期收益而按目前价格所评估的价值。当然这种收益现值法的使用必须要考虑到人力资源在今后使用中的各种因素——社会经济、政治和人力资源的使用时间影响。

### 4. 经济价值法

指将企业在一定期间内的营利作为人力资源群体共同创造的价值分摊到人力资源上，作为所评估的人力资源价值。而商誉法则是指在评估企业人力资源价值时，将企业生产经营中所产生的价值增长部分在扣除商誉所承担的比例后，余下部分作为评估企业人力资源的群体价值。

## 6.2 人力资源个体经营绩效评估

### 6.2.1 评估维度及指标

#### 1. 个体经营绩效的评估维度

人力资源个体经营是否取得成效，要从公司和个体两个角度来进行综合考量。对于公司而言，个体经营效果主要表现在个人绩效产出水平提升；而对于员工而言，个体经营效果主要表现在综合能力素质提高、工作满意度提升。因此，人力资源个体经营效果评估应该围绕以下三个维度展开。

（1）个人绩效产出水平。衡量个体当年业绩情况，包括：个人销售回笼、终端产出或年度考核结果等。

（2）综合能力素质。衡量个体专业化、知识化、职业化水平提升情况。

（3）工作满意度。衡量个体需求被满足的程度，包括：人际交往、职业发展、薪酬福利、工作条件等多个方面。

### 2. 各类人员的个体经营绩效评估

根据马应龙现有的职类划分，现有人员共分为技术研发类、生产质量类、市场营销类、财务审计类、决策运营类、人力资源管理类、综合管理类7个类别。由于各类人员的岗位性质、要求和工作内容有明显的差异性，在绩效产出指标和综合能力素质两个维度评价指标的设计上相应也有所差异。表6-2以技术研发类员工为例所设计的个体经营效果评价体系。

表6-2　　　　　　　**技术研发类员工经营效果评价指标体系**

| 评价维度 | 评价指标 | 权重 | 评价内容 | 评价方法 | 评价标准 |
|---|---|---|---|---|---|
| 个人绩效产出水平 | 年度考核结果 | 40 | 全年绩效任务指标完成情况以及所取得的主要工作业绩 | 综合评议 | 按考核结果等级计算。A为满分；B为80%；C为60% |
| 知识化 | 学历水平 | 5 | 学历是否符合岗位任职要求；相比上年是否有所提升 | 资料审核 | 学历不符合岗位任职要求，扣2分；相比上年有所提升，加1—3分 |
| | 专业水平 | 5 | 专业是否符合岗位任职要求；是否取得公司认可相关职业资格、职称证书、或专业领域上取得的成果 | 资料审核 | 学历不符合岗位任职要求，扣2分；获得相关职业资格、职称证书、或专业领域上取得的成果，加1—3分 |

续表

| 评价维度 | 评价指标 | 权重 | 评价内容 | 评价方法 | 评价标准 |
|---|---|---|---|---|---|
| 专业化 | 信息收集能力 | 10 | 数据敏感性、数据分析、数据应用 | 民主评议 | 设计评议问卷,开展360度测评。根据评议得分进行折算 |
| | 动手实验能力 | | 实验方案设计、实验操作、实验结果分析 | | |
| | 开发创新能力 | | 创新思维、创意运用能力 | | |
| | 资源整合能力 | | 资源识别、资源配置、资源整合 | | |
| | 项目管理能力 | | 项目选择,研发风险管控、研发成本控制 | | |
| 职业化 | 成就导向 | 10 | 设定目标、追求卓越 | 民主评议 | 设计评议问卷,开展360度测评。根据评议得分进行折算 |
| | 坚韧性 | | 坚持不懈 | | |
| | 敏锐性 | | 信息敏感、反应灵敏 | | |
| | 安全意识 | | 实验安全、药品安全责任 | | |
| | 文化融合度 | | 个人价值观、工作方式与公司文化匹配程度 | | |
| | 职业道德 | | 责任感 | | |
| 工作满意度 | 工作满意度 | 20 | 人际交往、职业发展、薪酬福利、工作条件等方面需求满足情况 | 问卷测评 | 根据测评结果进行折算 |

## 6.2.2 评估结果应用

开展人力资源个体经营效果评估,有利于部门管理者及时掌握员工绩效产出水平的变化、发现员工在能力素质上存在的不足以及了解员工各方面需求的满足程度,从而采取针对性的措施来加以改进。同时,员工也可以根据评估结果,认清自身在工作结果、工作能力上与优秀员工之间的差距,以及与上年度相比各方面是否有所进步等。因此,个体经营效果评估结果可在人力资源管理工作中得到以下应用。

### 1. 与绩效管理

根据评估结果，找出个体绩效在同级中所处水平以及与绩优者之间的差距，相比与上年度是进步还是退步，分析差距或退步的原因，通过制订并实施具体改进的行动计划来提升绩效水平。

### 2. 与员工培训

根据评估结果，找出个体在知识化、专业化、职业化等方面的共性问题，设置相关的专业或能力素质提升课程；个体也可结合自身存在的弱项，针对性参加各种内外部培训来提升自身的综合能力素质水平。

### 3. 与员工激励

根据评估结果，找出个体各项内在需求的满足程度，客观反映公司现行激励机制运行效果，有助于进行针对性优化和完善。

### 4. 与职业发展

根据评估结果，可以让个体对自身的素质和岗位工作业绩有一个全面清晰的认识，重新审视个人与岗位的匹配度，为制定未来职业发展规划提供参考依据。

## 6.3 人力资源整体经营绩效评估

### 6.3.1 评估维度及指标

#### 1. 公司人力资源经营绩效评估

结合人力资源经营理念的两项基本原则，对人力资源经营系统运行效率的考核评估主要从人力资源投入产出水平、人力资源素质水平、人力资源绩效水平、员工成长与发展水平等四个方面来着手进行。具体内容如表 6-3 所示。

表 6-3 公司人力资源经营绩效评估体系

| 评估维度 | 评估指标 | 计算方法 | 评分标准 |
|---|---|---|---|
| 财务指标（50%） | 人力资源投入产出比 | 人力资源投入产出比=人均创利/人均人工成本 | 与上年度水平比较，按比率计分，加分不超过30% |
| | 三低一高 | 薪酬总额增长≤销售收入增长率/经济增加值增长率/总成本增长率，人均薪酬逐年上升 | 与上年度水平比较，"三低"指标每超过或低于1个百分点，予以相应扣分或加分；人均薪酬每超过或低于1个百分点，予以相应加分或扣分 |
| | 人均销售收入 | 人均销售收入=公司销售收入总额/公司员工平均人数 | 与当年考核目标值比较，采用百分比计分法，每超过或低于目标值1%，予以相应加分或扣分 |
| | 人均净利润 | 人均净利润=公司利润总额/公司员工平均人数 | 与上年度水平比较，按比率计分，加分不超过30% |
| 营运指标（25%） | 人力资源结构 | 统计专业、年龄、学历的分布情况 | 销售技术人员占比超过50%，行政管理人员占比较上年有所下降<br>与标杆企业比较来进行综合评价，包括：本科以上学历人员占比情况，整体年轻化程度以及各年龄段人员占比情况 |
| | 任职资格达标率 | 任职资格达标率=任职资格考核达标的员工数/当期员工总数 | 与上年度水平比较，每超过或低于1个百分点，予以相应加分或扣分 |
| | 人才引进完成率 | 人才引进完成率=人才引进数量/人才需求数量 | 与上年度水平比较，每超过或低于1个百分点，予以相应加分或扣分 |
| 成长与发展指标（25%） | 员工满意度 | 以问卷调查等形式，收集员工对企业管理各个方面满意程度的信息 | 与上年度水平比较，每低于上年0.1，予以相应扣分 |

续表

| 评估维度 | 评估指标 | 计算方法 | 评分标准 |
|---|---|---|---|
| 成长与发展指标（25%） | 员工晋升率 | 员工晋升率＝获得晋升的员工人数/员工总数 | 与上年度水平比较，每超过或低于1个百分点，予以相应加分或扣分 |
| | 关键人才流失率 | 关键人才流失率＝关键人才流失人数/关键人才数量 | 与当年考核目标值比较，每超过目标值1个百分点，予以相应扣分 |

说明：

（1）财务指标。财务指标主要反映人力资源投入产出水平。人力资源经营系统运行的直接成果是人力资源投入产出水平得到提升，人力资源投入产出水平提升也意味着人力资源经营理念得到贯彻落实。主要包括以下指标。

① 人力资源投入产出比。该指标用来衡量人力资源经营的整体效果，其中：人力资源投入体现为人均人工成本，人力资源产出体现为人均创利。

② 三低一高。该指标用来衡量在人均工资收入持续增长情况下，人工费用总额的控制效果。

③ 人均销售收入。该指标用来衡量销售人员（含从事销售管理工作的人员）的人均产出水平。

④ 人均净利润。该指标用来衡量员工的平均创利水平或对公司的贡献水平。

（2）营运指标。营运指标主要反映人力资源结构优化结果。人力资源结构的优化、协调和匹配是人力资源经营系统有效运行的另一个体现，人员配备到位、整体素质优良、人岗合理匹配意味着公司整体人力资源效能提升得到了保障。主要包括以下指标。

① 人力资源结构。该指标用来衡量人力资源配置的合理性，涉及年龄结构、专业结构、学历结构等。

② 任职资格达标率。该指标用来衡量在岗人员与岗位任职资格要求的匹配情况。

③ 人才引进完成率。该指标用来衡量人才引进的工作成果。

（3）成长与发展指标。成长与发展指标主要反映人力资源个体经营成效。从员工个人层面来讲，需求满足程度、发展空间、个人成长是衡量人力资源经营系统运行是否高效的重要指标。

① 员工满意度。该指标用来衡量员工需求方面得到满足的程度。

② 员工晋升率。该指标用来衡量员工晋升发展空间大小。

③ 关键人才流失率。该指标用来衡量稳定员工方面的工作成效。

## 2. 各部门人力资源经营绩效评估

结合目前公司人力资源现状，以标杆管理为指导方法，组织制定中长期人力资源经营规划，从人力资源投入产出水平、人力资源结构优化结果、员工成长与发展水平等方面设定人力资源经营目标，并分解到年度，形成公司年度人力资源经营计划和目标，并要求各个中心和部室按照该计划要求，制定部门级人力资源经营计划和目标，经分管领导批准后交人力资源部门，由公司绩效领导小组审核。根据各部门业务特点，人力资源经营目标设定参考如下。

（1）线上 & 线下营销总部。线上 & 线下营销总部人力资源经营绩效评估体系如表6-4所示。

表6-4　　　　　　　**线上 & 线下营销总部人力资源经营绩效评估体系**

| 评估指标 | 权重 | 测 量 方 法 | 评 分 标 准 |
|---|---|---|---|
| 人力资源投入产出比 | 10 | 人力资源投入产出比 = 人均销售利润/人均薪酬 | 与上年度水平比较，按比率计分，加分不超过30% |
| 三低一高 | 10 | 薪酬总额增长率≤销售收入增长率/经济增加值增长率/总成本增长率，人均薪酬逐年上升 | 与上年度水平比较，"三低"指标每超过或低于1个百分点，相应扣、加1分；人均薪酬每低于1个百分点，扣1分 |
| 人均销售回笼 | 5 | 人均销售回笼 = 销售回笼/员工平均人数 | 与当年考核目标值比较，采用百分比计分法，每超过或低于目标值1%，相应加、扣0.5分 |
| 人均销售利润 | 5 | 人均销售利润 = 销售利润总额/员工平均人数 | 与上年度水平比较，按比率计分，加分不超过30% |
| 人力资源结构 | 10 | 统计年龄、学历的分布情况 | 与上年度水平比较，本科以上学历人员占比每低于1个百分点，扣0.5分；平均年龄控制在自然增长范围内，超出范围的，扣1分 |
| 任职资格达标率 | 10 | 任职资格达标率 = 任职资格考核达标的员工数/当期员工总数 | 与上年度水平比较，每超过或低于1个百分点，予以相应加分或扣分 |
| 员工离职率 | 5 | 离职率 = 离职总人数/平均人数。离职总人数包括辞职人数、辞退人数、合同到期不再续签人数，不包括内退和退休人员 | 部门员工离职率不能超过上年水平，视部门规模大小进行评分 |

| 评估指标 | 权重 | 测 量 方 法 | 评 分 标 准 |
|---|---|---|---|
| 引进人员留存率 | 5 | 引进人员留存率＝当年引进人员的留存人数/引进人员总数 | 部门引进人员留存率不低于上年水平，视部门规模大小进行评分 |
| 员工满意度 | 10 | 以问卷调查等形式，收集员工对企业管理各个方面满意程度的信息 | 与上年度水平比较，每低于上年0.1，扣1分 |
| 员工晋升率 | 5 | 员工晋升率＝当年获得晋升的员工人数/员工总数。晋升包括行政序列和业务序列两个通道 | 部门员工晋升率不低于上年水平，每低于1个百分点，予以相应扣分 |
| 人均培训学时 | 5 | 人均培训学时＝部门员工所参加的各项内外部培训的总学时/平均人数 | 人均培训学时不低于上年水平，每低于1个学时，予以相应扣分 |
| 绩效管理 | 5 | 通过资料查阅、访谈、问卷调查等方法来进行综合评价，根据评价结果折算计分 | 1. 将部门绩效指标逐级分解到各个岗位，设计个性化的考核指标<br>2. 常态化跟踪各岗位绩效任务的进展情况，促进绩效目标有效达成<br>3. 严格执行绩效考核方案，考核采用统一评价标准<br>4. 及时开展绩效沟通与反馈，组织实施绩效末位面谈，制定绩效改进措施<br>5. 严格落实绩效考核结果与薪酬分配、末位淘汰等工作关联机制 |
| 团队建设 | 5 | 通过资料查阅、访谈、问卷调查等方法来进行综合评价，根据评价结果折算计分 | 1. 通过岗位间信息传递和沟通，实现成员之间高效合作和技能共享<br>2. 团队工作目标清晰，任务分配到位，团队成员在目标实现过程中能保持协调一致<br>3. 团队成员工作中相互支持，充分发挥各自的优势，保持良好的团队工作氛围<br>4. 能根据员工特点和不同需要，采取多种的激励措施提升团队成员的工作积极性，增进员工团队合作精神、凝聚力和向心力<br>5. 通过合理分工和充分授权，帮助团队成员有效完成工作任务 |

续表

| 评估指标 | 权重 | 测 量 方 法 | 评 分 标 准 |
|---|---|---|---|
| 员工成长与发展 | 5 | 通过资料查阅、访谈、问卷调查等方法来进行综合评价，根据评价结果折算计分 | 1. 能识别员工学习和发展的需求和期望，结合部门目标制定和实施员工的学习和发展计划，以培养员工的知识、技能和能力<br>2. 在对员工的主客观条件进行测定、分析、总结研究的基础上，制定其职业生涯规划，并为实现这一规划作出了行之有效的安排<br>3. 要制订部门后备人才计划，并组织实施针对性的培养措施 |
| 政策及规章制度落实 | 5 | 通过资料查阅、访谈、问卷调查等方法来进行综合评价，根据评价结果折算计分。 | 1. 落实公司下发人力资源相关政策和规章制度，确保执行到位<br>2. 严格部门人员行为管理，杜绝发生违纪违规行为 |

（2）生产中心。生产中心人力资源经营绩效评估体系如表6-5所示。

表6-5　　　　　　　　　生产中心人力资源经营绩效评估体系

| 评估指标 | 权重 | 测 量 方 法 | 评 分 标 准 |
|---|---|---|---|
| 人力资源投入产出比 | 10 | 人力资源投入产出比＝人均生产毛利/人均薪酬 | 与上年度水平比较，按比率计分，加分不超过30% |
| 三低一高 | 10 | 薪酬总额增长率≤生产产值增长率/经济增加值增长率/总成本增长率，人均薪酬逐年上升 | 与上年度水平比较，"三低"指标每超过或低于1个百分点，相应扣、加1分；人均薪酬每低于1个百分点，扣1分 |
| 人均生产产值 | 5 | 人均生产产值＝生产产值总额/员工平均人数 | 与当年考核目标值比较，采用百分比计分法，每超过或低于目标值1%，相应加、扣0.5分 |
| 人均生产毛利 | 5 | 人均生产毛利＝生产毛利/员工平均人数 | 与上年度水平比较，按比率计分，加分不超过30% |

续表

| 评估指标 | 权重 | 测 量 方 法 | 评 分 标 准 |
|---|---|---|---|
| 人力资源结构 | 10 | 统计学历的分布情况 | 与上年度水平比较，大专以上学历人员占比每低于1个百分点，扣1分 |
| 任职资格达标率 | 10 | 任职资格达标率=任职资格考核达标的员工数/当期员工总数 | 与上年度水平比较，每超过或低于1个百分点，予以相应加分或扣分 |
| 员工离职率 | 5 | 离职率=离职总人数/平均人数。离职总人数包括辞职人数、辞退人数、合同到期不再续签人数，不包括内退和退休人员 | 部门员工离职率不能超过上年水平，视部门规模大小进行评分 |
| 引进人员留存率 | 5 | 引进人员留存率=当年引进人员的留存人数/引进人员总数 | 部门引进人员留存率不低于上年水平，视部门规模大小进行评分 |
| 员工满意度 | 10 | 以问卷调查等形式，收集员工对企业管理各个方面满意程度的信息 | 与上年度水平比较，每低于上年0.1，扣1分 |
| 员工晋升率 | 5 | 员工晋升率=当年获得晋升的员工人数/员工总数。晋升包括行政序列和业务序列两个通道 | 部门员工晋升率不低于上年水平，每低于1个百分点，予以相应扣分 |
| 人均培训学时 | 5 | 人均培训学时=部门员工所参加的各项内外部培训的总学时/平均人数 | 人均培训学时不低于上年水平，每低于1个学时，予以相应扣分 |
| 绩效管理 | 5 | 通过资料查阅、访谈、问卷调查等方法来进行综合评价，根据评价结果折算计分。 | 1. 将部门绩效指标逐级分解到各个岗位，设计个性化的考核指标<br>2. 常态化跟踪各岗位绩效任务的进展情况，促进绩效目标有效达成<br>3. 严格执行绩效考核方案，考核采用统一评价标准<br>4. 及时开展绩效沟通与反馈，组织实施绩效末位面谈，制定绩效改进措施<br>5. 严格落实绩效考核结果与薪酬分配、末位淘汰等工作关联机制 |

续表

| 评估指标 | 权重 | 测量方法 | 评分标准 |
|---|---|---|---|
| 团队建设 | 5 | 通过资料查阅、访谈、问卷调查等方法来进行综合评价，根据评价结果折算计分 | 1. 通过岗位间信息传递和沟通，实现成员之间高效合作和技能共享<br>2. 团队工作目标清晰，任务分配到位，团队成员在目标实现过程中能保持协调一致<br>3. 团队成员工作中相互支持，充分发挥各自的优势，保持良好的团队工作氛围<br>4. 能根据员工特点和不同需要，采取多种的激励措施提升团队成员的工作积极性，增进员工团队合作精神、凝聚力和向心力<br>5. 通过合理分工和充分授权，帮助团队成员有效完成工作任务 |
| 员工成长与发展 | 5 | 通过资料查阅、访谈、问卷调查等方法来进行综合评价，根据评价结果折算计分 | 1. 能识别员工学习和发展的需求和期望，结合部门目标制定和实施员工的学习和发展计划，以培养员工的知识、技能和能力<br>2. 在对员工的主客观条件进行测定、分析、总结研究的基础上，制定其职业生涯规划，并为实现这一规划作出了行之有效的安排<br>3. 要制订部门后备人才计划，并组织实施针对性的培养措施 |
| 政策及规章制度落实 | 5 | 通过资料查阅、访谈、问卷调查等方法来进行综合评价，根据评价结果折算计分 | 1. 落实公司下发人力资源相关政策和规章制度，确保执行到位<br>2. 严格部门人员行为管理，杜绝发生违纪违规行为 |

（3）其他部门。其他部门人力资源经营绩效评估体系如表6-6所示。

表 6-6 其他部门人力资源经营绩效评估体系

| 评估指标 | 权重 | 测量方法 | 评分标准 |
|---|---|---|---|
| 部门工作满意度 | 10 | 以问卷调查等形式，收集周边单位对部门各项工作所取得成效的评估意见 | 与上年度水平比较，按比率计分 |
| 人力资源结构 | 10 | 统计专业、年龄、学历的分布情况 | 专业与岗位匹配度达到100%；年龄结构分布合理，队伍较为年轻化；整体学历水平不低于上年 |
| 任职资格达标率 | 10 | 任职资格达标率＝任职资格考核达标的员工数/当期员工总数 | 与上年度水平比较，每超过或低于1个百分点，予以相应加分或扣分 |
| 员工离职率 | 5 | 离职率＝离职总人数/平均人数。离职总人数包括辞职人数、辞退人数、合同到期不再续签人数，不包括内退和退休人员 | 部门员工离职率不能超过上年水平，视部门规模大小进行评分 |
| 引进人员留存率 | 5 | 引进人员留存率＝当年引进人员的留存人数/引进人员总数 | 部门引进人员留存率不低于上年水平，视部门规模大小进行评分 |
| 员工满意度 | 10 | 以问卷调查等形式，收集员工对自我价值实现、工作环境、个人成长等方面的评价意见 | 部门员工满意度不低于上年水平，每低于上年0.1，予以相应扣分 |
| 员工晋升率 | 5 | 员工晋升率＝当年获得晋升的员工人数/员工总数。晋升包括行政序列和业务序列两个通道 | 部门员工晋升率不低于上年水平，每低于1个百分点，予以相应扣分 |
| 人均培训学时 | 5 | 人均培训学时＝部门员工所参加的各项内外部培训的总学时/平均人数 | 人均培训学时不低于上年水平，每低于1个学时，予以相应扣分 |
| 绩效管理 | 10 | 通过资料查阅、访谈、问卷调查等方法来进行综合评价，根据评价结果折算计分 | 1. 将部门绩效指标逐级分解到各个岗位，设计个性化的考核指标<br>2. 常态化跟踪各岗位绩效任务的进展情况，促进绩效目标有效达成<br>3. 严格执行绩效考核方案，考核采用统一评价标准<br>4. 及时开展绩效沟通与反馈，组织实施绩效末位面谈，制定绩效改进措施<br>5. 严格落实绩效考核结果与薪酬分配、末位淘汰等工作关联机制 |

续表

| 评估指标 | 权重 | 测量方法 | 评分标准 |
|---|---|---|---|
| 团队建设 | 10 | 通过资料查阅、访谈、问卷调查等方法来进行综合评价，根据评价结果折算计分 | 1. 通过岗位间信息传递和沟通，实现成员之间高效合作和技能共享<br>2. 团队工作目标清晰，任务分配到位，团队成员在目标实现过程中能保持协调一致<br>3. 团队成员工作中相互支持，充分发挥各自的优势，保持良好的团队工作氛围<br>4. 能根据员工特点和不同需要，采取多种激励措施提升团队成员的工作积极性，增进员工团队合作精神、凝聚力和向心力<br>5. 通过合理分工和充分授权，帮助团队成员有效完成工作任务 |
| 员工成长与发展 | 10 | 通过资料查阅、访谈、问卷调查等方法来进行综合评价，根据评价结果折算计分 | 1. 能识别员工学习和发展的需求和期望，结合部门目标制定和实施员工的学习和发展计划，以培养员工的知识、技能和能力<br>2. 在对员工的主客观条件进行测定、分析、总结研究的基础上，制定其职业生涯规划，并为实现这一规划作出了行之有效的安排<br>3. 要制订部门后备人才计划，并组织实施针对性的培养措施 |
| 政策及规章制度落实 | 10 | 通过资料查阅、访谈、问卷调查等方法来进行综合评价，根据评价结果折算计分 | 1. 落实公司下发人力资源相关政策和规章制度，确保执行到位<br>2. 严格部门人员行为管理，杜绝发生违纪违规行为 |

## 6.3.2　评估结果应用

每年年底，由人力资源部门对公司本年度人力资源经营情况予以总结汇报，并提出下年度改善措施，公司绩效管理委员会根据各中心、部室年度人力资源经营目标对各项经营指标完成情况予以评分，纳入各中心、部室年度绩效考核范围，并作为各级管理者晋升的参考依据，管理者所辖范围内人力资源经营水平较高者，可优先获得晋升机会。

对人力资源经营系统的考核评估，目的是为了强化各级管理者的人力资源经营意识，确保人力资源经营系统贯彻到每个基层单位，让各级管理人员承担起人力资源经营的职责，使人力资源经营理念通过该系统得到具体落实。同时，通过评估不断深化人力资源经营内涵，不断完善系统的架构和具体内容，不断提高人力资源经营的质量，不断提升人力资源经营的水平。

### 6.3.3 评价人员效能

人才发展最终的外在表现即为人员效能的提升，因此人员效能是衡量人才发展成果的重要维度，通过建立完善公司及主要业务单元的人效指标体系，定期对人效数据进行跟踪分析，评估人员效能变化，并制定针对性的改善措施，促进人才发展体系不断优化和完善。公司及主要业务单元人效指标如表 6-7 至表 6-9 所示。

1. 公司

表 6-7　　　　　　　　　　　　　　公司人效指标体系

| 序号 | 指标名称 | 指标含义 | 测量方法 |
|------|----------|----------|----------|
| 1 | 人均销售收入 | 衡量公司员工的平均产出水平 | 人均销售收入=公司销售收入/公司员工平均人数 |
| 2 | 人均净利润 | 衡量公司员工的平均创利水平或对公司贡献水平 | 人均净利润=公司净利润/公司员工平均人数 |
| 3 | 薪酬使用效率 | 衡量公司薪酬费用投入带来营收变化 | 薪酬使用效率=公司销售收入/公司薪酬总额 |
| 4 | 薪酬费用占比 | 衡量公司薪酬费用投入占总成本比重变化 | 薪酬费用占比=公司薪酬总额/公司总成本 |

续表

| 序号 | 指标名称 | 指 标 含 义 | 测 量 方 法 |
|---|---|---|---|
| 5 | 人力资源投入产出比 | 衡量公司人力资源投入产出效能，其中，人力资源投入体现为人均薪酬，人力资源产出体现为人均净利润 | 人力资源投入产出比＝人均净利润/人均薪酬 |
| 6 | 三低一高 | 衡量公司薪酬费用的控制效果 | 薪酬总额增长率≤销售收入增长率/经济增加值增长率/总成本增长率，人均薪酬逐年上升 |

## 2. 线上/线下营销总部

表 6-8　　　　　　　　　　线上/线下营销总部人效指标体系

| 序号 | 指标名称 | 指 标 含 义 | 测 量 方 法 |
|---|---|---|---|
| 1 | 人均销售回笼 | 衡量员工的平均产出水平 | 人均销售回笼＝线上/线下营销总部销售回笼/员工平均人数 |
| 2 | 人均销售利润 | 衡量人员工的平均创利水平 | 人均创利＝线上/线下营销总部销售利润/员工平均人数 |
| 3 | 薪酬使用效率 | 衡量薪酬费用投入带来产出变化 | 薪酬使用效率＝线上/线下营销总部销售回笼/薪酬总额 |
| 4 | 薪酬费用占比 | 衡量薪酬费用投入占销售费用比重变化 | 薪酬费用占比＝线上/线下营销总部薪酬总额/销售费用 |
| 5 | 浮动薪酬占比 | 衡量绩效工资、销售提成等薪酬浮动部分占薪酬费用比重变化 | 浮动薪酬占比＝线上/线下营销总部薪酬浮动部分/薪酬总额 |
| 6 | 人力资源投入产出比 | 衡量人力资源投入产出效能，其中，人力资源投入体现为人均薪酬，人力资源产出体现为人均销售利润 | 人力资源投入产出比＝人均销售利润/人均薪酬 |
| 7 | 三低一高 | 衡量薪酬费用的控制效果 | 薪酬总额增长率≤销售收入增长率/经济增加值增长率/总成本增长率，人均薪酬逐年上升 |

## 3. 生产中心

表 6-9                           生产中心人效指标体系

| 序号 | 指标名称 | 指标含义 | 测量方法 |
|---|---|---|---|
| 1 | 人均生产产值 | 衡量员工的平均产出水平 | 人均生产产值=生产中心生产产值/员工平均人数 |
| 2 | 人均生产毛利 | 衡量员工的平均创利水平 | 人均创利=生产中心生产毛利/员工平均人数 |
| 3 | 人均小时产出 | 衡量员工平均每个小时产出水平 | 人均小时产出=生产中心生产产值/投入的劳动时间 |
| 4 | 单位工资产值 | 衡量人工成本投入带来的产出变化 | 单位工资产值=生产中心生产产值/工资总额 |
| 5 | 单班产量 | 衡量生产线的产出水平 | 产品单班产量=产品全年产量/全年班次 |
| 6 | 人工成本占比 | 衡量人工成本占生产成本比重变化 | 人工成本占比=生产中心人工成本/生产成本 |
| 7 | 浮动薪酬占比 | 衡量计件工资等薪酬浮动部分占人工成本比重变化 | 浮动薪酬占比=生产中心薪酬浮动部分/人工成本总额 |
| 8 | 人力资源投入产出比 | 衡量人力资源投入产出效能，其中，人力资源投入体现为人均薪酬，人力资源产出体现为人均生产毛利 | 人力资源投入产出比=人均生产毛利/人均薪酬 |
| 9 | 三低一高 | 衡量人工成本的控制效果 | 薪酬总额增长率≤生产产值增长率/经济增加值增长率/总成本增长率，人均薪酬逐年上升 |

# 参 考 文 献

［1］唐贵瑶、陈志军著：《集团公司人力资源管理》，中国人民大学出版社 2021 年版。

［2］马海刚、彭剑锋、西楠著：《HR+三支柱》，中国人民大学出版社 2017 年版。

［3］孙科柳、易生俊、曾文明著：《华为人力资源管理方法论》，中国人民大学出版社 2016 年版。

［4］中国人民大学企业创新与竞争力研究中心编：《企业管理研究》，中国人民大学出版社 2014 年版。

［5］曾宪义、关怀主编：《劳动法评论》，中国人民大学出版社 2005 年版。

［6］胡永霞著：《劳动合同法律问题研究》，武汉大学出版社 2016 年版。

［7］彼得·德鲁克著：《大变革时代的管理》，上海译文出版社 1999 年版。

［8］彼得·德鲁克著：《管理的实践》，机械工业出版社 2006 年版。

［9］加里·德斯勒著：《人力资源管理》，中国人民大学出版社 2017 年版。

［10］戴维·尤里奇著：《人力资源转型——为组织创造价值和达成成果》，电子工业出版社 2019 年版。

［11］罗伟良：《人力资源配置的个人——岗位动态匹配模型》，载《引进与咨询》2003 年第 5 期。

［12］赵筠：《绩效管理的问题及解决之道》，载《中国人力资源开发》

2002 年第 8 期。

[13] 林海芬、苏敬勤：《中国企业管理创新理论研究视角与方法综述》，载《研究与发展管理》2014 年第 26 期。

[14] 郭文臣、孙琦：《个人—组织职业生涯管理契合：概念、结构和动态模型》，载《管理评论》2014 年第 26 期。

[15] 武常岐、钱婷、张竹、轩宇欣：《中国国有企业管理研究的发展与演变》，载《南开管理评论》2019 年第 22 期。

[16] 张琳：《基于 ARIS 业务流程模型的岗位说明优化》，载《中小企业管理与科技（上旬刊）》2019 年第 10 期。

[17] 马喜芳、钟根元、颜世富：《基于胜任力的薪酬激励机制设计及激励协同》，载《系统管理学报》2017 年第 26 期。

[18] 邱祥峰、陈元元：《多层次岗位工作说明书的快速编制——以某软件企业为例》，载《科技经济导刊》2018 年第 26 期。

[19] 白伟伟：《基于胜任力模型的人才招聘研究》，载《中国管理信息化》2018 年第 21 期。

[20] 中国教育科学研究院课题组：《完善先进制造业重点领域人才培养体系研究》，载《教育研究》2016 年第 37 期。

[21] 庆海涛、陈媛媛、关琳、丁炫凯：《智库专家胜任力模型构建》，载《图书馆论坛》2016 年第 36 期。

[22] 刘颖：《企业战略视角下的国有企业人才管理》，载《企业改革与管理》2016 年第 11 期。

[23] 周文霞、辛迅、谢宝国、齐乾：《职业胜任力研究：综述与展望》，载《中国人力资源开发》2015 年第 7 期。

[24] 路晓莉：《提升国有企业人才招聘有效性的策略》，载《中国人事科学》2020 年第 1 期。

[25] 曹细玉：《人才招聘失效的原因分析及对策研究》，载《企业经济》2009 年第 6 期。

[26] 李玉蕾、袁乐平：《战略人力资源管理对企业绩效的影响研究》，载《统计研究》2013 年第 30 期。

［27］徐艳：《大数据时代企业人力资源绩效管理创新》，载《江西社会科学》2016年第36期。

［28］徐峰：《人力资源绩效管理体系构建：胜任力模型视角》，载《企业经济》2012年第31期。

［29］赵曙明：《人力资源管理理论研究现状分析》，载《外国经济与管理》2005年第1期。

# 后　记

　　马应龙创始于明朝万历年间（公元 1582 年），至今已持续经营 439 年，作为这家中华老字号企业的经营者，一方面要探索发现马应龙 400 多年持续经营的奥秘，从中挖掘、提炼人文理念予以传承；另一方面要与时俱进、开拓创新，丰富人文内涵，特别是促进其理念行为化、模式工具化，用以指导实践。正是基于这个逻辑的探索实践，才形成了马应龙三维三力价值创造系统。

　　尽管三维三力价值创造系统于 2016 年 1 月获得第二十二届国家级企业管理现代化创新成果一等奖，但其仍在实践完善之中，并不断强化价值创造逻辑与方法在组织系统建设中的运用，着力提升发现价值、制造价值和整合创造价值能力，通过产品力、营销力和品牌力建设来应对因技术进步和市场结构变化对人货场的再定义和重组。本成果的出版，旨在让马应龙各级员工、合作伙伴、广大消费者和投资者更加深入了解拥有 400 多年历史的马应龙的经营理念与运行机制，也借此与社会各界共同研究探求在新时期如何实现企业可持续发展，衷心希望大家提出宝贵建议和意见。

　　最后，感谢 1995 年以来马应龙的经营团队包括高管团队和相关职能部门负责人，他们为三维三力价值创造系统的形成和实践作出了重要贡献；李加林、覃智响、徐杰、陶六宴、杨敏、祝灿、熊伟、李晗、刘珍、丁迪、陈雪等人参与了《人力资源经营系统》资料的收集与整理、文本编撰以及文字校对等工作，在此一并表示感谢。

# 龙马精神

以真修心、以勤修为
稳健经营、协调发展
资源增殖

为顾客创造健康
为股东创造财富
为员工创造机会
为社会创造效益